卑弥呼と古代の天皇

前田晴人

同成社

はじめに

時代が遡れば遡るほど文献史料の遺存度には限りがあり、しかも遺されている文書は当時の最高権力者に関わるものがほとんどであるので、一般民衆の生活などはなかなかわからないということになる。このように歴史を復原するための史料がきわめて限られているとすると、まずとにかく着手すべき作業は支配者の実像を明らかにしていくということになり、そのための貴重な文献が『古事記』や『日本書紀』であると言える。しかし、これらの書物には支配者の立場や価値観に基づく造作や想像上の記述が散りばめられており、さらに編纂時期が八世紀初頭にまで下るので、そこから正確な史実を探り出すのはきわめて困難な作業になる。

五世紀以前に遡る日本列島の歴史世界は現在でも依然として多くの疑問と謎とに充ちている。『魏志』倭人伝にみえる女王卑弥呼とヤマト王権の関係はどうなっていたのか、卑弥呼と天皇の系譜とはつながりがあるのかまったく無関係なのか、三・四世紀の初期ヤマト王権の王制と五世紀の倭の五王の系譜とは断絶しているのか、あるいは何らかの形でつながっているのか、もし仮に関係があるとするならばそれはどのような内容のものなのか、始祖帝王の有力候補とされる応神天皇は実在した天皇なのか、六世紀初頭に即位した継体天皇は本当に応神天皇の後裔であるのかなど、古代史研究の世界には学問的に確定されていない課題がまだまだ山積している。

本書で主要なテーマとして取り扱おうとするのは、書名にも端的に示しているように卑弥呼と天皇の系譜上の関係、すなわち五世紀以前の王統譜の復原という非常に難しい課題なのであるが、右に述べたように遺憾ながらこの時期の王統譜の全体像は未だにほとんど解明されておらず、古代史を論じるための定点・依拠すべき確かな前提がなお存在しない状態にある。『古事記』『日本書紀』両書に記載されている古い時期の天皇系譜（皇統譜）は八世紀初頭の時期に整備されたもので、本来の歴史的事実をほとんど反映していないと考えられ、個々に天皇の事績をいくら詳しく論じても前後のつながりがまったく保障されないので、全体としての歴史過程がみえてこないということになる。

古代の王者の系譜は、とにもかくにも『古事記』『日本書紀』が伝えている万世一系の皇統譜を立論の基礎とする必要がある。しかし、それには多くの造作・潤色が施されており、さまざまな学問的手法・手続きを駆使して史実に迫る努力を必要とする。両書編纂の際に素材とされた「帝紀・旧辞」などの記載をおおむね信用できると好意的に評価する論者は多いが、信用しているというわりには明らかになった確定的な史実はほとんど無きに等しいのである。

ところで、古代王統譜の研究上これまでほとんど検討されたこともない根本的・原則的な課題・疑問がひとつある。それは古代の王が歴史の初めからどこかに存在したとする思考法である。そもそも王を出す始原の首長集団が無前提的に存在したとする発想そのものが根本的な誤解であり、そうした王族の起源となる個人や家族はいずれかの時期に政治的に創り出されたものであるという至極当たり前の考え方に立脚する必要がある。そうであれば、王や王統は一体どのようにして成立したのかを明らかにしなければならないであろう。また、ひとたび成立した古代の王制にも幾多の歴史的な変化・変質があったはずであり、王制が成立したとしても王統が形成されたとは限らず、持続する王統の成立やその前提となるべき王の世襲制がいつどのような形で始まったのかという問題でさえ未解明のままであり、王権の歴史的形成過程総体の中で王統譜の成立事情を詳しく明らかにしていく必要性があると考えられる。

なお、近年に相次いで刊行した『古代女王制と天皇の起源』（清文堂出版、二〇〇八年）・『倭の五王と二つの王家』（同成社、二〇〇九年）・『継体天皇と王統譜』（同成社、二〇一〇年）・『蘇我氏とは何か』（同成社、二〇一一年）など一連の著作は、いずれも本書の内容と多くの部面で重複しこれまでに提起してきた私見の骨子を含んでいるが、その後の検討により新たに気が付いたことや改訂を要する部分もいくつか出てきたので、本書の叙述をもって現段階における拙見の総体とお考えいただければ幸いである。ほかの事象と同様に学問もまた変転をくり返しながら進化していくものであり、世の中に向けて公表した学説に対して全面的に責任を負っている以上、段階を追ってそれらを精緻に仕上げて行くのが研究者に課せられた最も重要な義務であろう。

目次

卑弥呼と古代の天皇

第一章　倭国王権の創成

I　天皇系譜の課題

『古事記』『日本書紀』の記述によれば、古代日本の支配者は建国の初めからすべて天皇であったとされており、日本の国土を治めた天皇の成立由来と歴代天皇の系譜（皇統譜）・治績がそれぞれ詳しく書き記されている。いま歴代天皇の系譜を父子関係に基づき簡略化して示すと左のようになる。なお天皇の名号は便宜上漢風諡号を用いることにする。

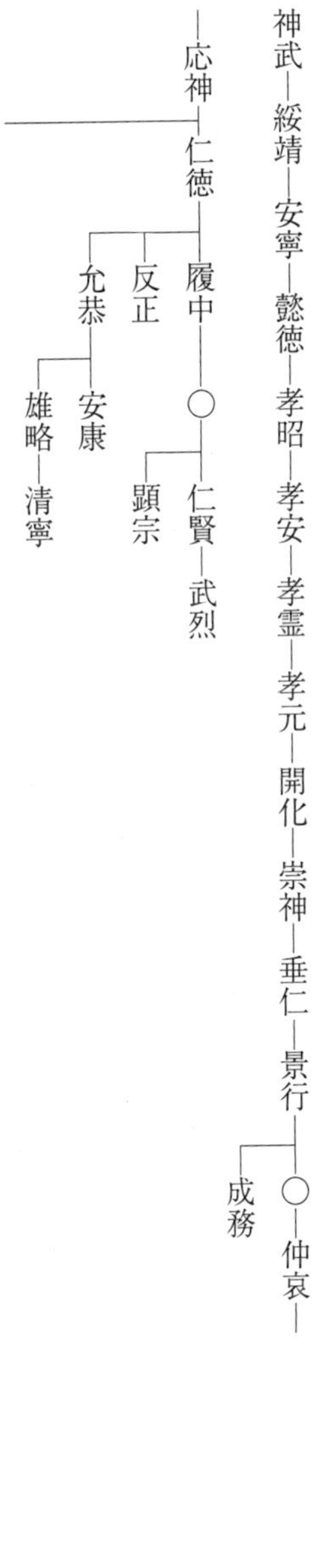

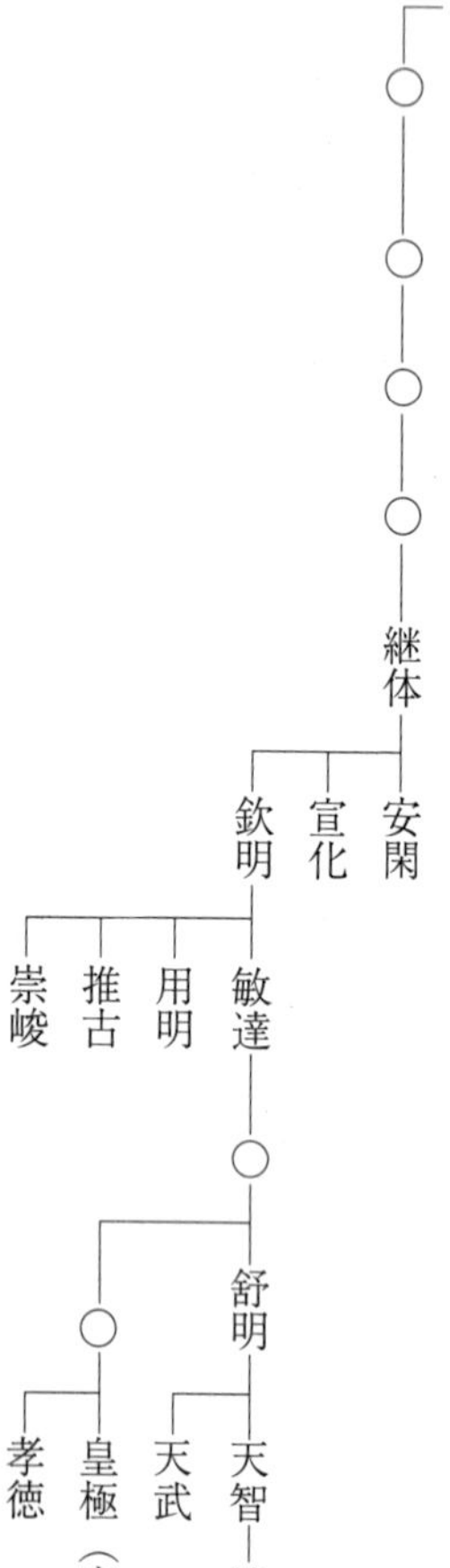

右に掲示した歴代天皇系譜のうち、六世紀初頭を起点とする継体天皇以後の部分については安閑・宣化の嗣位に疑念が残るものの、史料的な性質としては比較的に信憑性が高いと言える。なぜなら、天皇の系譜が最初に成書化された時期が継体の治世に近い六世紀後半頃と考えられるからである。次に、それ以前の時期に属する応神・仁徳両天皇から清寧・武烈天皇までの系譜に関してはさまざまな疑問点や問題点があり、半数以上の天皇に関しその続柄の伝えに不審な点があり、実在性そのものにも多くの疑問が残り、これらの系譜関係を全面的に信用して立てられた議論に信憑性はほとんどないと言ってもよい。雄略朝に最初の王統譜（原王統譜）が作成されていた可能性は高いが、それにもすでに潤色や造作が施されていた蓋然性がある。さらに、応神以前の系譜については本質において神話的・虚構的な存在であることを認めながらも、崇神・垂仁両天皇などの系譜に実在性の反映を認めようとする学説が根強くあるが、実体・系譜ともに未だ確固とした定説が得られておらず、なお混沌とした情勢にあると言わなければならない。す

なわち既存の皇統譜について、五世紀以前に関する記述内容はほとんど信用できないという結論をまず得ることができる。

終戦前後の時期に相次いで古代史の研究を開始した水野祐や井上光貞らは、皇統譜の真実を明らかにするために天皇の和風諡号を分析することによってその実在性の問題に迫ろうとし、いわゆる闕史八代（綏靖天皇～開化天皇）のみならず崇神から仲哀に至る天皇群の実在性にもさまざまな疑問点があることを明らかにしたのであるが、その後、和風諡号の解析だけでは歴代天皇系譜の虚構性を十分に解き明かすための学問的基礎を得ることができなかったのであり、現在でも既存の皇統譜には信憑性があるとしてこれを重視し保守しようとする研究動向が根強く存在しているが、『古事記』『日本書紀』の天皇系譜を批判し歴史的に実在した王統譜の具体的な姿を再現していく目的のためには、筆者の学問的立場からすると次のような諸課題を究明する必要がある。

第一の課題は、初代神武から応神・仁徳までの系譜は成務を除くと見事な父子直系継承になっていることに関しての問題である。かつて井上光貞が明らかにしたように、仁徳の子の世代から以後は皇位を父子相続と兄弟相続との組み合わせで伝えているのに対して、それ以前はきわめて画一的・機械的な男系直系主義の系譜になっているという事実である。これは応神・仁徳以前の皇位継承次第が記・紀編纂時代の政治思想によって構想・作為された絵空事であることを暗示するもので、該当するすべての天皇の実在性そのものにも強い疑いが生ずると言わねばならず、崇神・垂仁などこれまで一定の実在性が取り沙汰されてきた天皇についても厳しい批判的検討が要請されるであろう。そうすると、天皇の起源や出現の事情などを改めて検討に付し、どこまでが虚構でどこからが史実なのかを厳密に検証し洗い直す必要があるのである。

第二の課題は、仁徳を出発点とする天皇系譜が清寧と武烈とで断絶し、応神の五世孫に当たる継体が系譜を復活させているという特異な状況をどのように説明するかという問題である。水野祐の王朝交替説はこの課題にひとつのすぐれた解答を与えるものであったが、継体の系譜的立場は未解明のままに残された。記・紀によると継体の出自や素姓についての伝記ははなはだ理解し難く納得のできない記述内容になっており、継体が何者なのかが簡単にはわからないような情報操作が行われている。本当に継体は応神の後裔なのか、地方豪族が王権を簒奪して即位したのかが明確ではないのである。この課題を明らかにするためには、やはり継体五世の祖と伝えられている応神天皇の系譜の真相を何よりも先に究明する必要があると考えるのである。

応神天皇の実在性については神功皇后伝承の検討が欠かせない。天皇系譜に占めるこの母子関係をいかに解釈するかによって、王統譜だけではなく古代史をどう組み立てるのかという研究者自身の学問的な姿勢と力量とが全面的に問われるという重い課題になっている。戦後に相次いで提起されてきた諸学説は津田左右吉の記・紀批判の成果の上に築かれてきたと評してもよいが、津田は応神天皇の系譜について「帝紀の材料としては、応神天皇以後については、ほゞ信用すべき記録があったらしい」と結論づけ、「ほゞ信用すべき」という曖昧な論議で終始しており、津田の応神天皇実在説が戦後の王統譜論の展開に測り知れない阻害要因を持ち込んだとみなすことができる。神功を伝承的な人間と断じながら、それと一体の関係にある応神を実在する天皇だとみる態度は学問的に首尾一貫していないと言うべきである。神功・応神にまつわる伝承は、四世紀末から五世紀初頭にかけての時期の本格的な世襲王統成立の秘密を孕んでおり、ヤマト王権はこの時期に始祖帝王を原点とする王統譜、換言すれば記・紀の皇統譜の真実の基点・源泉を創出したと推測されるのである。

第三の課題は、記・紀が意識的に書き漏らし秘匿しようとしている実体的な王の系譜が存在するということに関しての問題である。周知のように、『魏志』倭人伝には二世紀末から三世紀後半の時期に卑弥呼・台与などの女王がいたことを記している。書紀にはこの倭人伝を参照して女王と神功皇后との対応関係を曲がりなりにも考えようとした形跡があるので、紀編者らは明らかに女王の存在を認知していたのである。にもかかわらず二人の女王は記・紀の皇統譜上の正当な場所には位置づけられておらず、むしろ皇統譜からは排除され無視された形になっている。しかし、少なくとも二代にわたる「倭女王」の系譜をまともに取り上げていないのは、記・紀の皇統譜が歴史の事実をねじ曲げて作られていることの確たる証拠であり、なぜそのような歪曲と排除が行われたのかを明らかにする必要があると思われるのである。

現在、邪馬台国に関する論議の幅と焦点はかなり局限された状況になってきている。二代にわたる女王は倭人伝が記すように「倭女王」なのであって邪馬台国女王というような小国の君主なのではない。それと、女王は二代限りで終焉したとみなすのが学界のみならず一般にも通念になっているが、その通念や常識に疑問がある。女王の系譜が二代限りで途絶えたとするならばそれはそれでなぜそうなったのかを説明する必要があるが、その問題が今までまともに討議されたこともなく見過ごされてきた。ましてや筆者のように女王の時代がその後も継続することを想定した研究者はひとりもいない。三世紀後末期から四世紀代にかけての史料的空白を女王制の概念を導入して究明し、皇統譜の原点たる始祖帝王が出現する歴史的な背景と事情を詳しく説明することが何よりも重要であろうと考える。

Ⅱ　王位・王権と王統・王統譜

日本独自の天皇号の成立は七世紀後半の天武・持統朝の時期とされ、もう少し遡ったとしても斉明・天智朝頃であるとみられている。金石文や中国文献などの一次史料によれば、七世紀後半以前の最高支配者の地位を表す称号はいずれも王または自称号である大王であった。古代の王号は中国に起源を持ち、中国王朝との交渉によって導入されて以来幾多の歴史的な変遷を経たはずなのであるが、『古事記』や『日本書紀』がこの国の創成期から天皇が厳然として存在したと記し、万世一系の天皇系譜を標榜しているのは王統譜の意図的な改竄なのであり、天皇は悠久の過去から存在していたわけではないのである。当然、古代史の研究者はそのことをいつも自覚して研究を進めているのであるが、それでは王や王族なるものがいつどのような形で出現し、王を恒常的に輩出する仕組みである世襲王統がいついかなる状況の下にどのようにして成立したのかという問いに対しては、詳細な内容のある説明をもって答え難いのが現状であり、その理由は虚構の皇統譜ではなく真実を反映する王統譜が具体的かつ説得力を保持した形で復原されていないことによると言える。

遺憾ながら現在でも「天皇族（天孫族）」とか「天皇氏」などという概念を用いて古代史を叙述している書物をしばしばみかける。「天皇族」「天皇氏」とは一体何なのか、まともな説明がないままにこの用語が独り歩きしている。天皇を出す特殊な氏族や集団が歴史の初めからどこかに存在したとでも想定しているのであろうか。また、これらの用語を無頓着に使用する人は本当に古代史の研究者なのだろうかと疑いたくなる。しかしそのような記述は学界関係者以外だけのものでもなさそうであり、天皇の起源を特殊な氏集団に求めようとする無意識の発想が独り歩きしている現状がある。

また近年に相次いで刊行されているさまざまな地方文献では、郷土意識の発露からであろうが王・王国・王墓などの語が多用されているのを目にすることがある。解説者が説明しているようにその土地に王がいたのは本当なのだろうか。何を指標として王国がその地域に存したと言えるのであろうか、その古墳がなぜ筆者によって王墓と規定されているのかなど、疑問・不審に思われることがきわめて多い。門脇禎二の地域国家（王国）論を十分に咀嚼し理解していない論者がこのような傾向を助長するのに一役買っているのではないだろうか。

さらに、最近の研究書では「大王」「大王家」という言葉を用いて王の一族を表現することが通例化しており、筆者もしばしばこの用語を便宜的に使用する場合がある。私見では「大王」号の出現は五世紀中葉の倭王済の治世からであると推定しているのであるが、考古学者などが四世紀以前の時代を何の前置きも解説もなく「大王」「大王家」の概念を使用して論じているのをみかけると、そのように発言する根拠や真意は一体何なのかと問いかけたくなるのである。この勢いでいけば女王卑弥呼を大王と呼ぶ研究者が出現する日も近いだろう。「大王家」という用語を六世紀以後に使用することには反対ではないが、この概念についての個々の研究者の詳しい説明が不足しているきらいがあると思われるのである。

良心的な研究者は右に事例を挙げて説明した諸概念を無暗に使用することはしないが、それでもしばしば非学問的な見解が無意識のうちに馬脚を現わす場面に遭遇することがある。例えば次ページに掲示した歴史地図（**第1図**）をご覧いただくことにしよう。この地図は岸俊男の著名な論文「ワニ氏に関する基礎

大和の豪族の分布

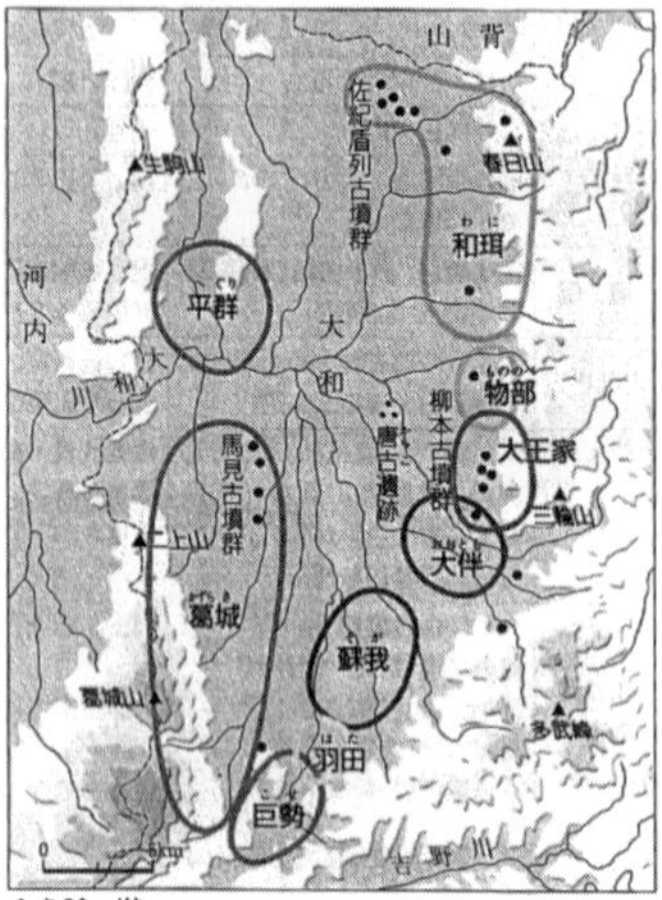

三輪山《みわやま》の麓に大王家があり，その周囲に有力氏族が点在していた。5世紀には葛城《かずらき》・平群《へぐり》・和珥《わに》氏，5世紀末には，大伴《おおとも》・物部《もののべ》氏が勢力を強めた。

『最新日本史図表』（第一学習社）より引用。

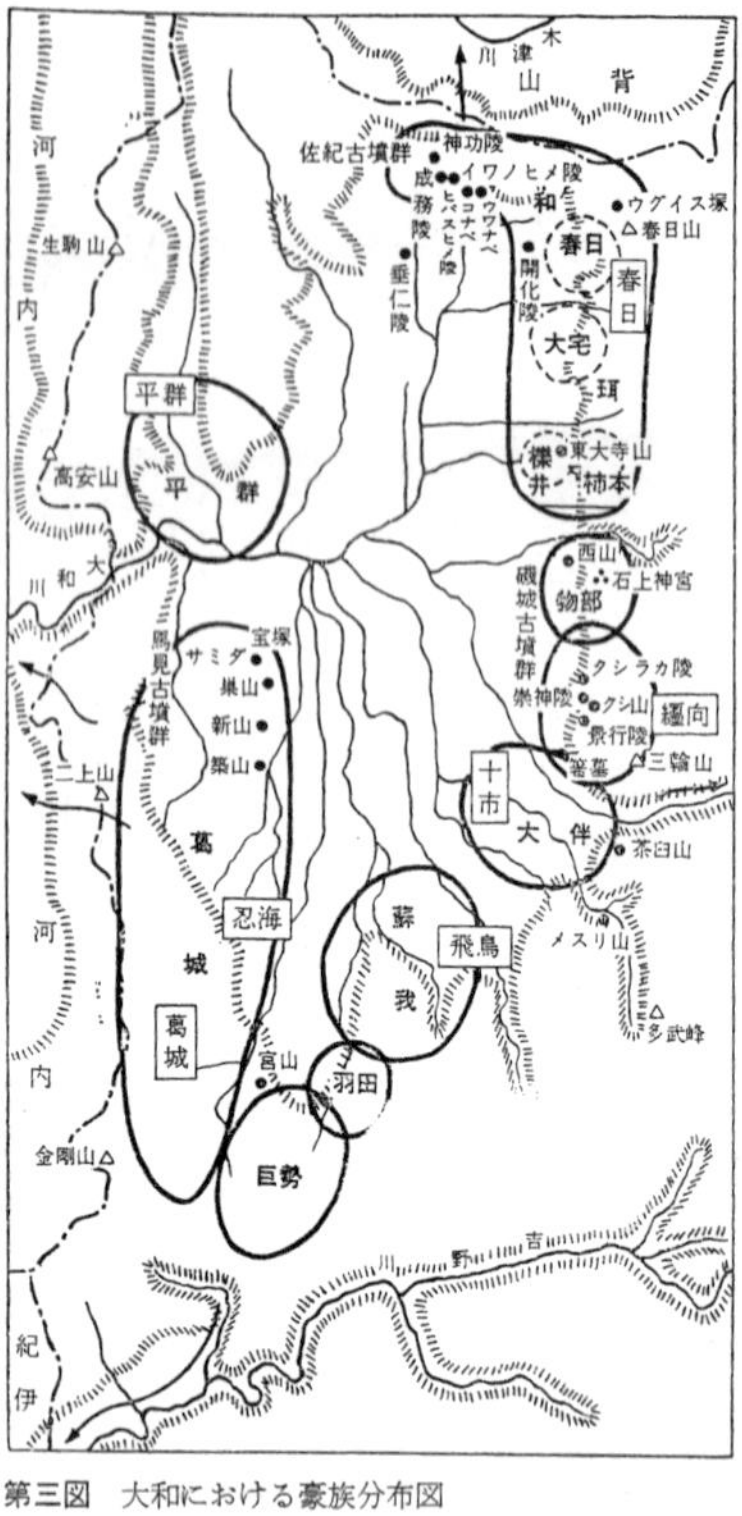

第三図　大和における豪族分布図

大和における豪族の分布を概念的に図示したもので，その勢力圏を示す圏線は厳密なものでない．•印は主要な前期古墳．

岸俊男「ワニ氏に関する基礎的考察」（『日本古代政治史研究』所収）より引用。

第１図　「大和における豪族分布図」比較

的考察」に掲載されている「第三図 大和における豪族分布図」と題された地図で、「大和における豪族の分布を概念的に図示したもので、その勢力圏を示す圏線は厳密なものでない」との筆者の説明書きが付されている。この地図はヤマト王権の所在地であった大和国内に本拠地を置いていた有力氏族の割拠の状態を一目瞭然にしたきわめて優れた歴史地図なのであり、高等学校などで使用されている副読本にも必ず掲載されているいわば重宝な教材なのである。

ところで、この地図をよくよくご覧いただければわかるように、地図には一ヶ所だけ豪族（氏族）名をわざと書いていない圏線があることに気付くであろう。高校の副読本で同じ部分をみてみるとそこには必ず「大王家」という記載があり、その地域が大王家（天皇家）の発祥地あるいは直領地のあったところという観念が直ちに得られるようになっているのである。ところが、原拠となった地図にはそのような記載が省かれているのであり、これは岸が慎重の上にも慎重を期してわざと空白のままにするという学問上の良識を示そうとした点であると思われる。岸は論考の本文において「皇室の本居」という語句を用いて空白部分の内容を説明しているのであるから、圏線部分に「大王家」という語句を書き込む行為は直ちに批判・非難されるべき性質のものではないが、やはり論者の認識では一般の氏族と王家とでは実体や性格が異なるのだとする考え方があり、そのためにわざわざ圏線内を空白のままにしたのだろうと想像されるのである。

おそらく岸の真意としては、王家の本拠地を最も古い巨大古墳群の所在地である磯城・十市地域に置くという発想に基づくものであると推察できるが、やはりこういうやり方は多くの誤解を招くことにつながるもので、氏族の本拠地を示すのはまだしも、王家の起源を何の論証もなく無原則的に特定の土地と結びつけるのははなはだ危険であり、土地との結びつきを考える前にまず王・王家・王統というものの実体を歴史的に検証する必要があり、さらにはその成立事情を明らかにしていくことが肝要だろうと思われる。

さて、こうした事例からも推測できるように、古代史学の世界にはまだまだ根本的な概念の分野で学問的に確定できていない論点が存在しており、天皇族・天皇氏あるいは大王家というような未だかつて詳細に論証されたことのない概念を起てることによって、皇室・天皇家が初めからこの世のどこかにひとつの族的勢力を形成して割拠していた、あるいは列島外のいずれかの地域から族団を保持したままで渡来してきたとするような安易な想定は誤りであって、後の時代に成立する皇室・天皇家に類似した特定の血統と身分を帯びた家族や集団が、古代日本の創成期から一貫して列島社会の中に実在したとみるのは恣意的な妄想以外の何ものでもないのである。

おそらくこのような想定は、記・紀神話にみられる日本天皇の成立由来を述べた物語に意識的あるいは無意識的に影響された発想であろう。すなわち、天皇の起源は天上の高天原の世界に君臨する太陽神天照大神にあり、地上において国造りを行っていた大国主神から国土を平和的に譲り受け（国譲り）、その子孫（天孫）が大神の司令を受けて地上に天降り（天孫降臨）、天孫の後裔が代々にわたり国土の統治者として君臨することになった（天下統治）という筋書きである。そうすると、天皇というものは想定された天界の最高神に血統的につながる神聖無比な存在であり、ある意味では時間の観念をも超越した真に自由な存在態であるということになる。天孫降臨以後の天皇は死という宿命を負った生身の人間に変質するが、最高神の血筋につながっているという限りでは神と等しい性質を身に帯びた特殊な存在なのであり、地上の支配権は天皇のそのような出自によって正統化され保障されていると考えられたのである。

日本天皇の成立由来がそのような神秘主義的なものであることを信じる限りでは、天皇は建国の初めからすでに天皇として存在するのであり、天皇の唯一の任務である国土統治権も自然に備わっていたと言わざるを得ない。そうすると、天皇というものは超歴史的に存在し続けるものであるから、当然のごとく歴史の創成期よりこの国のどこかに一定のまとまりを持った集団の長として厳存していたとする考えに落ち着くことは自明であろう。このような観念が天皇氏・天皇族あるいは大王家というものの先見的実在を想定させた背景になっているとみられるのであり、騎馬民族のようにたとえその集団の根源地が外国のものであろうと、発想の基礎はまったく同質なのであって、天皇を出自させる集団が超歴史的に存在したとする考えそのものに根本的な誤りがあると言うべきなのである。

本書の最大のテーマである記・紀に定着する以前の実在の王統・王統譜の実体と歴史を明らかにするためには、基本的に次のような認識・論理を堅持することが重要になると考えられる。

第一に、王や王家というものは恣意的に王であることを自称する個人あるいは集団が自然発生的にこの世に出現して成立したものではなく、いずれかの時期に社会を統合していく運動の初期の政治形態として計画的・政治的かつ他律的に創成されたものなのであり、しかも日本の場合には中国王朝・朝鮮諸国との交流・交渉関係の中で王権や王位が国外から導入されるという経緯を経ていることに留意する必要がある。王・大王・天皇（天子・皇帝）というように変遷した古代王者の称号は、純粋に国内的な事情のみによって形成されたものではなく、中国王朝・朝鮮諸国との交流と交渉の過程において生みだされたものであり、対外的な成立要因を無視ないし軽視することはできない。

第二に留意すべき論点としては、王位・王権の成立と王統・王統譜の形成という事象を混同して議論してはならないという問題である。ある社会に王が出現した事実をもってそこから直ちに王統が成立したと推論するのは浅薄な空想である。その王位・王権の性格・機構や制度が具体的にどうなっていたのかを明らかにしないでは、単純に王を出す特殊な族団が形成されたことや王統が成立したことを想定することはできないのであり、これまでの論議にはこうした観点に対する配慮がほとんど欠如していたと思われる。王位を世襲する特定の血筋つまり王家が生まれ、統治権が一貫してその血筋に継承されることによって公的に認められた王統が形成され、やがて王の血統が代々固定して王統譜が成立するようになるのである。

第三に、王という特殊な地位はある特定の人間に備わった英雄的カリスマ性や宗教的能力に起因して得られたものではなく、むしろそれらは事後の説明によって該当する個々の王に押しつけられた特殊な神話として成立したものであり、王というものはむしろ歴史上のある特定の時期に王を必要とする何らかの社会的勢力によって意図的・計画的に創り出されたものとみなければならない。王を推戴し王位を護持しようと計画した首長層の協議と合意と計画的な政略結婚に基づいて王の身体が誕生するのであり、その原因と経緯の全体像を説明することこそが歴史学本来の任務なのであり、王や王家なるものの実体を無前提的に想定して、歴史のそもそもの初めから王統や王統譜などが存在したと考えるのは学問的にはきわめて安易に過ぎる態度である。

Ⅲ　王制の萌芽

本書が対象とする紀元一世紀後半から五世紀後半の雄略朝までの時代は、日本の歴史において列島各地に存在した小国（クニ）群を王権が政治的に統合していく過程として捉えることができる。六世紀にはこれらのクニは国造の国として統一的な形で再編成され、中央政権による集権的・画一的な地方支配が現実化する歴史的前提が形作られる。

この間数百年にわたるクニグニの統合過程においては、列島内の最も優勢な政治勢力がそれぞれの時期に中国王朝（前漢・後漢・公孫氏・魏・西晋・宋）が形成した冊封体制に積極的に従属しながら、王朝の政治的支援を背景としこれを利用しつつ王位・王権の段階的強化が図られた。クニグニの統合がほぼ終息した雄略朝の時期に倭国はいったん中国との外交関係を断ち切り自立化の道を歩むことになる。このような歴史的経過の中で、古代の王制は大づかみにみて三段階の変遷をたどったと考えることができる。今その変遷過程を簡明に要約すると次のようになる。

〔第一段階〕紀元後一世紀から二世紀後半までは王権が北部九州地域に所在し、後漢王朝から認知された王位は当地域の有力国の間で遷移する不安定な状態にあった。男王による王位の世襲も二世紀初頭の後漢王朝への朝貢を契機としてようやく始まったようである。クニグニの統合の動きは紀元前後の時期からすでに列島の各地で発生していたが、なおそれぞれが地域的な性質を帯びたもので各統合体の勢力圏も限定されており、畿内の邪馬台国を盟主とする統合体（プレ・ヤマト王権）も、中国王朝との外交権を独占的に掌握する北部九州の王権に従属を余儀なくせざるを得ない状態にあった。

〔第二段階〕二世紀後半の「倭国乱」を契機として邪馬台国統合体が独自の動きをみせ、遼東から朝鮮半島北西部に成立した公孫氏政権との直接交渉を通じて王権を確立し、後漢の後ろ盾を失った北部九州の王権との一時的な並立状態が生まれたが、やがて邪馬台国はこれを併合して列島規模の覇権を確立し、大陸・半島との交渉をスムーズに展開するために西日本地域を中心にしてクニグニの統合を進めた。以後四世紀末・五世紀初頭までの期間は「女王制」を基軸とする王制が持続的に展開した。歴代の女王は原則的に邪馬台国以外のクニから選抜され、宗教上の禁忌に基づき女王位の世襲は意図的に排除されていたので、王統そのものも未成立であったと考えられる。

〔第三段階〕次いで四世紀後半に結成された倭・百済軍事同盟を契機としてヤマト王権は軍事的男王世襲制に移行し、公式的な名分を得た半島への出兵が恒常化する体制が整うとともに、受爵を基軸とする南朝宋への朝貢外交を精力的に展開する（倭の五王）。四世紀末から五世紀初頭頃に現存する皇統譜の始祖となる王が初めて誕生し、世襲王制を形成して王統が創成され王統譜が顕在化する歴史的前提が姿を現す。関東・北陸地方など東国のクニグニがこの時期に王権の統制下に組み込まれ、列島主要部に存在したクニグニの統合が歴史的にはほぼ完了に至るとみてよい。

大まかにいうと〔第一段階〕は弥生時代後期と終末期であり、〔第二段階〕は古墳時代前期、〔第三段階〕は古墳時代中期に対応すると考えており、本章ではこれから右の〔第一段階〕と、〔第一段階〕から〔第二段階〕への王制の展開過程のあらましを論じていくことにしたい。

＊

列島社会に王号を帯びた人間が初めて出現するのは弥生時代の後期初め頃であり、その揺籃の地は当時の政治的文化的先進地域であった北部九州とみられる。中国の歴史書『前漢書』地理志・燕地の条によると、楽浪の海中に倭人有り。分れて百余国と為す。歳時を以て来り献見すと云う。

とあって、紀元前一世紀の列島社会には「百余国」と指摘された多数の「国」が形成されていたこと、これらの「国」にはまだ社会的・政治的な代表者である王がいなかったことがわかり、「倭人」固有の社会はあってもまだ「倭国」という国家としてのまとまりが成立していなかった事情が映し出されている。それは小国群の競合状態がまだまだ混沌としており、中国側からみて王号を授与するほどの政治的実力を備えた有力者が倭人社会にはまだ明確には出現しておらず、国々の政治的な統合がそこまで進展し成熟していなかったことを示すものである。

楽浪郡に定期的な朝貢を行っていたのは主に北部九州の国々の首長層であっただろうから、これらの国々は朝貢を契機にして大陸のさまざまな威信財を入手し、それと同時に中国皇帝の権威を後ろ盾にして北部九州一帯の広範な地域に覇権を及ぼそうとしていたと推定されるが、それでもなお有力な国が周辺の小国群を統属する国々の統合体のような未熟な権力機関でさえまだ成立していなかった。楽浪郡に近い朝鮮半島中部から南部の馬韓・辰韓・弁韓などの地域でも当時において同様な動きがあったようで、『三国志』魏書・烏丸鮮卑東夷伝によると、

各長帥有りて、大なる者は自ら名のりて臣智と為し、其の次を邑借と為し、山海の間に散在す。

諸韓国の臣智に邑君の印綬を加え賜い、其の次に邑長を與う。其の俗衣幘を好み、下戸は郡に詣り朝謁するに、皆衣幘を假す。自ら印綬・衣幘を服するもの千有余人。

弁辰亦十二国、又諸小の別邑有り。各渠帥有りて、大なる者は臣智と名のり、其の次に険側有り、次に樊穢有り、次に殺奚有り、次に邑借有り。

韓と呼ばれた地域にはまだ王国が形成されていない時期に、臣智・邑借などの自称号を有する長帥・渠帥（首長）が各地の邑・別邑などに蟠踞していた。彼らは楽浪郡や帯方郡など中国が半島に設置した郡の役所に競って出向き、朝貢の礼を執ることに余念がなく、郡の方では彼らの身分に応じて邑君や邑長の印綬を賜うほか、彼らの好みに応じて下戸身分の人々にまで衣幘を授けていた。邑君・邑長らは郡が首長層に与えた称号であるが、「魏率善邑君」「帰義候」「中郎将」「都尉」「伯長」などの諸多の郡官はこれらの首長層のうち主に邑君とされた有力者らに授けられたもので、中国王朝の権威を背景にして諸小国の統合に向かう動きが活発化していたことを推定することができ、これによって倭国の情勢の一斑をも推し量ることができる。

右の史料ではもう一つ看過できない重要な問題があることを指摘しておこう。それは当時の列島社会には「百余国」の小国があったと記していることであるが、これらの国々は『宋書』倭国伝の倭王武の上表文にみえる「東征毛人、五十五国、西服衆夷六十六国」の記載や、『隋書』倭国伝に「有軍尼一百二十人、猶中国牧宰」とある国造（軍尼）百二十人の記述と対応するものと考えられ、国造制の時期の国々の原型は紀元前一世紀の列島社会にはすでに存在していたらしいことが推定でき、『魏志』倭人伝に出る北部九州の国々は言うまでもなく、邪馬台国や投馬国・狗奴国などの国々も右の「百余国」に含まれる国であったと考えてよいであろう。列島各地で肥沃な中小河川の平野部を中心に形成された稲作農業共同体は、村邑の激しい盛衰を伴いながらも数百年にわたる小国の政治的経済的基盤として存在し続けた。王が出現する前夜の弥生社会は、すでに共通認識されているようにそのような農業共同体を基盤とする群小のクニグニが分立している状態であった。

最初の王は北部九州に出現し、後漢王朝から公式に王号を授与されたようである。江戸時代に福岡市東区の志賀島から出土した「漢委奴国王」の金印がそれを示しており、『後漢書』東夷伝・倭条に、

建武中元二年、倭の奴国、奉貢朝賀す。使人自ら大夫と称す。倭国の極南界なり。光武、賜うに印綬を以てす。

とあり、西暦五七年に奴国の使者が光武帝（在位二五〜五七年）から金印紫綬を授けられたとする。この国は博多湾岸に所在した奴（那・儺）国で、「倭国の極南界なり」と記すのは『魏志』倭人伝の記述に惑わされた『後漢書』編者范曄の地理的な錯誤である。おそらく奴国は北部九州一帯の小国群の中でも最も先進的で優勢な政治力経済力を構築しており、周辺の諸小国を政治的に従属させて「奴国統合体」とも呼べるような広域的な政治組織を形成していた可能性が高いと考えられ、「大夫」と自称する使者の不遜な態度に顕在化しているその実力のほどが後漢から初めて高く評価されたのであろう。

金印には「漢委奴国王」とあり、右の記録では奴国は「倭ノ奴国」とあるように倭人社会の中の小国として把握されているだけである。後漢は前漢と同様に倭人社会を「倭」という枠組みで捉えたことが知られるが、「倭」とあって「倭国」とは表現されていないことに留意すべきであり、奴国が倭人社会全体に支配力を及ぼす実力を未だに保持していなかった状況を暗示している。

しかし、それにしても奴国王を漢の蕃臣として公認したのは、中国側が過去の情報と対比して倭人社会の政治的成熟の度合いをそれなりに評価したことを意味するもので、当時列島の各地に国々の統合体とみ

なせる政治集団が形成され始めており、奴国がそのような諸統合体を一歩リードする優越した地位にあったことを窺わせている。しかし、それでも奴国王はまだ倭国全体を統合する王とはみなされておらず、倭国内部の一地方政権にしか過ぎないこと、中国側では倭国の大半の地域がまだ小国分立の状態にあることが明確に認識されていたのである。ところが、『後漢書』倭伝は右の文章に引き続いて次の文を載せている。

安帝の永初元年、倭国王帥升等、生口百六十人を献じ、請見を願う。

永初元（一〇七）年は安帝（在位一〇七〜一二五年）が即位したその年に当たる。慶賀の使者が多数の生口（戦争捕虜や犯罪の身没者）を引き連れて洛陽を訪れたらしい。使を送ったのは「倭国王帥升等」とする。「等」字を人名の一部と解する説があるが、そうではなくこの使節団の特異な性格を示すものとして把握すべき複数の意を表す字と考えられる。献上された生口百六十人は帥升一人でかき集めたものとしては多すぎる数である。生口の大部分は列島各地の統合体から差し出されたものではなかろうか。それらを代表する者が帥升であり、そのために皇帝は彼の政治的実力を高く評価し初めて「倭国王」と認定したのである。帥升は青銅器・鉄などを東方の諸統合体に配布し、後漢への使節派遣に参加するよう誘引したのではなかろうか。

生口を帥升に貢上した統合体には畿内の邪馬台国や出雲の投馬国・吉備の狗奴国のような有力な国々が含まれていた蓋然性が高く、これらの国々は帥升が保持している国内的な権威と外交権に服し、それぞれの国からは少数ずつの官人が使節団の一員として洛陽まで派遣されたと考えられ、皇帝はこれらの使節の派遣国に倭国王の下位身分としての「王」号を授けた蓋然性が高い。というのも三世紀の邪馬台国の時期に「倭王」のほか「伊都国王」・「狗奴国王」が同時期に併存していた事実は、諸統合体の盟主に対する王号の授与が過去に行われていた事情を裏書きするもので、その具体的な契機としては帥升による永初元年の遣使が該当するだろう。

これまでの考古学上の成果からみて、二世紀初頭に倭国王帥升が覇権を握っていた国は奴国・伊都国(福岡県糸島郡)・末盧国(佐賀県唐津市)のうちのいずれかであろうと考えられ、伊都国の可能性が高いが明確に断定はできない。これら諸国相互間の王権の移動に関しては、志賀島で発見された金印が王権の交替に際しての混乱の中で奴国王が密かに隠匿したものとする推測と整合させて、武力による簒奪という劇的な事態を想定しがちであるが、金印出土の状態を考慮するとむしろ何らかの儀礼に基づき丁重に埋納された可能性がないとは言い切れない。王位がこのように隣接国の手に移動するような状態にあったのは、奴国統合体の王位継承の方式が国々の首長層による輪番制のような内容のもので、王位がまだ特定の国に固定されていなかったことと関係があるかも知れず、中国史料にもこれらのクニグニの間で紛争の類が起きたことを何ら伝えていないことは示唆的である。

『魏志』倭人伝によれば二世紀後半から三世紀前半頃の奴国と伊都国は次のような国として記述されている。

東南陸行五百里にして、伊都国に到る。官を爾支と曰い、副を泄謨觚・柄渠觚と曰う。千余戸有り。世〻王あるも、皆女王国に統属す。郡使の往来常に駐まる所なり。東南奴国に至る百里。官を兕馬觚と曰い、副を卑奴母離と曰う。二万余戸有り。

女王国より以北には、特に一大率を置き、諸国を検察せしむ。諸国これを畏憚す。常に伊都国に治す。国中において刺史の如きあり。王、使を遣して京都・帯方郡・諸韓国に詣り、および郡の倭国に使するや、皆津に臨みて捜露し、文書・賜遺の物を伝送して女王に詣らしめ、差錯するを得ず。

奴国は二万余戸の人口を抱え、千余戸の伊都国とは比べものにならない豊かな国であった。しかし王は伊都国におり、「世〻王あるも」の文意によると伊都国ではすでに王位が何代かにわたって世襲されており、帥升以後おそらく数代にわたる王制がすでに確立していたのであろう。その王制の実体を具体的に明らかにし得る史料は遺されていないが、伊都国は二世紀後半期における倭国王の居所の地であり有力な港津の所在地でもあったため、邪馬台国は外交のノウハウが蓄積されていた当地を最前線基地に指定し、一大率なる派遣官を現地に駐在させてさまざまな外交事務を専掌させ、併せて「諸国」の検察をも行わせたのである。諸国とは倭人伝に記載された北部九州沿海のクニグニを指し、これらの国々は監視を怠ればいつでも独自外交を展開できる地政的な条件を備えた国々であったので、一大率の検察がとりわけ厳しく行われたのである。

Ⅳ　邪馬台国の登場

中国の文献は『魏志』倭人伝に至って初めて邪馬台国の存在を大きく特筆している。それまでは邪馬台国に関する情報は表立っていっさい現れないのである。この国のことがクローズアップされるのは二世紀後半の「倭国乱」においてである。倭人伝には次のような記述がみえている。

その国、本また男子を以て王となし、住まること七、八十年。倭国乱れ、相攻伐すること歴年、乃ち共に一女子を立てて王となす。名づけて卑弥呼という。

冒頭の「その国」とは倭国のことなのか邪馬台国を指すのか、これまで激しい議論があって判断が難しく、私自身も過去に見解が揺らいだという苦い経験を経ているが、やはり「倭国」を指すとみるのが妥当である。北部九州において倭国を統治する男王の系譜が七、八十年続いた後、「倭国乱」のさなかに女王卑弥呼が登場すると解釈できる。

「倭国乱」が始まったのはおよそ二世紀後半の時期ということになるが、『後漢書』倭伝が「桓・霊の間、倭国大いに乱れ、更〻相攻伐し、歴年主なし」と記すのによると、桓帝（在位一四七〜一六七年）・霊帝（在位一六八〜一八八年）の治世にほぼ対応しており、『梁書』諸夷伝・倭条はより時期を限定して「漢の霊帝の光和中、倭国乱れ、相攻伐すること歴年」とあり、二世紀末頃のこととする。「倭国大いに乱れ」と「倭国乱れ」とではいずれかに認識の誤りがあるらしく、ここでは『魏志』倭人伝の「倭国乱」を穏当な表現とみておきたい。

ところで、「倭国乱」という記載にはとりわけ注意すべきものがある。と言うのも中国史書が初めて明確に「倭国」の政治的混乱状態を書き留めたからである。これまでの史料には「乱」の記述はまったくなかったのであり、また指摘された「乱」の範囲が「倭国」とされていることにとくに留意する必要がある。中国がここに至って「乱」の規模や性格を「倭国」という民族国家の政治的事件として記述しているのは、この「乱」が「倭国」王権の深刻な断絶と交替という問題と緊密に関連していることを認識したことを意味するものであり、問題とすべきは中国史料が記述しているその「乱」の具体相であろう。

残念なことに、右の「相攻伐すること歴年」という文章を具現するような考古学上の明確な証拠は得られていないように思われるが、『魏志』倭人伝がこうした旧来の王権の断絶・交替と受け取ることのできる情勢を「倭国乱」と記しているのは、北部九州における王権の政治的衰退と邪馬台国という列島奥地に位置する新興勢力の台頭、つまり王権の分裂を明確に認知したからであろう。争乱は事実上「倭国王」の地位をめぐる広域的な紛争を意味していたと言うべきであり、これ以後に噴出する邪馬台国と狗奴国の争いもすでに「倭国乱」の時期に萌していたものとみることができるであろう。それでは新興の邪馬台国は「乱」の過程でどのような動きを示したのであろうか。

邪馬台国は「倭国」に覇権を樹立した後にも伊都国の王位をしばらくは存続させる措置をとったようである。先ほど引用した倭人伝には「世〻王有るも、皆女王国に統属す」と記すのがそれで、伊都国王が倭女王に統属する存在となったのは、王権の交替が最終的には軍事的な方式で行われず平和的な交渉によったことを裏書きしているように思われる。もし武力による簒奪に関わるような抗争が起きていれば、もとより伊都国王は滅亡させられ存続を許されなかったと考えられるからである。

なぜそのようなことに落ち着いたのかというと、邪馬台国は「倭国乱」の混乱した情勢を利用し、独自に外交ルートを開拓して王権の樹立を図ったのではあるまいか。伊都国を中心とする北部九州の王権は後漢王朝との関係を通じて維持されていたが、二世紀後半以後後漢は急速に衰退し、二二〇年には滅亡して中原は三国時代（魏・呉・蜀）に移行する。それに対し、邪馬台国は遼東地域から朝鮮半島北西部に成立した公孫氏政権との間に新たな政治的統属関係を樹立し、国際的な倭国の王位を獲得したのではなかろうか。この場合、邪馬台国は伊都国から王権を簒奪するという軍事的な行動を敢えて必要としなかったと考えられるのである。つまり北部九州と畿内とで一時期に王権の並立状態が生じたことを想定するわけである。当時はまだ統一国家が成立していない時期であったので、実力さえあれば対外交渉は自由に行えたのである。

考古学者の福永伸哉は終末期の弥生墳丘墓や最古級の古墳からしばしば出土する舶載の画文帯神獣鏡の出土状況を検討し、その入手と配布中枢が畿内地域にあるとの説得力ある論説を提起し、さらに畿内の邪馬台国は画文帯神獣鏡を公孫氏政権から入手したとの考えを明示している（**第2−1・2図**）。このような福永説を支持できる素材が他にもありそうなので次にそれを指摘しておこう。青銅鏡とともに大陸からもたらされた遺品で、しかも倭国王の王位を象徴するレガリアの一つと推定される大刀である。一九六一年から翌年にかけての発掘調査により、奈良県天理市櫟本町の東大寺山古墳から出土した金象嵌銘花形飾環頭大刀の刀身部（復元全長約一〇二センチ）に次のような銘文が施されていた。□の部分は判読不能の文字とされているが、最近行われた綿密な再調査の結果1・2には「〇年」、3は「釦」、4・5・6・7はそれぞれ「下辟不祥」の語句が入るとされているようである。

中平□1□2五月丙午造作文刀百練清□3上応星宿□4□5□6□7

本刀は古墳の被葬者が所持していた大量の刀剣類の中で埋葬儀礼において最初に墓壙内に納められた重要な刀であったらしく、他の刀剣とは異質な扱いを受けていたものと推定されている。銘文冒頭の「中平」は後漢の年号で霊帝の治世（一八四〜一八九年）末期に相当する。先ほど述べたように霊帝の治世頃には「倭国乱」の状態となっていた模様であるが、この大刀がその後のいつどのような経緯とルートとに

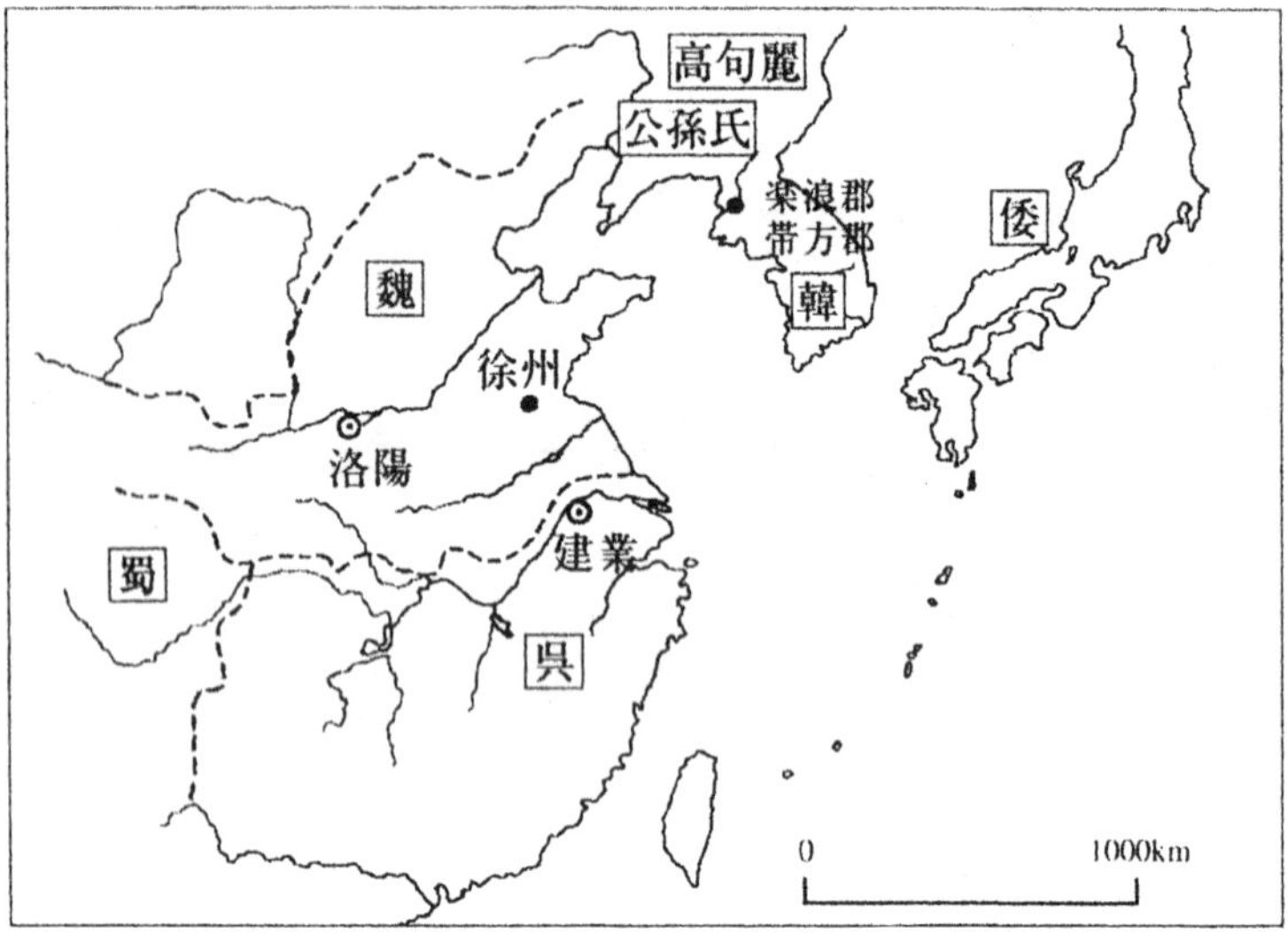

第 2-1 図　3 世紀の東アジア

第 2-2 図　日本列島における画文帯神獣鏡分布

上図はいずれも、福永伸哉『邪馬台国から大和政権へ』（大阪大学出版会、2001 年）から引用。

よって最終的に大和の有力首長の手に渡ったのかはきわめてわかりにくい。

想定される経緯は大きくみて二つある。第一の想定は、邪馬台国自体が直接後漢からこの大刀を入手したのではないかとみるものである。二世紀後半の「倭国乱」の時期にはすでに邪馬台国が自力で後漢と交渉する情勢が生まれていたと推想し、皇帝も新興勢力で新たに臣属した邪馬台国の勢威を配慮する形で王に大刀を下賜したと推測するのである。ただし、この想定の場合には後漢王朝が倭国王権に対する二股政策を是としたのかという疑義があることと、そもそも邪馬台国が後漢と直接交渉したことを記す文献記録がまったく見当たらないことが最大の難点となるであろう。邪馬台国は衰退しつつある後漢へ使節を派遣した形跡を遺していないのである。

後漢滅亡後三国時代に入ると邪馬台国は魏王朝に使者を派遣するが、倭人伝によれば皇帝が倭女王卑弥呼に「五尺刀二口」ほかのさまざまな器物を授けており、その意図として「悉く以て汝が国中の人に示し、国家汝を哀れむを知らしむべし」とあるように、中国王朝は朝貢する倭勢力の王権を背後から政治的にテコ入れし、女王の側も「五尺刀二口」を王権の正統性を国内的に誇示する器物として利用したことは疑いがない。言うまでもなく魏が女王に与えた「五尺刀」は東大寺山古墳出土の大刀とは別物と考えられ、魏との交渉によって新たな儀刀を得た邪馬台国はそれを王権の新たな象徴とし、すでに過去のものとなった東大寺山古墳出土の大刀を女王側近の有力首長に賜与したと解することができる。大刀を授けられた首長は言うまでもなくワニ一族に属する功臣で、四世紀中葉頃まで二、三世代にわたって伝世され、やがて東大寺山古墳の被葬者の死とともにその墓壙に埋納されたとみるのである。

第二の想定は次のようなものである。二三八年に魏の攻撃によって滅亡に追い込まれた遼東の公孫氏政権は公孫康の時に帯方郡を設立し、邪馬台国は半島でのこの新たな動きに機敏に反応し使節を派遣して直接交渉を行い、公孫氏から女王卑弥呼に印綬や大刀、さらには多数の画文帯神獣鏡が授けられた可能性があるとする考えである。

先ほどの銘文を読むと、中平銘の大刀はもともと倭国向けの特注品であると推察することはできず、公孫度が後漢の遼東太守に就いた時期に何らかの径路で独自に入手していた後漢製の大刀を、「是の後、倭韓は遂に帯方に属す」(『三国志』魏書・烏丸鮮卑東夷伝)と伝える公孫康(二〇四年に公孫度の後嗣となり帯方郡を設置する)の覇権の下で、帯方郡に朝貢してきた邪馬台国の使者の要望に応え授けた蓋然性が高い。公孫氏政権への独自の入朝が邪馬台国における倭国王権成立の画期となった可能性があり、北部九州の王権には頭越しの形で公孫氏政権との直接的な交渉関係を樹立した邪馬台国は、自己の王権を正統化する国際的な権威を得ることに成功したのではなかろうか。

右の二つの推論のうち後者の想定が説得性に富み正鵠を射るものと考えているが、いずれにおいても舶載の儀刀が倭国王権のレガリアとしての特殊な扱いを受け、新しいレガリアが出現すると古い儀刀は王権を支えた有力な首長に下賜されるという経緯をたどったとみることができる。東大寺山古墳の被葬者はその意味ではヤマト王権の身分序列の中では群を抜いて枢要な立場にいた人物とみられるだけではなく、被葬者の二、三代前の先祖がそのレガリアを帯方郡から倭国にもたらした当事者であった蓋然性があり、また邪馬台国が大和に所在したことをも間接的に物語る興味深い史料であるとみなすことができるであろう。

さて、その邪馬台国に関し『魏志』倭人伝の冒頭には次のような文章が記されている。

倭人は帯方の東南大海の中にあり、山島に依りて国邑をなす。旧百余国。漢の時朝見する者あり、今、使訳通ずる所三十国。

倭人伝の編者陳寿はまずかつての漢王朝の時期の倭との交渉経過を簡潔に要約し、次いで邪馬台国が覇権を握った現在の情勢は倭の総計「三十国」が魏王朝の統属下にあることを記す。それら三十国の中身については、〔①〕「女王の都する所」という特別な記述のある邪馬台国（女王国）、〔②〕「女王国より以北」として「その戸数・道里は得て略載」できた国々、〔③〕「その余の傍国」として「遠絶にして得て詳かにすべからざる」国々、〔④〕「女王に属せず」と記す狗奴国があり、〔②〕には対馬国・一大国・末盧国・伊都国・奴国・不弥国・投馬国などの七ヶ国を含み、「倭国乱」の経過の中で新たに邪馬台国に服属した国々であるとみられ、〔③〕はおそらく女王の派遣使節が魏に一括申告した国名目録に基づく二十一ヶ国を指し、邪馬台国周辺地域の小国群で以前から邪馬台国に臣従の礼を執っていた邪馬台国統合体に属する国々と推定される。

〔②〕の国々については、倭人伝が言明している通りそれぞれの国情が簡潔に記載されており、対馬国から不弥国までは北部九州の国々であることはほぼ間違いがなく、投馬国は出雲を核とする山陰地域の統合体の盟主を指すとみてよいだろう。不弥国から邪馬台国までの交通路に関しては一般に瀬戸内海航路が使用されたと想定されているが、私はかねてより日本海航路を重視しており、不弥国から「水行二十日」で投馬国に、投馬国から「水行十日・陸行一月」で邪馬台国に至るという径路に関しては、水行十日の海路から陸行一月への行程の転換は丹後半島（旦波国）の港津で行われたと推測しており、邪馬台国にとっては旦波国がきわめて重要な位置を占める国であったと考えられるのであり、この点は後章で改めて詳しく論じることにする。

　邪馬台国がなぜ波穏やかな瀬戸内海航路を敢えて使用しなかったのかと言えば、この航路の中央部に狗奴国が控え、先にも記したように〔4〕狗奴国が「男王」を擁して邪馬台国に服属せず敵対した勢力であったからである。狗奴国すなわち狗奴国統合体とは具体的には吉備国のことと考えられるのであるが、先学はこれまで一様に狗奴国の所在地を北関東の毛野、駿河の久能、美濃・尾張、南紀の熊野地方など邪馬台国より東方の地域に比定してきた。しかし、先行の学説には次の二つの論点で賛同することができない。

　第一に、国名とみなされてきた狗奴国は、私見によれば国名ではなくして「来るな」という倭語に由来する敵対の意を含む言辞なのであり、これまでのやり方のようにいかに地名を詮索してもそれは無駄な努力と言うほかはない。狗奴（クナ）は「来名戸之祖神」と伝えられている杖の岐神の霊能と通底するもので、交通・交流関係の妨害・拒絶意思を表しており、邪馬台国は服属を肯んじない相手国を呪術によって罵倒する語を用いて魏の属官に国名として申告したのだと考えられるのである。地名の検討がうまく行かないのでこれをいったん棚上げにし、畿内を中心とする銅鐸の文化相の違い（三遠式銅鐸）や前方後方墳の分布の様相などから、東海地方を狗奴国に擬定しようとする考古学界の動向も生まれてきているが、それらの方法論は遺憾ながら現時点で成功を収めているとは言えないと思う。

　第二に、これまでの『魏志』倭人伝の読み方に誤解があったことを指摘できる。狗奴国の地理的位置を記す部分を引用すると次のようになる。

　女王国より以北、Aその戸数・道里は得て略載すべきも、Bその余の傍国は遠絶にして得て詳かにすべからず。**次に斯馬国あり、次に己百支国あり、次に伊邪国あり、次に都支国あり、次に弥奴国あり、次に好古都国あり、次に不呼国あり、次に姐奴国あり、次に対蘇国あり、次に蘇奴国あり、次に呼邑国あり、次に華奴蘇奴国あり、次に鬼国あり、次に為吾国あり、次に鬼奴国あり、次に邪馬国あり、次に躬臣国あり、次に巴利国あり、次に支惟国あり、次に烏奴国あり、次に奴国あり。これ女王の境界の尽くる所なり。**Cその南に狗奴国あり、男子を王となす。Dその官に狗古智卑狗あり。女王に属せず。

傍線を付しているように、右の文章には「その」という指示語が四つある。AとBの「その」は「女王国より以北」の国々、つまり実質的には邪馬台国よりも西方にある〔②〕の諸国を意味し、Dの「その」は狗奴国王を指している。問題はCの「その」であるのだが、通常では前の文章中の直近にみえる「奴国」または「女王の境界の尽くる所」を指していると解釈するのが常道で、先学の解釈も狗奴国は奴国の南、実質的には東方に所在する国であるとみなし、東海地方から東の方に該当する国を想定してきたわけである。

ところが、ゴチック体で示した国々の記載部分については、先ほど指摘しておいたように邪馬台国の派遣官が魏の役人に申告した統属国の一覧表または目録に基づく記述が一括して挿入された部分であって、Cの「その」以下の文章は本来「得て詳かにすべからず」に直接続いていたとしなければならず、したがってCの「その」はA・Bの「その」と同じものを指していたと言わなければならないであろう。そうすると、狗奴国は〔②〕「女王国より以北」の国々の「南」、実質的には東方にあったと言うことになり、実のところ狗奴国は邪馬台国よりも西方に位置した国と解釈できる余地が生ずることになる。

第三に、吉備国は弥生時代から古墳時代前期にかけての時代に優勢な政治勢力と独自の古墳文化（特殊器台型土器）を保持する地域であった。後述するように、吉備国の中軸となる首長勢力は備中の地域を中心に蟠踞し、二世紀後期には全国的にも最大級の楯築弥生墳丘墓を造営、ヤマト王権に服属した後の四世紀末から五世紀初頭の時期には造山古墳・作山古墳などの巨大古墳を当地域に相次いで築造しており、五世紀中葉から後半にかけても王権に対する反逆と抵抗の伝承を有する地域として著名であり、吉備国の東方の領域は一時播磨の中部辺りまで広がっていたらしく、長期にわたり邪馬台国＝ヤマト王権に抵抗した最強の政治勢力とみなすことができる。

吉備の服属経過については後章でも触れることにするが、邪馬台国統合体と対立した狗奴国統合体とは吉備国を措いて他には候補とすべき政治勢力を古代史上に見出すことができないのであり、ヤマト王権は吉備国の中軸を成す備中の政治勢力を、播磨・備前両国地域と備後国の東西に蟠踞する首長層を巧みに取り込みながら統属政策を展開していったと推測できるのである。

こうして、邪馬台国は二世紀後半に起きた「倭国乱」の経過の中で独自の外交を展開して国際的な内実を備えた王権を樹立し、後漢王朝の後ろ盾を喪失した北部九州の王権を平和的な形で統属下に収め、いよいよ「倭国」の本物の盟主となるべき動きを本格化させたと考えてよいが、その王制はそれまでの男王制ではなく、倭人伝が「乃ち共に一女子を立てて王となし、名づけて卑弥呼という」と記す女王制への転換を遂げたのである。推測するに弥生中期以来それまでの王制の実体は「ヒコ・ヒメ」制を基盤とした男王制であり、それを逆転させる女王制の形態に転換したとみるのが私見の立場である。「ヒコ（兄弟）・ヒメ（姉妹）」による共同統治を社会的基礎とし、ヒメを王に擁立しヒコをその輔政者とする政治形態がここで言う女王制の実体である。

邪馬台国が男王に代えて女王を擁立したことの意義については詳しくは次章で述べるが、この問題はおそらく倭国統合に向けての宗教政策と深い関連を有する動向の中で発生したことであり、女王制は国々の政治的統合の精神的紐帯となるべき至高の人格神の創出とその祭儀の確立を促し、初代女王卑弥呼の時から造営が計画され開始された巨大な前方後円墳は、国家的な最高神格を備えた人格神と女王卑弥呼のペアを讃仰し王権に服属する国々の首長層らが造営のための役務を提供することを明証するための施設とされた。倭国の女王位は創祀された最古の国家的人格神によって保障・加護され、前方後円墳はその王位の威容と在り処を象徴的に誇示するものとして造営されたと考えられる。

そして、さらに筆者が重視しているもうひとつの問題として、倭人伝が「乃ち共に一女子を立てて王となす」という件に内在する問題であり、この文章の主語が誰であるのかは明瞭に書かれていないが、女王を擁立した主体は明らかに首長層であって、女王は首長層の総意の下に選定され即位するという経緯があったものと推測することができる。その場合、言うまでもなく女王擁立に関わった首長層とは邪馬台国内のそれであって、この国以外の首長層には発言権や女王の選定権はいっさい与えられていなかったとみてよい。

「共立」という語を重視して女王の擁立に諸小国の関与を想定する見解も未だに根強いものがあるが、前史をなす邪馬台国統合体がすでに専制的な構造と性格の組織であったとみており、さらに私は民会的な要素が日本の古代社会に存在したとする考え方には基本的に賛成できない立場をとっているので、やはり女王は邪馬台国内部の首長層の協議と合意に基づき決定され擁立されたと推定され、そのような選定方式を陳寿が「共立」という語で表現しようとしたのだと考えられるのである。女王制は邪馬台国の首長層が独自のプランによって形成した王制であった。

Ⅴ　ヤマト王権の成立

ここまでの論述で邪馬台国とヤマト王権との関係についての私見のおおまかな筋道はほぼ明らかになったことと思う。『古事記』『日本書紀』の天皇系譜を相当程度に信用し、それにいくつかの画期を設けて王統が超歴史的に入れ換わり立ち替わりする「王朝交替」というような平板で単線的な発想では、古代王権の成立過程や変化の諸相を本当の意味で明らかにすることはできないのであり、中国史料や金石文を基軸に据えて列島社会における王権と王位の成立・その変遷の様相を詳しく明らかにすることが必要であろう。

邪馬台国の起源は奈良盆地に所在した小国であり、紀元前一世紀にはすでに盆地内首長層の政治的結集体として成立していたと考えられる。しかしその頃にはまだ王の姿はなく、ましてや王家や王統などはまったく存在していなかった。しかし、それ以後この国は次第に頭角を現し周辺地域の国々を統属下に収め邪馬台国統合体を形成していった。その契機はおそらく北部九州地域の統合体との活発な交流を主導したことにあり、青銅・鉄を始めとする大陸産威信財の確保と配下の諸国への分与のシステムをいち早く構築することに成功したと考えられる。

畿内周辺のクニグニを統属させていた邪馬台国は一〇七年に記録がみえる倭国王帥升の外交に積極的に

参画し、史上初めて王号を得たと推定され、邪馬台国王の王位の権威づけに必要な新たな王権正当化儀礼の一環として独自の前方後円型墳丘墓を創出したようである。奈良盆地東南部の纒向遺跡に集中して造営された数基の大型墳丘墓（纒向石塚・勝山・矢塚・東田大塚・ホケノ山）は、墳丘全長が当時としては破格のおよそ七十から百《メートル》規模に達しており、整った前方後円形ではないもののその祖型であり、さらに埋葬主体部の木槨構造は朝鮮半島南部や吉備および四国東部地域の墳丘墓の文化と共通する点があるとみられている。考古学界の見解ではこれらの墳丘墓と箸墓古墳造営との歴史的先後関係が明確に示されていない現況にあるが、箸墓以前に造営された歴代の邪馬台国王墓とみることができるのではなかろうか。

二世紀の邪馬台国王は中国王朝との外交権が伊都の倭国王に独占されていたので、これに臣属しながらできるだけ多くの威信財を独占的に確保し管理するよう努めたであろう。それは服属する諸小国の統制を強めながら統合体の範囲をさらに拡大していくために必要不可欠な措置であった。当時の邪馬台国の王制はおそらく男王を基軸とする「ヒコ・ヒメ」制の共同統治の形態を採用しており、擁立された数代の男王の出身地についてはなお不明であるが、埋葬主体部の検討や副葬された土器の産地などの研究の進展によっていずれは明らかになるものと考えている。この段階はヤマト王権の萌芽期あるいは黎明期と規定すべきである（プレ・ヤマト王権）。

ところが二世紀後半の「倭国乱」の時期になると、邪馬台国は独自の外交ルートを開拓して遼東の公孫氏政権との直接交渉を行い、後漢の統属下にある北部九州の王権と競合・並立する形で倭国の王位を認定され、政治形態を男王制から女王制に切り替え、倭国の政治的統合を目指す本格的な歴史過程に入ったようである。

ヒメを神妻として女王に擁立し兄弟いずれかのヒコをその輔政者とする王制は、至高の人格神の宗儀というそれまでの自然神崇拝や銅鐸を用いた地霊祭儀にはみられなかった革新的な宗教制度を打ち出した点と、邪馬台国内の首長層からは決して女王を選定しない点、さらには王位の世襲制を厳格に排除している点とで統属下のクニグニの強い支持を得ることができたと考えられる。『魏志』倭人伝にみえる女王卑弥呼の擁立がそれであり、この後ヤマト王権は四世紀末・五世紀初頭まで女王制をさらに継続させたとみるべきである。これまでは初代倭国女王卑弥呼から始まった女王制は二代目の女王台与で終焉すると想定されてきたが、女王制が早くも二代限りで廃止されたとする常識については何らの文献学的な論拠が示されていないのであり、むしろ筆者の想定する女王制にまつわる史料が記・紀の伝承の中に豊かに遺存していることに注意を向けるべきである。

四世紀第3四半期（三六四〜三七二年）に百済王権との間に締結された軍事同盟こそが女王制の最終的な終焉をもたらした根本的な政治的要因と考えられ、神功皇后伝承の記・紀への定着によって歴史過程から隠蔽・排除されてしまった実在する最後の女王の時代に、ヤマト王権は世襲制を原則とする男王制（軍事王制）に移行を開始すると考えられるのであり、四世紀末ないしは五世紀初頭に皇統譜の始原をなす始祖帝王がこの世に誕生し、王家と王統が創成され日嗣の継承が王権にとって最重要の課題となる時代が始まるのであって、右に述べたこれらの問題については次章以下でさらに詳しく論議を尽くして行きたいと思う。

第二章　卑弥呼とは何か

Ⅰ　本居宣長の邪馬台国論

古代史のみならず日本史全般を通じてもひときわ人気を博する邪馬台国関連のシンポジウムでは、九州説と大和説とで見解が大きく分かれている所在地論が最初に提議されることが恒例になっている。このようなシンポジウムを主催しまた招かれた経験のある筆者にすれば、まことに退屈で摩訶不思議な現象であると言いたいのであるが、いずれか一方に偏った議論は学問的手続きと公正さを欠くものとして非難されるような雰囲気が今でも根強く残っており、九州説を否定するとたちどころに気分を害する人も世間にはまだまだ多いようである。

しかし、寡聞するところでは考古学の分野において現今の情勢では邪馬台国＝九州説を強硬に唱える研究者はほとんど影を潜めているようである。近年の発掘成果や考古学上の事実の究明に基づくところが大きいのだが、弥生末期から古墳時代初期にかけての遺跡・遺物の出土状況やその研究動向を跡付けてみると、邪馬台国は畿内大和の政治勢力であったと解釈するのが妥当な情勢になっており、前章でも論じたように、弥生後期末の三世紀初頭には北部九州と並んで大和にも新たな形で国際的な認知を得た王権が成立したと推定してよさそうである。

考古学の世界ではこれまで青銅器や弥生土器などに代表され象徴される文化または文化圏の形成とその変質・解体、それらに代わる新しい文化相への転換の様相などに基づき時代相や権力の所在地の変化・変質の問題を並行的な事象として論議する傾向があったのだが、政治権力の成立やその急激な興廃・移動などモノの形で顕在化しにくい問題などについては、文化的な事象の漸進的な変容を追究するだけではみえてこないことがあり、考古学の手法をもってしてはなかなか解明するのが難しく、やはり文献史学が王権の成立やその移動・変質についての議論を主導する任務を発揮していかなければならないと考えている。

その場合、筆者としてはわざわざ多くの紙幅を割いて邪馬台国の所在地を論議することは非生産的な学問上のエネルギーの空費に他ならないと思う。なぜなら九州説に関しては江戸時代の本居宣長や新井白石（白石は当初邪馬台国＝大和説を唱えていたが、後に九州説に変節した）らがこの説を唱え始めた時期から、学問的にはすでにほとんど意味や価値のない破綻した恣意的な妄想であったとみているからである。すなわち、彼らの議論はその思想的な前提からして一般的な学問上の所説としての体を為していなかったと評してもよいと考えているのである。

と言うのは、本居宣長が邪馬台国問題を『馭戎慨言』で論じている内容の本質が、古代史料を冷静かつ客観的に解釈しようとした学問的な論議・解説というのではなく、偏狭なナショナリズムに凝り固まった国学者流の天皇中心主義イデオロギーから成り立つ類の教説であったと判断されることによる。宣長は前漢書・地理志や後漢書・倭伝あるいは魏志・倭人伝などの中国史料を手元に置きながら、紀元前後の倭人が「漢の時より通ひ始めたり」とする同学の研究家らの認識をしぶしぶ承認しつつも、中国に通交した倭人らは次のような性格の人々であったと想定しているからである。

今つらつら考るに、そのかみ御おもむけのいまだ天の下にあまねからざりし程、いといとかたほとりの国造別稲置などやうの、一しま一郷をうしはきゐたりけん人共などの、わたくしにかの国へことかよはし、事などは、おのづから有もやしけん。それだに猶うたがはしきを、まして皇朝より、大御使などつかはすべきよしさらになし。

昔、中国に使者を派遣したのは「いといとかたほとりの」、すなわち辺鄙な地方に住む「国造・別・稲置」らのような小勢力の土豪なのであり、またその使者の派遣ということは「わたくし」、すなわち私的な行為で、国家的公的な外交関係とはまったく無縁なものであり、「皇朝」が故あって派遣した「大御使」などではないと断言しているのである。国造・別・稲置らは「御おもむけのいまだ天の下にあまねからざりし程」の地方勢力とみなし、彼らが勝手に外国と通交したのであって、実はそれさえ疑わしいことであると言うのである。

ついで宣長は『魏志』倭人伝にみえる卑弥呼について、歴史的には神功皇后（姫尊）の御世に相当するだろうと推考し、神功の事績を「三韓」、つまり朝鮮半島の国々から出たらしい情報を中国がいいかげんに曲解してまとめたもので、卑弥呼の鬼道とされる「以妖惑衆」と記す中身を、「からびと（戎人）」は「大御国の神の道を知らざるが故に、かかるみだりごとはするなり」と、中国人の理解不足による漫言であると述べている。

確かに宣長の指摘するように、倭人伝には伝聞による誤解や中国の知識人が持っていた東夷の島国の事情への偏見・曲解がまったくなかったとは言えないであろう。しかし、そうした批判が倭人伝の記述そのものに向けられるのではなく、何らかのイデオロギーに基づく外部批判ということであれば、それは学問的な営為とは言えないであろう。さらに、

然れども此時にかの国へ使をつかはしたるよししるせるは皆まことの皇朝の御使にはあらず、筑紫の南のかたにていきほひある、熊襲などのたぐひなりしものの、女王の御名のもろもろのからくに（戎）まで高くかがやきませるをもて、その御使といつはりて、私につかはしたりし使也。

と、ここでは筑紫の南方に割拠していた「熊襲」などの勢力が女王の使者と偽って私的に派遣したもので、決して皇朝の使者ではないと強弁するのであり、『宋書』倭国伝に記載されている五世紀の倭の五王の遣使に関しても宣長は次のように述べている。

遠飛鳥宮より穴穂宮までの御代御代に、もろこしへ御使つかはして、むつび給ひしといふこと、さらに皇朝にはしろしめさざりし事共にて、かの国のつかさ（爵号）など受け給ひしよしなどしるせるは、ましてかたじけなく、かけてもあるまじきわざ也。すべてこれらは、そのかみ韓のから（戎）国へまかりゐて、其国々の政とりける、日本府の卿などの、わたくしのしわざになん有りし。

このように、中国に派遣された倭人の使節をすべて「皇朝」の「御使」ではなかったと断言する宣長の真意は、「皇朝」が頭と辞を低くして中国王朝に朝貢の礼をとり、「かの国のつかさなど受け給ひしよし」を事実であるとする歴史を絶対に認められないという思い込みを基底としており、もし仮に史実として朝貢外交を行ったことがあったにしても、その主体は「韓」すなわち朝鮮半島に派遣されていた「日本府の卿」などの私的な仕業であると解し、「皇朝」はそのこととといっさい無関係であるとみなそうとしているのである。何が何でも「皇朝」を対中朝貢外交の歴史とは切り離して考えようとする偏ったナショナリズ

ムこそが、宣長の精神を根底において呪縛していたことがこれまでの記述から明瞭に読み取れるであろう。そこで、必然的に邪馬台国の所在地についても「皇朝」発祥の地である畿内とは違う地域に措定されるわけで、

誠にはかの筑紫なりしものの、おのれ姫尊也といつはりて、魏王が使をも受つるに、あざむかれつるものならば、其使のへてきたりけん国々も、女王の都と思ひしも、皆筑紫のうちなりけり。

というような偏見に充ちた結論に至るのであって、このような歴史認識が学問的なものなのかという点に関しては、学問以前に予めひとつの独善的な答えが用意されており、その見解に合わせて史料を強引に解釈しようとしていると言うほかに表現の仕方がみつからないのである。

宣長が邪馬台国を大和ではないと説明しようとやっきになっているのは、彼が天皇を中心とする勢力の存在を邪馬台国から明確に区別し、その本拠地を畿内の大和と解釈しているからに他ならないであろう。つまり宣長は必然的に邪馬台国を九州に置き、「皇朝」の所在地を畿内大和に配置することによって、「皇朝」の中国王朝からの自主独立性や歴史的な無縁性をあくまでも堅持し固守しようと画策しているのである。

宣長の見解である邪馬台国＝九州説は史料上の解釈をその出発点から全面的に放棄して立てられた国学者流のイデオロギーそのものであり、その根底には中国史料に対する不信と偏見に充ちた価値観があり、その後の邪馬台国＝九州説はこうした宣長の議論の根本にある非学問的な思い込みを批判し克服することなく再生産され続けてきた。なぜなら、明治以後の多くの研究者もまた多かれ少なかれ宣長と同類の国学イデオロギーの信奉者であったからである。それだから倭人伝の文章や語句の詳細をきわめた釈読・解釈

とても、宣長の偏狭なイデオロギーを克服するための方策にはなっておらず、また佐賀県吉野ヶ里遺跡の大規模な発掘調査や弥生の拠点集落や衛星集落の復原によって弥生時代の一般的な国（クニ）の様相やイメージが明らかにされた功績は大きいものの、それが直ちに邪馬台国の故地を明らかにする成果につながらなかったことも明らかであり、九州説はむしろ歴史学の進運の方向性を誤った次元に導くことに帰結したと言えるだろう。

宣長は頑なに「皇朝」の中国王朝への朝貢外交を認め難いとする思想をベースにして議論を展開しようとしたために、史料の学問的な解釈をその根本・基底から誤ってしまったのであるが、歴史学の方法論は史料に即した解釈とそれによって究明された合理的な事実をまず承認することが先で、恣意的な予断をもって史料にのぞんでもそれはとても歴史の叙述とは言えず、独善的な思想の遊戯に過ぎないのである。

ここで敢えて宣長の表現を使うと、古代の「皇朝」が中国へ派遣したいずれの時期のどの使節も朝貢外交を行ったのは厳然たる事実であり、それ以外の形式では中国との正式な交渉は成立しなかったのである。しかし、それによって王権の国内的権威や文明化への意欲が高められ、さらに朝鮮諸国との交渉・交流を対等または優位な形で進めることができたのであり、大国への臣属は海東の小国が独自の自立した国家を形成するために必要な歴史的試練であったと同時に、あらゆる外交は大国だけではなく小国にとってもある種の打算的な方便としての性格を孕んでいたという事実を忘れてはならないであろう。

Ⅱ　卑弥呼とは何か

弥生時代から古墳時代の移行期に一時的にではあるが女王の時代があったことを想定するのが現代の古代史学界の趨勢である。邪馬台国＝女王国の卑弥呼と台与は弥生時代末期に現れた特殊な現象として扱われ、その女王の時代というのは倭人伝の記述に従って二代限りであると考えるのが通説となっていて、その後がどうなったのかについてのまともな学問的説明がないというのが現状である。女王の時代は二代で終わりを告げ男王の時代に移行したのであろうか。あるいは最近の筆者の提案・構想のように引き続き何代かの女王の時代が続いたのであろうか。これまでの古代史学界の議論を振り返ってみると、女王の時代の終焉をどのように構想するのかについて真剣に議論がなされた形跡さえ窺えないのであり、この課題を解決せずには古代日本の歴史は本当に明らかになったことにはならないだろう。

もし仮に女王の時代がさらに継続したのだとすると、ヤマト王権の歴史像はこれまでとはかなり異質で特異なものになってくるであろう。なぜなら、東アジア世界だけにとどまらず、世界史的にみても長期にわたり女王の制度を維持した古代社会はほとんど例がなく、その後男王制がいつ何を契機としてどのような形で成立するのかといった問題についても、真剣な討議と実体の解明が必要になってくると考えられるからである。古代史の一時期に女王制＝女王の国が存在したという古代日本の特殊で個性的な歴史の究明こそが真の王統譜の復原作業にとって大切な前提となる課題であると考える。そこで、以下には『魏志』倭人伝に記載されている関連記述を引用しながら、まずは女王の時代の史実と実相をこれから詳細に検討してみることにしたい。

さて、邪馬台国の所在地論議が錯綜を極め学問上に大いなる混乱をきたした最大の要因のひとつは、倭人伝に出る「邪馬台」国を初めから率直に「大和＝ヤマト」国と読まなかったことに起因すると考えられる。女王の使節である難升米らが中国を訪れた時、迎接の官人からどこの国から来た使者であるのかを質問され、彼らは自己の本国を「大和」国と応えたのであり、その発声音を聴いた役人らが「邪馬台」という漢字をそれに充てたと考えられる。当時の倭語の「ト」の発音には上代特殊仮名遣甲・乙二類の「ト」があって、ヤマトの「ト」は乙類の tö であったが、国名である「大和」の万葉仮名の用字法はまさしく「ト」乙類に合致していたのであり、中国の役人は「ト」乙類の発音に対応する漢字として「台」を用いたと考えられるのであり、邪馬台国は畿内の大和国を明確に指示していたのである。

『魏志』倭人伝にみえる「邪馬台国」は奈良盆地を中心とする後の大和国の範囲を想定して誤りがないであろう。つまり六世紀に設置される倭国造・葛城国造の双方の領域をほぼ含む範囲ということであり、盆地の東半域を想定する論者も多いが、私は葛城地方も含め奈良盆地全域が邪馬台国の領域であったと想定している。邪馬台国の黎明期・萌芽期の中枢部は前章で述べたように纒向遺跡（桜井市）であると推定できるが**（第3図）**、この広範囲な都市遺跡は四世紀前半以降には急激に衰退するので、邪馬台国に所在した女王の都はその後盆地内のいずれかの地域に移動したものとみてよく、私見では盆地北東部の石上あるいは佐保・春日や盆地南部の来目・軽などの地域がその候補に挙げられるものと考えている。具体的には後で説述したいと思う。

ヤマトという国名の由来については、「山（ヤマ）＋処（ト）」すなわち「山のある所」という語の源義

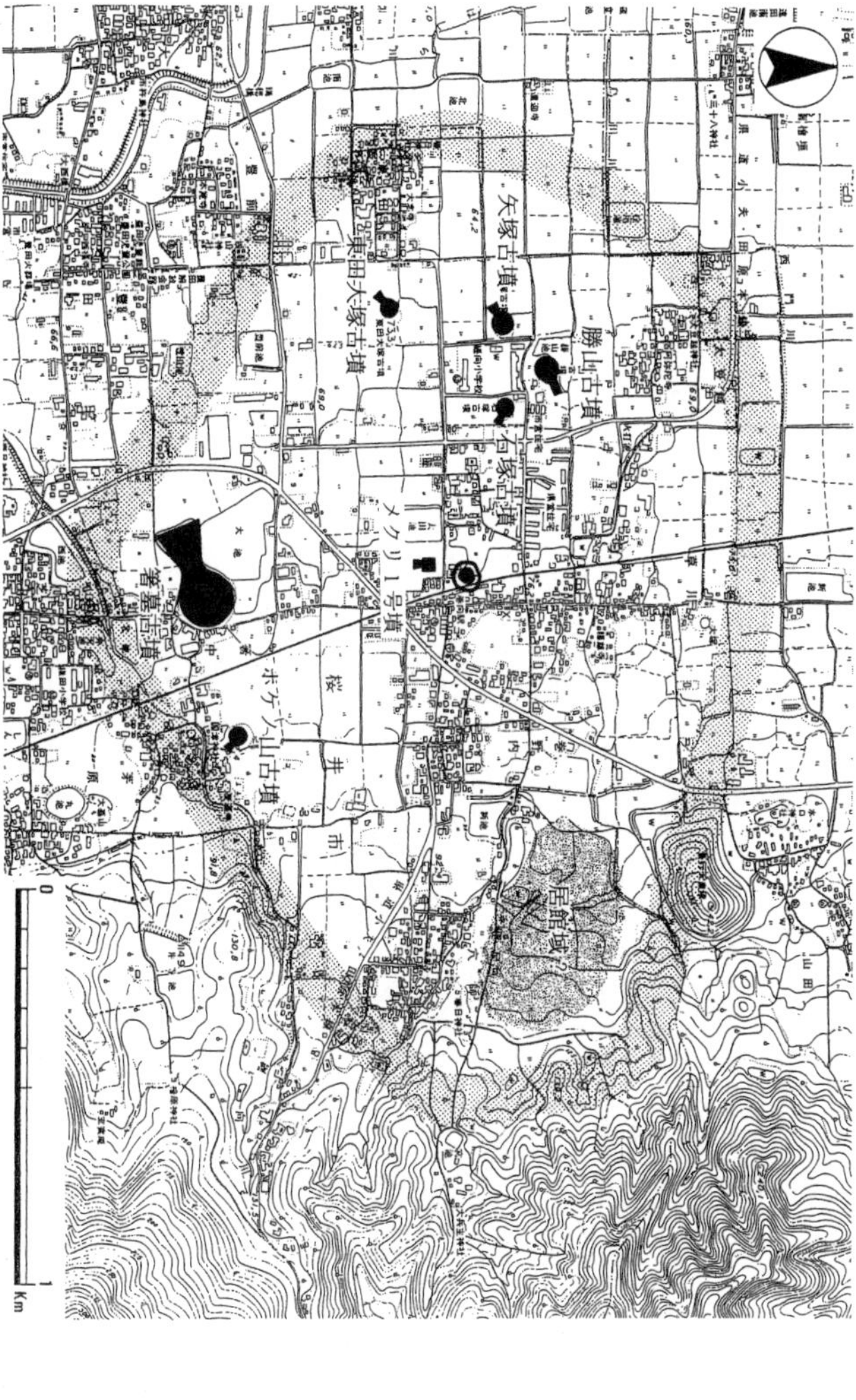

第3図　纒向遺跡〔布留式期（3世紀中頃～4世紀初頭）の中心地と遺構の広がり〕
『女王卑弥呼の国を探る in 桜井』（2010年、桜井市）から引用。

に基づき、神霊の籠る山として著名な三輪山西麓平野部を起源とするものと解してよいと思う。律令制の郡郷によると大和国城下郡に大倭（大和）郷があって三輪山の北西麓付近に当たる地域で、「邪馬台」＝ヤマトという地名・国名の発祥地が付近一帯にあることを伝えるものである。ただし、倭人伝に記載されている「邪馬台国」の政治的領域はそのような原初的な狭い範囲のものとは考えられず、すでに指摘したように奈良盆地全域をテリトリーとしているものとみなしてよいであろう。

と言うのは、「邪馬台国」は倭人伝の記述においてはすでに女王国の王都の所在地として登場しており、その領域内に割拠している数多くの首長らの本拠地やその周辺に広がる支配領域の集合体こそが「邪馬台国」の実体であると推定できるからである。つまり、「邪馬台国」とはその領域内に蟠踞していた大小の首長層（「大人」）の政治的経済的支配領域の集合体とみなしてよいだろう。倭人伝によれば、この国にはすでに複数の有力な首長層から成る合議制の権力機関が形成されており、彼らが女王＝卑弥呼を擁立（共立）する主体であり、さらには邪馬台国に統属する三十ヶ国にのぼる地方勢力を統制下に置いていたからである。倭人伝からそのことに関連するとみられる記述を引用してみることにしよう。

官に伊支馬あり、次を弥馬升といい、次を弥馬獲支といい、次を奴佳鞮という。

邪馬台国以外の国々の官制の実体は不明であるが、いずれも投馬国の事例（弥弥・弥弥那利）のように長官と副官の二官から成るようである。邪馬台国だけが四官体制であるように記されているが、これは倭国王権の中枢である邪馬台国の権力機構が特殊に肥大化し進化していることを示すもので、それだけ世俗の実務にあずかる首長層の支配権力や利害関係がさまざまな調整を必要とするほどに多様化し複雑化していたと推測できる。右は女王の宮廷を直接支える官司で、外廷のものとしては一大率・大倭などの地方官

第4図　纒向遺跡の中心部から検出された大型建物群。3世紀前半構築。
『女王卑弥呼の国を探る in 桜井』(2010年、桜井市)から引用。

があり、さらに中国に派遣される遣外使があった。

二〇〇九年秋、奈良県桜井市の纒向遺跡中心域において三世紀前半代に遡る巨大かつ企画性の高い建物群の遺構が発掘調査の結果みつかったとの報道があった（**第4図**）。建物群は東西方向に主軸を置く中軸線に従って建てられており、住宅が密集している上ツ道の付近が遺構の東限であり出入り口になっていたと推測できる。現在の段階で遺跡最大の建物は女王卑弥呼の宮殿ではないかとする意見が強いようであるが、筆者はこの建物群は邪馬台国の権力中枢に参加している首長層の合議機関・集会施設ではないかと推定しており、女王の宮殿はこれとは別の場所に所在したと考えている。なぜなら、右に述べてきたように邪馬台国の政治や女王の選定などの重要事項は首長層の合議と総意に基づいて執行されていたのであり、そのための合議の場が今回発見された建物群であると考えるからである。

次いで、遺構を画する塀の南側に隣接した大きな土壙から多種多様な食物の残骸が発見された。それらは建物群の廃棄に伴う祭儀に用いられた神饌であると推定されているが、統属下のクニグニから貢進された献上物を用いて行われた祭儀と饗宴を想定させるもので、女王宮はこのような俗的空間からは隔離され遮断された都市空間の外延部で高燥地に設けられていたとみなした方がよく、同じような建物群は当地域で他にも埋もれている可能性が高いと思う。現に発掘を担当している橋本輝彦の教示によると、右の建物群とほぼ重複する形で四世紀前半代の大型建物の柱の痕跡が複数みつかっており、政治的集会場は半世紀後に同じ場所で建て替えが行われたようである。倭人伝には卑弥呼の日常の様子について次のような記載があり、女王は常に「隠された王」としての扱いを受けていたと考えられるのである。

王となりしより以来、見るある者少なく、婢千人を以て自ら侍せしむ。

卑弥呼は多数の女性たちに囲まれた生活をしており、彼女の宮室に出入りできる人間は侍女たちに限られていたとみた方がよく、女王の宮殿は人々の近づき難い高燥で閑静な場所に設置されていたと想定するのが妥当であり、それらの侍女たちの生活空間こそが纒向遺跡であり、当遺跡からは東海・北陸・四国・山陰など諸地方から持ち込まれた大量の土器がみつかっている。これらの土器はおそらく王都に集められた「婢千人」という記述にもある地方諸国出身の多数の女性たちの手で運び込まれた器物と推測され、倭国の王都はその意味では「ヒメの都市」の様相を呈していたと言ってもよいようである。

次に引用する伝承はまさしく三輪山麓を舞台とした聖なるヒメの選定にまつわる物語である。

故、日向に坐しし時、阿多の小椅君の妹、名は阿比良比売を娶して生める子は、多芸志美美命、次に岐須美美命、二柱坐しき。然れども更に大后と為む美人を求ぎたまひし時、大久米命曰しけらく、「此間に媛女有り。是を神の御子と謂ふ。其の神の御子と謂ふ所以は、三島溝咋の女、名は勢夜陀多良比売、其の容姿麗美しかりき。故、美和の大物主神、見感でて、其の美人の大便為れる時、丹塗矢に化りて、其の大便為れる溝より流れ下りて、其の美人の富登を突きき。爾に其の美人驚きて、立ち走り伊須須岐伎。乃ち其の矢を将ち来て、床の辺に置けば、忽ちに麗しき壮夫に成りて、即ち其の美人を娶して生める子、名は富登多多良伊須須岐比売命と謂ひ、亦の名は比売多多良伊須気余理比売と謂ふ。故、是を以ちて神の御子と謂ふなり」とまをしき。

是に七媛女、高佐士野に遊行べるに、伊須気余理比売其の中に在りき。爾に大久米命、其の伊須気余理比売を見て、歌を以ちて天皇に白しけらく、

倭の　高佐士野を　七行く　媛女ども　誰をし枕かむ

とまをしき。爾に伊須気余理比売は、其の媛女等の前に立てりき。乃ち天皇、其の媛女等を見したまひて、御心に伊須気余理比売の最前に立てるを知らして、歌を以ちて答曰へたまひしく、

かつがつも いや先立てる 兄をし枕かむ

とこたへたまひき。爾に大久米命、天皇の命を以ちて、其の伊須気余理比売に詔りし時、其の大久米命の黥ける利目を見て、奇しと思ひて歌曰ひけらく、

あめつつ 千鳥ま鵐 など黥ける利目

とうたひき。爾に大久米命、答へて歌曰ひけらく、

媛女に 直に遇はむと 我が黥ける利目

とうたひき。故、其の嬢子、「仕へ奉らむ」と白しき。是に其の伊須気余理比売命の家、狭井河の上に在りき。天皇、其の伊須気余理比売の許に幸行でまして、一宿御寝し坐しき。

（『古事記』神武段）

当話は初代神武天皇が大后（キサキ）にふさわしいヒメを求める話に作り変えられているのであるが、もとは三輪山の神霊の意向に適うヒメ、つまり女王とするにふさわしい卑弥呼を探し出す儀礼というのが物語の本旨であったと考えられる。舞台は三輪山西麓の高佐士野や狭井河のほとりであり、探すのは大久米命に象徴される有力首長層の代表者、そして対象となったのが「七媛女」とされるヒメ集団である。選ばれたヒメは伊須気余理比売であるが、筋書きにもある通りヒメは大物主神の娘とされている。三輪山の神霊に最も好まれたヒメこそが卑弥呼の原像であったこと、さらに高佐士野（場所は不明）・狭井河（現巻向川の別名と推定される）の付近が聖なる女王の「遊行べる」野原や宮室の所在地であったらしいこと

を本話が暗示しているのである。

そこで次に問題となるのは「卑弥呼」である。卑弥呼は一般には初代女王の実名（諱）であると漠然と考えている人がほとんどであり、人名そのものだと解釈されているのである。しかし、これを人名と断ずべき理由は何もないであろう。まず、倭人伝には卑弥呼の登場した経緯を次のように説明している。

その国、本また男子を以て王となし、住まること七、八十年。倭国乱れ、相攻伐すること歴年、乃ち共に一女子を立てて王となす。名づけて卑弥呼という。

右の説明によると、邪馬台国の首長層は女王を擁立した時にその王を名づけて「卑弥呼」と呼び尊崇したと解釈できる。卑弥呼号は「一女子」が王として即位した時に彼女に与えられた特別の名称とされたことがわかる。つまり「卑弥呼」は人名ではなく首長層が合同の意思で擁立した女王の称号とみなすことができるのである。倭人伝の編者陳寿はこれを女王の「名」と解したようであるが、女王号が中国から与えられた国際的な王の称号と考えてよく、卑弥呼号はそれに対応する倭製称号とみられ、即位した女王にだけ与えられた特別の尊称であろう。卑弥呼には生まれつきの名（諱）が別にあったわけであり、中国を訪れた倭国の使者が女王の名を尋ねられた時実名を答えず称号を教えたのは、諱を濫りに他人や他国人に明かすことを嫌う風習があったためであろう。女王の諱に呪術的な霊力をかけられ支配されることを忌避する原始的な心理が働いたものとみられ、文明化していた中国の知識人には未開社会の心性をまるで理解できなかったのである。

卑弥呼以て死す。大いに冢を作る。径百余歩、徇葬する者、奴婢百余人。更に男王を立てしも、国中服せず。更〻相誅殺し、当時千余人を殺す。また卑弥呼の宗女台与年十三なるを立てて王となし、国中遂に定まる。

倭人伝は次代の女王の名を「台与」と記しているが、これは初代女王の称号である卑弥呼と重複することを避けるために、遣外使が予め準備していた通称としての「豊（トヨ）」を名乗ったものと推定できる。つまりこれはトヨヒメの略称であって、トヨヒメの実名もまた先ほど指摘した理由によって中国側には明かされなかったものと考えられるのである。周知のようにトヨを冠称とする人名は古代の文献上にきわめて多い。崇神天皇の子女に豊鍬入姫命と兄豊城入彦命が、また景行天皇の子に豊戸別皇子や豊日別命、推古天皇の諡号が豊御食炊屋姫とされており、さらに厩戸王子は豊聡耳法大王などと呼ばれたが、人名に付く「豊」は貴人に与えられた美称・尊称であって王族名の本質とは無関係なものなのである。

卑弥呼が人名ではないことを物語るもうひとつの証拠としては、古代の高貴な女性名には一般的に人名の語尾に「ヒメ」「メ」「トメ（ベ）」が付くことが通例なのだという事実を挙げておこう。卑弥呼またはそれに類似する性格の女性名はほかの史料のどこを探してもまったく見当たらず、これは何らかの宗教的な意味を帯びる称号とみなしてよい。そして、その宗教という問題に関して倭人伝には先ほど引用した文章の続きに次のような著名な一文がある。

鬼道に事え、能く衆を惑わす。年已に長大なるも、夫婿なく、男弟あり、佐けて国を治む。王となりしより以来、見るある者少なく、婢千人を以て自ら侍せしむ。ただ男子一人あり、飲食に給し、辞を伝え居処に出入す。

右の文章のうち、「鬼道に事え、能く衆を惑わす」とある冒頭部がこれまで卑弥呼の祭儀（呪術・シャーマニズム）に関わる核心的な記述と考えられてきた。すなわち、卑弥呼の本質的な特徴は「鬼道」という語句で中国人に把握された特異な宗教的性格と霊威力にあると解釈されてきており、日本史の教科書にも例外なく右の文章が卑弥呼の祭儀に関わる部分だと記述され、いわば国民的な通念になっているのである。

しかるに、筆者は冒頭部の記述が卑弥呼の祭儀を叙した文章とみなすのは単純な誤解であり、むしろ「ただ男子一人あり、飲食に給し、辞を伝え居処に出入す」とある部分こそが卑弥呼の祭儀の実体を伝えた記述であると考え、彼女の祭儀をシャーマニズムとみなすのも間違いであると思う。「鬼道」の中身は中国社会に起源をもつ民間信仰に由来するのであり、倭人社会に起源をもつ邪馬台国の宮廷祭儀と祭式はこれとはまったく別物と考えた方がよいであろう。

まず、冒頭部分に記す短文は、大陸産青銅鏡に対する倭人首長層の熱狂的な嗜好とそれを利用した列島規模の政治的関係の形成を説明しようとした文章と考えられる。倭人伝の編者陳寿は「鬼道」という語句をもって中国の民間道教的・神仙思想的なものへの倭人の強烈な心酔・憧憬を記したと推定する。その象徴的な現れが皇帝勅旨の中にみえる「銅鏡百枚」の下賜を記したくだりである。かつて大庭脩が実数であることを看破した「銅鏡百枚」は、卑弥呼の鏡と呼ばれている三角縁神獣鏡のことを指すようであるが、当時の倭人は「能く衆を惑わす」という表現に窺われるように青銅鏡に異常なほどの興味・愛着を持っており、おそらく後続する第二次・第三次の使節らも鏡の入手に奔走したと推測できる。そのことを知った陳寿は倭国宮廷における鏡の利用法を調べた結果、これを「鬼道」と称したに相違ない。

周知のように、北部九州の弥生遺跡以来、内行花文鏡・方格規矩鏡・画文帯神獣鏡や三角縁神獣鏡など各種の鏡が大量に墳丘墓や古墳から出土しており、鏡面に刻まれた神仙（東王父・西王母）や神獣の図像をもって女王卑弥呼の宗教形態を推定するのが常識となってきた。しかし、鏡の分与は王権と首長層との政治的な統属関係を表す指標としての性質を持ち、鏡の古墳への埋納は女王や首長層の葬送儀礼と彼らの冥界での地位身分を説明し、あるいは死後の神仙世界への昇化を意味するものなのであり、これらが女王卑弥呼の執行した宮廷祭儀の本質と内容を明らかにする素材とは決してならないと考える。卑弥呼が祭った神霊が何であるのか、さらにその祭式の内実を突きとめることが「鬼道」とは異なる王権祭儀の実体を明らかにするための王道ではなかろうか。

おそらく邪馬台国が調達した大量の舶載鏡・倣製鏡は王権中枢に集積され統属下のクニグニの首長層に少数ずつ配布されたと推定できる。首長層らは女王への各種の奉仕の代償として、あるいは宮廷への貢進物の献上と服属儀礼の代償として鏡の分与に預かった。その主要な契機としてはやはり女王の執行する祭儀やさまざまな政治の場を想定するのが妥当であり、鏡は女王の祭儀に使用された幣帛ではなく、王権と首長層との人格的隷属関係を目に見える形で象徴する威信財であったと言える。しからば問題は女王がどのような祭儀を行っていたのかということであろう。

右の文章によると女王卑弥呼は年齢を重ねているにもかかわらず夫がなく、国政は弟によって補佐されていたと記す。次に彼女は即位して以来厳重に人目にさらされない生活を送っていたらしいが、数多くの女性らに囲まれていることは男性との接触を忌避しその処女としての聖性を保護するための措置であろう。その理由は卑弥呼が何らかの神霊の妻であることにあり、祭儀に基づく神霊の託宣を得ることが彼女に課せられた至高の任務であったことを物語っている。端的に言って卑弥呼の語義は「霊（ヒ）＋巫女（ミコ）」であり、霊能ある神の妻というのが本来の語意と考えられる。そうすると、卑弥呼はなにも一代限りの称号とみなす必要がなく、むしろ将来に即位するはずの代々の女王に対する一般的な称号・尊称と考えてよいことになるだろう。そうした点から卑弥呼は何代も続くことを予測して設けられた女王の倭製称号とみなすことができる。

ところで、先ほど指摘したように、右文には「ただ男子一人あり、飲食に給し、辞を伝え居処に出入りす」というはなはだ解釈困難なくだりがある。従来この「男子」を女王に飲食を給する立場にある男性の神官であると想定する論者があり、卑弥呼の輔政をやったとされる男弟のことだと考える研究者もいるが、それは「男子一人」との表記を信用して頭から人間であると決めつけてきたからである。しかし、この特殊な立場にあったらしい「男子一人」は、倭国の遣外使と折衝した中国の官人が自ら恣意的な判断を働かせて曲解してしまった生身の人間のことと解すべきではなく、祭儀の場に出現し卑弥呼と関係した男性の神霊とみなすことができるのではなかろうか。中国の外交官は倭国の宮廷で祀られている神霊のことを人間の男性のことだと勘違いしたと考えられるのである。後で述べるようにこの神霊が人格神であったことも中国人の誤解を招いた要因になっていると思う。

最高の政治的身位にある女王に対して身分の低い男子が「飲食を給し」と読むのは誤りであり、この部分は三木太郎が指摘したように「飲食に給し」と読解すべきであり、女王と飲食を共にし、辞（託宣）を伝えるために女王の居所に出入りすることのできたのは素姓のはっきりしない男性神官や、倭人伝が卑弥呼の近親で輔政者だと伝え記す男弟などを想定すべきではなく、卑弥呼の唯一の夫である神霊以外にはあり得ないのである。右の部分は女王の日常生活を描いたくだりではなく、倭人伝の編者は邪馬台国の宮廷における祭儀の説明を聞き誤って合理主義的に解釈しようとしたのであり、高度に文明が発達していた中国の知識人たちには卑弥呼が神霊の妻などという立場にあること、換言すれば彼らにとっては野蛮な風習と考えた倭国の宮廷祭儀の内容を具体的な形で理解できなかった公算が高いのである。

Ⅲ　卑弥呼を加護する神霊

卑弥呼とその夫である神霊との関係性を物語る伝承が『日本書紀』に記載されているので、それを次に引用し検討してみることにしよう。

是の後に、倭迹迹日百襲姫命、大物主神の妻と為る。然れども其の神常に昼は見えずして、夜のみ来す。倭迹迹姫命、夫に語りて曰はく、「君常に昼は見えたまはねば、分明に其の尊顔を視ること得ず。願はくは暫留りたまへ。明旦に、仰ぎて美麗しき威儀を観たてまつらむと欲ふ」といふ。大神対へて曰はく、「言理灼然なり。吾明旦に汝が櫛笥に入りて居らむ。願はくは吾が形にな驚きましそ」とのたまふ。爰に倭迹迹姫命、心の裏に密に異ぶ。明くるを待ちて櫛笥を見れば、遂に美麗しき小蛇有り。其の長さ大さ衣紐の如し。則ち驚きて叫啼ぶ。時に大神恥ぢて、忽に人の形と化りたまふ。其の妻に謂りて曰はく、「汝、忍びずして吾に羞せつ。吾還りて汝に羞せむ」とのたまふ。仍りて大虚を践みて、御諸山に登ります。爰に倭迹迹姫命仰ぎ見て、悔いて急居。則ち箸に陰を撞きて薨りましぬ。乃ち大市に葬りまつる。故、時人、其の墓を号けて、箸墓と謂ふ。是の墓は、日は人作り、夜は神作る。故、大坂山の石を運びて造る。則ち山より墓に至るまでに、人民相踵ぎて、手逓伝にして運ぶ。時人歌して曰はく、

大坂に　継ぎ登れる　石群を　手逓伝に越さば　越しかてむかも

（『日本書紀』崇神十年九月条）

この伝承の本旨は、三輪山の大物主神と天皇の代理としてこの神に仕える皇女倭迹迹日百襲姫命との婚姻関係の破綻を記したものと言えるが、双方の関係が姫命の禁忌を破る行為により破綻してしまったにもかかわらず、後段では大物主神の特別の助成と人民の惜しげもない労役によって姫命の立派な箸墓が造営されたと伝えている。前段の筋書きと後段の造墓伝承との間には明確な断層と矛盾があって整合していないのだが、おそらく原伝承を大幅に改作したために全体として辻褄の合わない話が出来上がったものと推定できる。

前段の話は深夜に行われた祭儀の内容を窺わせるものとなっている。大物主神と百襲姫命とは夫と妻の関係にあることがわかり、神の化身である夫は姫命の所有物である櫛笥の中でとぐろを巻く小蛇とされている。これは神と姫命との神婚を暗示するもので、神の教示に背いた姫命が箸で自分の陰部を突いてしまったとするのも神婚を示唆している。箸は小蛇すなわち男神のシンボルでもあり、また神婚の前に夫婦の間で聖餐が行われたことをも暗示している。

三輪山の神と天皇家の未婚の姫命をめぐる神婚の伝承は、先ほど述べた倭人伝に記されている卑弥呼の祭儀を彷彿とさせるものであるが、話の荷担者は王権の三輪山祭祀が終焉したことを物語るために神と姫命との関係の破談と自死を描き、それとの関連で姫命すなわち卑弥呼の造墓の伝承を付け加えたのである。御諸山の麓に所在する箸墓は神の妻とされた高貴な女性の奥津城であるとする言い伝えが書紀編纂時まで脈々と遺存していたのである。

第1表　三輪神祭祀の変遷

祭祀形態	時期	祭祀主体	神名	備　考
王権親祭	3〜4世紀	女　王	大己貴神	初発の神格神・国作り神話 神婚祭儀
王権親祭	5世紀	王　女	大己貴神	神婚祭儀
氏族祭祀	6世紀	三輪君(祭官)	大物主神 大己貴神	神殿奉祀 出雲大社分祀・国譲り神話
氏族祭祀	7世紀	三輪君(神官)	大物主神 大己貴神	神殿奉祀 日枝大社(西本宮)分祀
律令祭祀	8世紀以後	大神朝臣	大物主神 大己貴神	大神大物主神社(和魂) 狭井坐大神荒魂神社

さて、本伝承に登場する大物主神は三輪山の本源の神霊ではないことに注意する必要がある。大物主神は六世紀以後大神神社の神官家となった三輪君氏の祖先神であり、三輪君の系譜上の始祖とされる大田田根子は書紀崇神七年二月条に、「父をば大物主大神と曰す。母をば活玉依姫と曰す。陶津耳の女なり」と記すように大物主神の子と伝承されており、大田田根子の故郷が大和国ではなく和泉国と伝えているように、三輪君自体も和泉国の茅渟県陶邑あるいは河内の美努村（堺市南区見野山）から移住してきた須恵器作りに長けた集団であるらしく、王権の委託を受けて三輪山祭祀を担当するようになった由来を語り出すために、五世紀以前の祭祀伝承を利用しながら大物主神の三輪山への定着化を計るためのさまざまな神話と祭儀の改変を行ったようである。その一断面が右にみた箸墓伝承の改作であろうと考えてよく、百襲姫命の神婚祭儀の失敗談こそは王権親祭の終焉を語るために三輪君がぜひとも語り出すことを必要とした神話であったのだろう。

『古事記』崇神段にも三輪君の大物主神奉祀にまつわる詳細な由来譚が記されている。

此の天皇の御世に、疫病多に起りて、人民死にて盡きむと為き。爾に天皇愁ひ歎きたまひて、神牀に坐しし夜、大物主大神、御夢に顕れて曰りたまひしく、「是は我が御心ぞ。故、意富多多泥古を以ちて、我が御前を祭らしめたまはば、神の気起らず、国安らかに平らぎなむ」とのりたまひき。是を以ちて駅使を四方に班ちて、意富多多泥古と謂ふ人を求めたまひし時、河内の美努村に其の人を見得て貢進りき。爾に天皇、「汝は誰が子ぞ」と問ひ賜へば、答へて曰ししく、「僕は大物主大神、陶津耳命の女、活玉依毘売を娶して生める子、名は櫛御方命の子、飯肩巣見命の子、建甕槌命の子、僕意富多多泥古ぞ」と白しき。是に天皇大く歓びて詔りたまひしく、「天の下平らぎ、人民栄えなむ」とのりたまひて、即ち意富多多泥古命を以ちて神主と為て、御諸山に意富美和の大神の前を拝き祭りたまひき。（下略）。

此の意富多多泥古と謂ふ人を、神の子と知れる所以は、上に云へる活玉依毘売、其の容姿端正しかりき。是に壮夫有りて、其の形姿威儀、時に比無きが、夜半の時にたちまち到来つ。故、相感でて、共婚ひして共住る間に、未だ幾時もあらねば、其の美人妊身みぬ。爾に父母其の妊身みし事を恠しみて、其の女に問ひて曰ひけらく、「汝は自ら妊みぬ。夫无きに何由か妊身める」といへば、答へて曰ひけらく、「麗美しき壮夫有りて、其の姓名も知らぬが、夕毎に到来て共住める間に、自然懐妊みぬ」といひき。是を以ちて其の父母、其の人を知らむと欲ひて、其の女に誨へて曰ひけらく、「赤土を床の前に散らし、閉蘇紡麻を針に貫きて、其の衣の襴に刺せ」といひき。故、教の如くして旦時に見れば、針著けし麻は、戸の鉤穴より控き通りて出でて、唯遺れる麻は三勾のみなりき。爾に即ち鉤穴より出でし状を知りて、糸の従に尋ね行けば、美和山に至りて神の社に留まりき。故、其の神の子とは知りぬ。故、其の麻の三勾遺りしに因りて、其地を名づけて美和と謂ふなり。此の意富多多泥古命は、神君、鴨君の祖。

右の伝承では前段に三輪の大物主大神の祭祀を開始した意富多多泥古の神統譜が具体的に記され、彼は大物主大神の四世孫であることが示されている。後段においては河内国（和泉国）美努の村に住む陶津耳命の娘活玉依毘売と、美和山を根城とする大物主大神との神秘的な結婚の物語が描き出され、神君・鴨君の先祖とされた意富多多泥古が大物主大神の子孫であることが証明されるようになっている。この神話の発祥地はおそらく陶荒田神社が鎮座している河内国美努の村であり、当地方で須恵器の生産に従事していた集団の間で形成されていた神婚神話が、大和の三輪山神の祭祀を説明する神話に造り変えられたものとみられる。本話の主題は美和山の神の社に祀られている大物主大神が「疫病」を鎮祭して天下の平安をもたらす威力があると喧伝されており、三輪山麓に鎮座する大神神社（和魂）・狭井神社（荒魂）の神格が神官家である神君の職能と合致するように説明が施されていることがわかる。

ところで、右の神話や『新撰姓氏録』大和国神別の大神朝臣条に引用されている伝承などによると、大物主神の原郷は河内国（三嶋・茅渟県陶邑）であったらしいことが推定されるが、『日本書紀』は大物主神が三輪山に固有の神霊ではなく外来の神であったことを明確に記し伝えている。次に引用する神話がそれである。

時に、神しき光海に照して、忽然に浮び来る者有り。曰はく、「如し吾在らずは、汝何ぞ能く此の国を平けましや。吾が在るに由りての故に、汝其の大きに造る績を建つこと得たり」といふ。是の時に、大己貴神問ひて曰はく、「然らば汝は是誰ぞ」とのたまふ。対へて曰はく、「吾は是汝が幸魂奇魂なり」といふ。大己貴神の曰はく、「唯然なり。廼ち知りぬ、汝は是吾が幸魂奇魂なり。今何処にか住まむと欲ふ」とのたまふ。対へて曰はく、「吾は日本国の三諸山に住まむと欲ふ」といふ。故、即ち宮を彼処に営りて、就きて居しまさしむ。此、大三輪の神なり。此の神の子は、即ち甘茂君等、大三輪君等、又姫蹈鞴五十鈴姫命なり。

（『日本書紀』神代上・第八段・一書第六）

右は大己貴神（大穴持神）と大三輪神の問答を記している。大己貴神はその分身である少彦名命とともに葦原中国を巡回して国作りを推進してきた神であると記されている。天下経営の途中で少彦名命が常世郷に去ってしまい、大己貴神自身も出雲国に至り共同で国作りをさらに進める神がいないのかと慨嘆していた時、大三輪神が海を光らしながらやって来て話し合いが行われたのである。

興味深いのは両神の関係であって、大己貴神の幸魂・奇魂が大三輪神だとされている点である。幸魂・奇魂とは豊かな福徳を授ける力を帯びた霊魂という意味合いで、国作りの先輩格たる大己貴神は大三輪神が自分のそのような霊力を引き継いでいることをきっぱりと証言し、さらに三諸山に鎮座したいという大三輪神の意向を承認してその住むべき宮を造営したというのである。尊大な態度で大己貴神と談合した大三輪神というのは、その後裔が甘茂（賀茂・鴨）君・大三輪君と称していることからも大物主神であることがわかり、この説話は大物主神が三輪山麓の神宮に鎮座するに至った由来を記したもので、大物主神はその後裔氏族とともに外来の神霊であったことが明らかである。

書紀に記す当該神話に対応するのが『出雲国造神賀詞』の次のくだりと考えられる。

すなはち大穴持命の申し給はく、皇御孫命の静まり坐さむ大倭国と申して、己命の和魂を八咫の鏡に取り託けて、倭の大物主櫛𤭖玉命と名を称へて、大御和の神奈備に坐せ、……

国譲りの大役を終え出雲大神宮に鎮座した大穴持命は、自分の和魂を鏡に取り憑けて三輪の神奈備に祀るように指示したのだが、その分霊の名を倭大物主櫛𤭖玉命と称していることがわかり、これは大物主神のことである。和魂とは幸魂・奇魂と同質のもので、その霊魂を取り憑けた八咫鏡が三輪の神奈備に祀られたとしている。おそらく八咫鏡は三輪の神殿に大物主神として奉安され三輪君らの手で祀られたものとみてよいであろう。その時期はすでに指摘しておいたように六世紀以後である。

一方の大己貴神は、先にもみたように天下を巡行して国作りに励んでいたのだが、周知の通り出雲国において天孫に国土を献上し杵築大社（出雲大社）に鎮座したとされている。しかしその大己貴神にも天下巡遊以前に鎮座していた本源の土地があったはずであり、その土地こそはまさしく三輪山であったのだと考えられるのである。すなわち三輪山に鎮まる本源的な神霊とは大己貴神であったと考えられるのであり、大物主神が三輪に祀られるようになる六世紀以前に王権親祭の対象であったのは大己貴神であったというべきである。

天智天皇は天智六（六六七）年三月に近江大津宮に遷都したが、京域の北郊に鎮座する日吉神社（西本宮）に大和国の三輪山から大己貴神を勧請している（『日吉社禰宜口伝抄』）。天智がわざわざ大物主神ではなく大己貴神を選択したのは、神祇令集解仲冬条に「大神社、大神氏上祭」と説明があるように、大物主神が三輪君一族の氏祖神という性格を濃厚に帯びており、新都の守護神には天下経営・国作りの主神と伝えられてきた大己貴神が相応しいと判断したものと考えられる。ということは、古来三輪の神体山に籠る神霊とは歴史的に一貫して大己貴神であったということになるのではなかろうか。

鎌倉時代の嘉禄二（一二二六）年十一月に大神神社の神官が注進した『大三輪神三社鎮座次第』の劈頭

に、

当社は古来宝殿無く、唯三箇鳥居有る而已。奥津磐座は大物主命、中津磐座は大己貴命、辺津磐座は少彦名命。

とあって、神体山である三輪山中に所在する磐座群を区分し、山頂付近の磐座は大物主神の降臨する聖所とし、中腹以下の磐座群を大己貴神・少彦名神の鎮座地とみなしている。書紀の伝承に明記されているように、大物主神が三輪に鎮座した当初にはこの神は神体山麓の「宮」に鎮座したはずであり、その後「宮＝宝殿」が撤去されるとともに神の鎮座する聖所が右の記述のように唱え出され固定されるようになったと考えてよいだろう。大物主神の祭祀形態については六世紀以降平安時代中期までの間は神殿祭祀が行われていたが（藤原清輔『奥儀抄』中之下）、本源的な原始信仰への回帰意欲が高まるとともに三輪三神の降臨・鎮座する聖所を新たに説明・唱導し直す必要が生じ、右のような苦肉の解釈が施されたとみなしてよいであろう。

以上の検討によって、卑弥呼すなわち邪馬台国の時代に女王を妻とした神霊、女王との神婚祭儀を執行した神霊、女王制を加護する機能を発揮した神霊とは三輪山の大己貴神であったと推定することができる。おそらく大己貴神は列島最古の人格神信仰の所産であろう。それは人間と同じ言葉・感覚や感情・欲望を持ち、人間と同じように生活し生死を共にする神の誕生を意味する。纒向遺跡では最近になって人の顔を模した三世紀の木製仮面が出土した（**第5図**）。鋤先を利用して作られたこの仮面は人の姿を借りた神霊が祭儀の場で舞踊や神事を行う際に使用されたものと推察されるもので、春秋の農耕祭儀などに用いられたのであろう。

第５図　木製の鋤から転用された最古の仮面（著者撮影）

ところで、『古事記』『日本書紀』両書の神代巻を想起すればわかるように、イザナキ・イザナミ二神を始め神話に登場する神々の多くはまさしく人格神そのものであり、そもそも日本神話の特質はまさに政治性の強い人格神の卓越する世界と言えるのであって、日本の神には血筋が重視され系譜を重んじる習慣と伝統があるが、それはまさに神統譜が人間の世界を模して創られたことを示しているのである。それらの神々の中でヤマト王権が最初に創成したのが三輪山の大己貴神で、その妻たる卑弥呼は夫神と聖餐・聖婚儀礼をくり返すことによって統治に必要な託宣を得ることができ、託宣に基づく権力の執行により王権の権威化・正統化を図ることができたのである。

よく知られているように、三輪の神は聖なる山体それ自体や磐座を神として崇め、またその化身は蛇体であるとする自然神信仰のいわば精髄を現代にまで伝存し続けてきた。そうした原始的な神霊観念を基層に保持しつつも、邪馬台国の首長層は新たに人格神の祭儀を発起し、人間と神霊との交流を意味する祭儀の世界に人間の側の打算と利害を初めて持ちこむ契機を与え、それまでの受動的な自然神崇拝の世界に巨大な革新をもたらしたと言えるだろう。『日本書紀』にその訓読が示されているように、大己貴＝「於褒婀娜武智」の語義は、神名「大（オホ）＋己（アナ）＋貴（ムチ）」の分析から「偉大にして尊貴なる我」と解釈してよく、倭国を治める至高の女王＝卑弥呼の夫として相応しい神名であり、さらに大己貴神の本質的な神格が国作りであるとされているのは、卑弥呼の時代の王権の歴史的な役割が邪馬台国を基軸とするクニグニの政治的統合の推進にあったことと整合していると言わねばならない。

Ⅳ　卑弥呼の実体

卑弥呼とは初代女王の実名ではなく女王号に対応する倭製称号であることが明確になった。この語の意味は神霊に仕える妻ということであって、特定の女王の称号ではなく普遍的な性質を帯びた称号と考えられるのである。そうすると、初代女王以外の女王もまた卑弥呼であったと考えることが可能なのであり、二代目台与も卑弥呼であったと解釈することができ、さらにその後にも卑弥呼の時代が継続した可能性が推測できることになる。

倭人伝が記しているように初代卑弥呼には世俗の婚姻を通じての「夫婿」がいなかった。卑弥呼は神霊の妻であったのでいかなる婚儀も禁止されており、したがって彼女には生涯を通じて子どもがひとりもいなかったと言わねばならない。二代目女王の台与は「年十三」にして即位したとされているが、古代女性の婚姻適合年齢（戸令義解・聴婚嫁条）を迎えた直後に擁立された理由は、彼女もまた直ちに神霊の妻となって世俗の行為が一切禁止されたことを示しており、少なくとも二代にわたる女王＝卑弥呼には子どもがなかったことになり、現任の女王が死亡すると新たな女性が神の妻として選定され女王になったと考えることができるだろう。つまり邪馬台国の女王制は世襲とは無関係な政治形態であった、換言するならば邪馬台国の首長層が女王制を選択したのは世襲王制を意図的に回避しようとしていたからであると考えられるのである。

邪馬台国がそのような体制を採用した理由については、一つには、男王制を選択すると必然的に政略結婚を通じて王族・王家が成立し、特定の王族・王家と結びついた首長層間で王権をめぐる醜い権力闘争が起き、倭国統合という当時の王権が目指していた歴史的課題を果たすことができなくなり、さらにその政治的混乱は威信財の外国からの輸入と独占にも大きな動揺を及ぼすことにつながりかねず、倭国統合という焦眉の急なる目的が果たされない危機を招くことになる。初代卑弥呼没後の王位をめぐる紛争と男王の擁立がまさしくこの混乱を引き起こす契機になったという苦い経験により、女王台与以後にも引き続き女王制が存続・維持されたと想定されるのである。

邪馬台国が女王制を継続させたもう一つの理由は、邪馬台国以外の国々から女王に相応しい女性を選抜するという方針・目的があったからと考えられる。倭人伝によると、邪馬台国は近隣の国々と北部九州から邪馬台国に至る海路に沿うおよそ三十ヶ国を支配下に置いていた。とりわけ邪馬台国の周辺近隣の国々をさらに強力に統属するための方策として、女王に擁立する女性をこれらの国々のうち有力な国から選抜するという手段を画策したのではあるまいか。そうすることにより、被統属国は女王を選抜される栄誉を担う可能性が生じ、邪馬台国側では女王を出す国との政治的経済的関係を緊密に強化するチャンスを掴むことができただろう。このことは倭国統合という目的をスムーズに実行するためにはまことに巧妙なやり方であったと考えられる。

ところで、邪馬台国が採用した女王制にはもう一つの看過できない重要な特質があることに留意しなければならない。それは倭人伝が記すように、女王には近親男性の輔政者が必ず随伴していたらしいことである。初代卑弥呼の場合には「男弟」がおり「佐けて国を治む」とされているのである。男弟の役割は女王と邪馬台国の首長層との間に介在して双方の政治的意志を仲介するものであったと推定され、男弟を実質的な権力を振るう王だとみなす研究者もいるが、倭人伝は彼の身位について何も記しておらず、彼はあくまでも輔政者であって女王宮と首長層の合議機関との取次役・橋渡し役であったとみるのが妥当であろう。

弥生時代以来、農業共同体やその統合体である国の政治的運営には首長層の「ヒコ・ヒメ」による共同統治が広く社会的慣習として行われていた。「ヒコ・ヒメ」には一対の兄弟姉妹が選定されていたらしく、吉備比古・吉備比売（『播磨国風土記』印南郡・南毘都麻条）や登美能那賀須泥毘古（兄）・登美夜毘売（妹）にまつわる伝承（『古事記』神武段）、天照大神（姉）・スサノヲ命（弟）の関係などが知られている。古墳時代に入ってもなおこの慣習は五世紀中葉頃までは各地に存続したらしく、田中良之の指摘によれば前期古墳の被葬者の親族関係に夫婦ではなく兄弟姉妹の埋葬事例が卓越する現象が全国的にみられるのである。推測するに邪馬台国はこうした「ヒコ・ヒメ」制の社会的慣習に依拠しつつヒメを女王に推戴し、ヒコを女王と首長層の政治機関との媒介役に充て、神妻としての卑弥呼の神聖性を厳格に保持し、国家神の託宣に基づく政治意志の形成をもって権力の正当化を図ろうとしたのである。

ところが、倭国の女王制は朝鮮半島諸国や中国の諸王朝にも先例がまったくないだけではなく、奴国や伊都国の王制もすでに男王制であったし、邪馬台国と敵対していた狗奴国も男王制を採用しており、邪馬台国それ自体も二世紀代には男王制を施行していたらしく、倭人伝は初代卑弥呼の死没後に一時男王が立てられたと記している。そのために女王擁立派との間に熾烈な内紛があったらしいのである。

卑弥呼以て死す。……更に男王を立てしも、国中服せず。更、相誅殺し、当時千余人を殺す。

この記事により、女王よりも男王の統治を是とする首長層がいたことがわかり、この男王は擁立された直後に起きた紛争により退位させられた模様である。「更に男王を立てしも、国中服せず」とは、邪馬台国の内部においておそらく初代女王と男弟による政治的実績を認める声が圧倒的に大きかったことを物語り、女王派と男王派の両者は互いに数多くの誅殺者を出してことは治まったらしい。この事件は首長層総体の合議が紛糾し決着しなかった事例とみてよく、男王制への回帰を求める勢力がいたことを示している。しかし女王擁立派の首長層はあくまでも卑弥呼を制度として堅持しようと決意し、男王の退位後に事件の深刻さに鑑みて男王の擁立を封印したと考えられるのである。

ところで、筆者の推定では邪馬台国内部に起きたこの紛乱については『日本書紀』が掲載している長髄彦にまつわる伝承に反映している公算が高いので、それを次に取り上げて少し詳しく検討してみることにしたい。因みに『古事記』神武段にも類似の説話があるが、書紀の方の記述がはるかに精細であるのでこちらを取り上げることにする。

皇師遂に長髄彦を撃つ。連に戦ひて取勝つこと能はず。時に忽然にして天陰けて雨氷ふる。乃ち金色の霊しき鵄有りて、飛び来りて皇弓の弭に止れり。其の鵄光り曄煜きて、状流電の如し。是に由りて、長髄彦が軍卒、皆迷ひ眩えて、復力め戦はず。長髄は是邑の本の号なり。因りて亦以て人の名とす。皇軍の、鵄の瑞を得るに及りて、時人仍りて鵄邑と号く。今鳥見と云ふは、是訛れるなり。昔孔舎衛の戦に、五瀬命、矢に中りて薨りませり。天皇、銜ちたまひて、常に憤懟を懐きたまふ。此の役に至りて、意に窮誅さむと欲す。乃ち御謡して曰はく、

　みつみつし　来目の子等が　垣本に　粟生には　韮一本　其根が本　其ね芽繋ぎて　撃ちてし止まむ

又謡して曰はく、

　みつみつし　来目の子等が　垣本に　植ゑし山椒　口疼く　我は忘れず　撃ちてし止まむ

因りて復兵を縦ちて急に攻めたまふ。凡て諸の御謡をば、皆来目歌と謂ふ。此は歌へる者を的取して名くるなり。

（『日本書紀』神武即位前紀）

神武東征が大詰めとなり、大和に進入した皇軍が最後の決戦を挑んだのが鵄（鳥見）邑に蟠踞していた長髄彦であった。皇軍は連戦するも容易には敵を討滅することができなかったが、突如氷雨とともに金色の鵄が出現して霊異を示したので長髄彦の軍卒は大いに怯んだとする。天皇は兄五瀬命の仇を討たんと思っていたので、来目歌を歌って兵士を奮い立たせようとした。

時に長髄彦、乃ち行人を遣して、天皇に言して曰さく、「嘗、天神の子有しまして、天磐船に乗りて、天より降り止でませり。号けて櫛玉饒速日命と曰す。是吾が妹三炊屋媛 亦の名は長髄媛、亦の名は鳥見屋媛。

を娶りて、遂に児息有り。名をば可美真手命と曰す。故、吾、饒速日命を以て、君として奉へまつる。夫れ天神の子、豈両種有さむや。奈何ぞ更に天神の子と称りて、人の地を奪はむ。吾心に推るに、未必為信ならむ」とまうす。天皇の曰はく、「天神の子亦多にあり。汝が君とする所、是実に天神の子ならば、必ず表物有らむ。相示せよ」とのたまふ。長髄彦、即ち饒速日命の天羽羽矢一隻及び歩靫を取りて、天皇に示せ奉る。天皇、覧して曰はく、「事不虚なりけり」とのたまひて、還りて所御の天羽羽矢一隻及び歩靫を以て、長髄彦に賜示ふ。長髄彦、其の天表を見て、益踧踖ることを懐く。

長髄彦は天皇に使者を遣し、自分はその昔天から天降った天神の子饒速日命を君として仕えており、命は我が妹三炊屋媛を娶って可美真手命を儲け、また天神の子たるしるしの天羽羽矢と歩靫とを保持しているので、外来者である天皇が天神の子と称して人の領土を奪おうとしているのは信用できるものではないと告げた。それに対して天皇も同様な天表を示したので長髄彦は畏敬の念を懐くだけであった。

然れども凶器已に構へて、其の勢、中に休むこと得ず。而して猶迷へる図を守りて、復改へる意無し。饒速日命、本より天神慇懃したまはくは、唯天孫のみかといふことを知れり。且夫の長髄彦の稟性愎佷りて、教ふるに天人の際を以てすべからざることを見て、乃ち殺しつ。其の衆を帥ゐて帰順ふ。天皇、素より饒速日命は、是天より降れりといふことを聞しめせり。而して今果して忠効を立つ。則ち褒めて寵みたまふ。此物部氏の遠祖なり。

天神が統治を委ねようとしているのが天孫である神武天皇にあることを悟り、長髄彦の戦意が頑なに変わらず、またそのねじ曲がった本性を直すことはできないだろうと踏んだ饒速日命は、遂に自らの親族である長髄彦を殺して天皇に帰順した。そこで天皇は饒速日命の天神の子としての由来を認め、その服属の行為を褒めた上で寵愛したとし、天皇に忠義を尽くそうとした饒速日命こそが物部氏の遠祖であると結んでいる。

この文を読むと長髄彦の頑固さと反逆的な野蛮性よりもむしろ饒速日命の冷酷な性格や狡猾さが目立つが、それは長髄彦の子孫がこの伝承には関与していないことを裏書きしている。戦闘の舞台となった鵄邑＝鳥見邑は奈良県桜井市の鳥見山麓一帯であったと推定される。この話は五世紀後半以降に執政官の地位に就いた物部大連の手で語り出され、欽明朝後半期に編纂された帝紀・旧辞において最初に採択されたものであろう。物部氏が天皇の祖先と同じく天降りした尊い神の子孫であることを強調しようとする意図が窺われるからである。あるいは物部氏の家伝としての成立は丁未戦争以前であった公算は高いものの、『古事記』『日本書紀』に採択された時期は石上（物部）麻呂が大臣となった文武朝以後を想定すべきであるかも知れず、むしろ後者の時期とみなすのが妥当であるとも思われる。しかしいずれにせよ、当話は物部氏本宗の造作と書紀編纂部局の検閲を受けていることは明らかである。

元来河内を本拠地とした物部氏は大和国内では石上に拠点を設けていたが、宮都の周辺にも政治的な拠点を作りだす必要があり、継体・欽明朝の時期に王都が設けられた磯城・磐余地方にも進出しようと画策した。磐余の東隣地域には神体山の鳥見山が控えていたが、当地には邪馬台国時代に男王を出した首長一族をめぐる伝承が根強く遺存していたのではなかろうか。よく知られているように鳥見山の北麓には巨大な茶臼山古墳（桜井市外山）が、また西南麓にはメスリ山古墳（桜井市高田）があり、前者は副葬品の内容からみて初代卑弥呼没後に即位した男王の陵墓と推定することができ、後者はその眷属の墓とみられ、さらに付近ではこれらの首長系譜を受け継ぐ勢力の墳墓がみつかっていないので、四世紀以後には急激に衰退したことが推測できる。王として擁立された首長の実名は早くに忘れ去られていたものの、地名に基づくトミヒコ（兄）・トミヤヒメ（妹）の共同統治のことと、トミヒコの即位の事実だけは確かな口頭伝承によって現地に遺存していたと考えられるのである。

王都の近隣地に拠点を設けようと策した物部氏は、当地に伝承されていたこの話を巧みに利用して自己の祖先伝承に改作することを計画し、トミヒコを王権への反逆者に仕立て上げるために長髄彦という異類的な別名を造作し、氏祖の饒速日命が天神の子として当地に天降りトミヤヒメに婿入りして可美真手命を儲けたことにし、トミヒコが邪馬台国内部の紛争で王位から引きずりおろされたとする伝えを始馭天下之天皇への反逆行為にすり替え、天皇への至高の忠誠を表明するために饒速日命が自らトミヒコを殺して天皇に忠義を果たすという筋書きを捏造したと考えられるのである。

おそらくトミヒコは邪馬台国を構成した首長層の有力なメンバーで、妹トミヤヒメとの共同統治を行い、鳥見山の神霊を奉祀する集団の中軸をなす権勢者であったと推定され、神武軍を霊異によって助けたとされる金色の鵄は、実のところ反逆者とされたトミ集団が拝祭していた神霊の化身であったと言うべきである。鵄邑・鳥見邑は霊鳥の鵄に由来する当地方の地名だからである。トミヒコはヒコを主体とする王制への転換を主張し、初代卑弥呼没後に男王制の施行を主張して他の首長層からも支持され、一時は王位に就いたが、女王擁立派との熾烈な権力闘争と政治的混乱の責任を負って退位させられたと推測されるのである。

トミヒコの政権構想は、三輪山の大己貴神に対抗して鳥見山の原始的な神霊を国家的な神格に据えようと画策した点、ヒコの実権すなわち男王制を強く指向している点、さらには邪馬台国内部から男王を選抜するという方針であったという点で女王擁立派の首長層を説得できなかったと考えてよく、その陵墓も三輪山麓の女王陵の墓域には造営を許されず、彼らの本拠地であった鳥見（外山）に造らざるを得なかったと考えられるのである。

第三章　女王の時代

Ⅰ　継続した女王の時代

『魏志』倭人伝によると初代女王卑弥呼が死没した正確な年次は不明であるが、魏の正始六（二四五）年から八（二四七）年にかけて次のような動きが倭国内にあったと記している。

その六年、詔して倭の難升米に黄幢を賜い、郡に付して仮授せしむ。その八年、太守王頎官に到る。倭の女王卑弥呼、狗奴国の男王卑弥弓呼と素より和せず。倭の載斯烏越等を遣して郡に詣り、相攻撃する状を説く。塞曹掾史張政等を遣わし、因って詔書・黄幢を齎し、難升米に拝仮せしめ、檄を為りてこれを告喩す。

邪馬台国は以前から女王への統属を肯んじない狗奴国との間で不穏な情勢にあったのだが、正始六（二四五）年前後の時期からはついに戦闘状態に入り、相互に攻撃し合うことが続いた。狗奴国との武力衝突の原因は、景初三（二三九）年に派遣された女王の使いが皇帝から「親魏倭王」の称号と印綬を授けられ、倭国が魏の有力な藩属国のひとつとしての政治的地位を認められたことにある。これ以後女王は皇帝の権威を背景に倭国を代表する盟主＝倭女王として狗奴国王に服属の臣礼を執るよう迫ったと考えられるが、狗奴国はあくまでも独立を保とうとして服属要求を拒んだのである。倭国の統合はまだまだ最終段階にはほど遠い状態にあったから、狗奴国も容易には降伏する必要を認めなかったのであろう。

戦況が膠着状態に陥ったため、女王卑弥呼は魏の支援を得るために使者を帯方郡に派遣して現状を太守王頎に報告したが、一大事だと判断した王頎は自ら都に赴いて中央政府に事態の内容を報告し説明したので、皇帝は郡の下級官吏であった張政を倭国に出張させるとともに、詔書と黄幢をもたらして難升米に与えただけではなく、檄文をもって告喩したとする。難升米は女王配下の大将軍と推定され、皇帝は詔書・檄・黄幢を将軍に授けて戦況を有利に導こうとしたのであり、郡官の張政らが邪馬台国に所在する王都にまで来たのかどうかは定かではないが、数年間は戦況を見守る目的で倭国内のいずれかの地に滞在していた模様である。右の文の続きを次に引用しよう。

卑弥呼以て死す。大いに冢を作る。径百余歩、徇葬する者、奴婢百余人。更に男王を立てしも、国中服せず。更ゝ相誅殺し、当時千余人を殺す。また卑弥呼の宗女台与年十三なるを立てて王となし、国中遂に定まる。政等、檄を以て台与を告喩す。

卑弥呼はちょうど狗奴国との戦争状態のさなかに死んだので、異常な死に方をしたのではないかと推測するむきもあるのだが、たまたま老死するに至ったとみなした方がよいと思う。ただ、前章でも具体的に論じたように女王死没直後に男王が即位する事態が起きたのは、男王擁立派が狗奴国との戦いが膠着状態にあることの主因が女王の存在にあると強硬に主張したこと、皇帝の使者張政の来倭が男王擁立派の自尊心を強く刺激した面があったことによると考えられ、難升米らは逼迫した情勢の下でかろうじて新たな女王を即位させるに至ったとみるべきであろうし、新女王台与が初代卑弥呼の宗女（男系の親族）から急遽選定されたのは事態がきわめて切迫していたことを物語っており、狗奴国との戦いはこれ以後も断続的に続いたと考えてよく、その後の動向についてはまた後で述べる機会を持つことにする。

しかしいずれにせよ、初代女王卑弥呼の死没年は正始八（二四八）年頃と考えてよく、箸墓古墳が女王の陵墓として造営された初発の巨大前方後円墳であったとみられる。周知のように、三輪山の北西麓で山辺道に沿って展開するオオヤマト古墳群は、四基の壮大な王陵を主軸に多数の古墳が周辺地域に集中的に造営された邪馬台国の王陵域とみなすことができ、考古学研究者の見解によれば個々の王陵はほぼ次の順に継続して造営されたようである。

Ⅰ　箸墓古墳（倭迹迹日百襲姫墓）　全長二八〇メートル　桜井市箸中
Ⅱ　西殿塚古墳（手白香皇女陵）　全長二三〇メートル　天理市中山町
Ⅲ　行燈山古墳（崇神天皇陵）　全長二四二メートル　天理市柳本町
Ⅳ　渋谷向山古墳（景行天皇陵）　全長三〇〇メートル　天理市渋谷町

これらの古墳の被葬者を推定する手がかりは、周知のごとく発掘調査ができないこともあって今のところほとんどないというのが正しく、（　）の中に示した現在における宮内庁による被葬者の治定は、言うまでもなく学術的根拠に乏しいのでまったく信用しない方がよいだけではなく、個々の研究者が自己の学問的な信念に基づいて積極的に独自の比定論を展開し、相互に論討を交わすべき時期に来ていると思われる。

ここでは筆者の推論を披瀝するが、前章でも指摘しておいた通り書紀の崇神十年紀の所伝を重視することにより、Ⅰ箸墓古墳は初代女王卑弥呼の陵墓とみなしてよいだろう。箸墓造営伝承は巨大王陵の初めての造営を記した記念碑的な伝記とみられ、『日本書紀』仁徳六十七年条の百舌鳥耳原陵の造営伝承と並ぶ画期的な陵墓造営伝承とみてよいからである。百舌鳥耳原陵は後述する王統譜上の始祖帝王の陵墓と考えられ、造営の経緯が特別の配慮と注意とをもって伝承されてきたと推定されるのである。

次に、Ⅱの西殿塚古墳が継体天皇の大后とされる手白香皇女の陵墓とされている点は明らかな治定の誤りなのであって、付近にある西山塚古墳（天理市中山町・全長一一四メートル）が出土埴輪の内容と年代観・墳丘規模などから手白香皇女の陵墓と指摘されている点を重視すると、西殿塚古墳を女王台与の奥津城と推定するのが妥当のようである。先ほど指摘したように女王台与は二五〇年前後に十三歳で即位したらしく、倭人伝には台与が魏に派遣した使者のことを次のように記すが、その派遣年次は残念ながら記載がない。男王をめぐる内紛が鎮静化し、それを見届けた張政らを帯方郡へ送還する目的もあったので、おそらく即位後年月はそれほど経ていなかった公算が高い。

台与、倭の大夫率善中郎将掖邪狗等二十人を遣わし、政等の還るを送らしむ。因って台に詣り、男女生口三十人を献上し、白珠五千孔・青大勾珠二枚・異文雑錦二十匹を貢す。

周知のように魏は二六五年に滅亡し、西晋の時代が始まると邪馬台国は継続して朝貢の使いを中国に派遣した模様である。『晋書』武帝紀に「泰始二年十一月己卯、倭人来り方物を献ず」とあり、また『晋書』四夷伝・倭人条にも「泰始の初め使を遣わし訳を重ねて入貢す」と記録し、これを同じく中国に起源を持つ日本側史料では次のように記している。

是年、晋の武帝の泰初二年なり。晋の起居注に云はく、武帝の泰初二年の十月に、倭の女王、訳を重ねて貢献せしむといふ。（『日本書紀』神功六十六年条）

泰始＝泰初二年は二六六年であるので、倭国使は西晋の建国を慶賀する目的で直ちに派遣されたことがわかる。女王が皇帝の権威を利用しようとした最大の目的は相変わらずくすぶり続ける狗奴国との紛争にあったものと推測されるが、この記事には「倭の女王」とあり、前後の年代からみてこの女王は三十歳代前半の台与とみなしてよいだろう。遺憾ながら女王に関係する記録がこの後には途絶えてしまうので、台与の治世とその死没を窺わせる史料は現在のところ皆無と判断するほかはなく、ここでは一応の目安として三世紀末頃とおさえておきたい。

さて、次の問題はⅢとⅣ両古墳の被葬者をどのように考えるのかということになるが、これまでの学界の共通認識としては、三世紀末から四世紀初頭頃に画期的な男王が出現するというさして根拠のない漠然とした理解が広まっているようである。とりわけ、崇神天皇の「所治初国之御真木天皇」（『古事記』崇神段）・「御肇国天皇」（『日本書紀』崇神十二年）という所伝に何らかの歴史的根拠があるとみなす研究者は、Ⅲ・Ⅳ両古墳の存在に基づいてこれらの古墳の段階からヤマト王権は男王制に移行するとみているようである。

とくに上田正昭が説いた「三輪王朝論」は「イリヒコ」としての崇神天皇の実在性を積極的に肯定し、そのことと三輪山麓の王宮伝承・巨大古墳とを結びつけてヤマト王権の始まりがこの辺りに想定できるとみている。上田は崇神天皇をヤマト王権の始祖帝王と考えているようであるが、二代にわたる女王の前史を「三輪王朝」と切り離して理解しようとする場合、女王制から男王制への急激な切替えの理由を合理的に説明する必要があり、さらには、崇神天皇の実在性に関して納得のいく文献学的根拠を未だに提示しておらず、また崇神が「イリヒコ」としてどこからやって来た勢力なのかも明言がないのであり、外来者としての崇神一族の起源や成立をどのように捉えるかについての説明がまったく施されていないために、「三輪王朝」なるものの実像も曖昧で茫漠としたものになっているのである。

それでもなお崇神天皇の実在を認めようとする論者らは、初代神武天皇の虚構性に対して崇神こそが歴史的に実在したヤマト王権最初の王者であるという論理で対抗しようとするが、崇神の治世の歴史的実体を明らかにした研究はこれまでにいっさい存在せず、最近の吉村武彦の崇神＝初代王者論も遺憾ながら説得性に欠けている。女王台与の後継者としてなぜ男王が立てられたのかが明確に説明されておらず、さらに崇神以後の王制を「謎の四世紀」なる常套語で片づけてしまい、王統譜の具体的な復原が試みられていないからである。

津田左右吉がすでに戦前に論じていたように、『古事記』『日本書紀』の建国史の枠組みの中での崇神の歴史的な意義づけについては、三輪山祭祀の成功と四道将軍派遣伝承による最初の徴税を治世の基本とされているように、六世紀以後の王権祭祀を利用して治世を描くという造作や、近畿地方周辺地域の同心円的な統属と平定というきわめて理念的な構図になっており、この構図を実在の歴史と混同することははなはだ危険なことと言わねばならず、既存の記・紀の記載に依拠して歴史を論じることは学問的な作業とは言えないと思う。

『晋書』に次いで倭国のことを記録する中国史料は『宋書』夷蛮伝・倭国（沈約（四四一～五一三年）撰）まで残されておらず、『梁書』東夷伝・倭（姚思廉（?～六三七年）撰）には、正始中、卑弥死して、更に男王を立つるに、国中服さず。更に相誅殺し、復た卑弥呼の宗女台与を立てて王と為す。その後復た男王を立てて並びに中国の爵命を受く。晋の安帝の時倭王賛有り。

とあるが、「その後復た男王を立てて」という記述の「男王」は吉村が断言しているような女王台与の後継者としての男王を指すのではなく、「並びに中国の爵命を受く」という文が接続していることから、五世紀に南朝へ遣使し受爵したいわゆる「倭の五王」のことであって、中国側にも三世紀末から五世紀初頭までの間の倭国の情報は完全な空白になっているのである。その最大の理由は四世紀初頭に中原が五胡十六国の分裂状態に入ったことにもよろうが、こうした外交上の中絶期間というのはある意味ではヤマト王権が内治に全力を傾けていたことを示すものとも考えられ、後述するように敵対していた狗奴国（統合体）が四世紀前半期にようやくヤマト王権との軋轢に終止符を打った、つまり服属したとみなしてよいであろう。

ところで、Ⅰ・ⅡとⅢ・Ⅳの王陵の造営に関し、オオヤマト古墳群という同一の王陵域で持続性以外の特別異質な要素や変化が何ら看取されないとするならば、Ⅲ・Ⅳの被葬者もⅠ・Ⅱと同じく女王とみなしてよいのではあるまいか。古墳時代の始まりについて、最近まで考古学者・小林行雄の三世紀後半・四世紀初めという見解が定説を成してきた経緯があるが、初発の巨大前方後円墳である箸墓古墳を初代女王卑弥呼の奥津城とみなす白石太一郎を始めとする最近の考古学者らの学説を是とすると、Ⅰ・ⅡとⅢ・Ⅳの古墳造営を同一権力集団による連続的な営為と把握するのが合理的であり、Ⅲ・Ⅳの段階で政治形態が急激に変質・転換したとみることはできない。

前章で邪馬台国が女王＝卑弥呼を擁立した政治的意味と理由などについて詳しく論じておいたが、Ⅲ・

Ⅳの被葬者はⅠ・Ⅱに次ぐ時期の女王と推論して誤りがないのではなかろうか。女王の時代がこれ以後もしばらく継続するという推論を提起した研究者はこれまで筆者を除いてひとりもおらず、『魏志』倭人伝の記述が終焉する段階で女王の時代も同時並行的に終わるというまるで根拠のない理解がされてきたのであるが、中国史料の空白を埋めるために『古事記』『日本書紀』の皇統譜をここで直ちに持ち出すことは史料批判の立場からは説得力と合理性に欠ける行為であり、そうではなく女王制が継続するとみた方がⅢ・Ⅳの陵墓の存在がきわめてスムーズに説明しやすい。しかも、Ⅳの造営直後の時期には纒向遺跡が急激に衰退することが石野博信・寺澤薫・橋本輝彦らの考古学研究者によって以前から指摘されてきており、ヤマト王権はその政治的中枢を盆地内の他の地域に移動させたと推察することができる。

三輪山麓の王都が突如廃絶したことに関し、これをヤマト王権内部における何らかの急激な政治的変動の結果とみるか、単なる王都および王陵域の移動とみなすかについて意見が分かれるであろうが、筆者は狗奴国の服属に伴う王都および王陵域の移動がその背景にあり、対狗奴国交渉で目覚ましい実力を発揮した首長一族の発言権が高まり、その結果王都を纒向からその首長の利害関係に適う地域に移した可能性が高いと推定している。具体的にどの勢力なのかと言えば、前章で指摘した後漢中平年銘大刀の被葬者一族ではないかと考えており、王都の移動先について私見では奈良盆地東北部地域に含まれる石上地域、春日・佐保地域を挙げることができるが、遺憾ながら現在の段階ではまだ確証をもった論議を展開することはできない。ただし、王陵に関してはⅣに継起・後続する巨大古墳が佐紀・楯列古墳群西群に三基出現するという明白な事実を指摘することができる。

Ⅴ　佐紀陵山古墳（日葉酢媛命陵）　全長二三〇メートル　奈良市山陵町御陵前
Ⅵ　佐紀石塚山古墳（成務天皇陵）　全長二〇四メートル　奈良市山陵町御陵前
Ⅶ　五社神古墳（神功皇后陵）　全長二七五メートル　奈良市山陵町宮ノ谷

これら三基の前方後円墳は規模の面でも前代のⅠ～Ⅳとほとんど変化がなく、平城山丘陵の西部地域にまとまった形で造営されており、四世紀中葉頃に王陵域が佐紀地域一帯に移されたことは確実である。ただ、ⅥはⅤの周濠の一部を切る関係にあり、墳丘規模も他の古墳と比較するとやや見劣りがすることから近接した時期に造営された公算が高く、さらに両古墳の被葬者は親縁関係にあったかも知れない。考古学の方で指摘されている埴輪の年代観から推論すると、Ⅴ・Ⅵの古墳は四世紀中葉から後半頃の造営で、最後のⅦは最近の墳丘への考古学者の立ち入り見学の見解によれば四世紀末ないし五世紀初頭ということができる。そして、私見ではこれら三基の古墳も前代に引き続いて女王の陵墓群と推測するのである。

そこで次のような結論が得られる。すなわち、倭国の女王制は、初代女王卑弥呼の三世紀前半から四世紀後半ないし五世紀初頭のⅦ五社神古墳の被葬者に至るまで七代にわたって継続し、その後急速に男王制への転換が図られたというのが私見の要点であり、したがって纒向遺跡以後の四世紀代の王都は奈良盆地北東部の石上地域または春日・佐保地域に遷移した可能性が高く、女王陵もその動きに即応して当該地域に移動したのではあるまいか。ワニ一族の権勢や発言力が急激に高まった時期でもあり、女王の選定にも彼らの意向が強い影響を及ぼした蓋然性が高いとみられる。

Ⅱ　旦波国から召された女王たち

『魏志』倭人伝にみえる卑弥呼は女王の倭製称号であり、三輪山の神霊オホアナムチの妻であるという歴史的性格を帯びた存在であることを前章で論じ、本章では邪馬台国、すなわち奈良盆地に所在する七基の古墳時代前期の巨大古墳がすべて女王＝卑弥呼の陵墓であるという推論を展開してきた。それではこれらの古墳に埋葬された七人の被葬者像について、彼女らは一体誰なのかというきわめて難しい問題について私見を述べてみようと思う。

この場合、史料となるのは『古事記』『日本書紀』に記載されている伝承なのであるが、それらの伝承の主人公が歴史的に実在した人物なのか否かという点については、戦後の研究動向を参照するならば一応のところは否定的・消極的にならざるを得ない。とりわけ井上光貞の葛城氏に関する先駆的で厳密な研究によって、葛城襲津彦以前に実在性を証明することの可能な人物は両書の中に見出すことはできないとする学問的な共通認識が形成されてきており、王についても埼玉県稲荷山古墳鉄剣銘文に記されたワカタケル大王すなわち雄略天皇が現在のところ実在の確認できる最古の王であるとされていて、両書に登場する多数の伝承上の人物を扱う場合にはこうした点を絶えず念頭に置いて臨む必要があることは言うまでもない。

ここで取り上げようとするのは応神天皇以前のヒメにまつわる伝承に限定してということになるが、神武から応神までの歴代天皇の后妃に関する多彩多様な伝承の中で、何らかの説話を伴ったひときわ特異な性質を帯びた后妃の一団を掲載しているのが垂仁天皇なので、この点に焦点をあてて問題を解きほぐしていくことにしたい。まずは『古事記』垂仁段にみえる帝紀の記述から該当する要素を抜き出し表の形に整理してみることにする（**第2表**）。

さて、表に掲げた七人のヒメのうちAは何度も「后」と表現されており、またこのヒメをめぐる特別に長篇の説話が付随しているので、『古事記』の編者は沙本毘売を天皇の唯一の正妻として扱っていることがわかる。他方、B～Gには職位に関する記述がまったく記されていないので、以下にはすべて「妃」と解して論議を進めることにする。

ところで、実のところ垂仁天皇の后妃と伝えられるヒメは左表に掲載した者たちだけには留まらない。『古事記』開化段の帝紀的記述には、「其の美知能宇志王、丹波の河上の摩須郎女を娶して、生める子、比婆須比売命。次に真砥野比売命。次に弟比売命」と、旦波（丹後半島）から召し上げられたとする三人のヒメの記述があり、垂仁段の本文にも「美知能宇斯王の女等、比婆須比売命、次に弟比売命、次に歌凝比売命、次に圓野比売命、并せて四柱を喚上げたまひき」との記載があって、旦波出身との所伝を持つヒメの数がきわめて多く、また伝承がかなり錯雑していることが看取される。そこでこれらの旦波出身のヒメ群像を整理してみると次のようになる。

氷羽州比売　　旦波国熊野郡河上郷　旦波比古多多須美知宇斯王の娘
沼羽田之入毘売　同右
阿邪美能入毘売　同右

第2表　垂仁天皇の后妃（『古事記』垂仁段）

后妃名	父母	子女
A 沙本毘売（佐波遅比売）	日子坐王 沙本之大闇見戸売	品牟都和気命
B 氷羽州比売命	旦波比古多多須美知宇斯王 丹波之河上之摩須郎女	印色入日子命 大帯日子斯呂和気命 大中津日子命 倭比売命 若木入日子命
C 沼羽田之入毘売命	同上	沼帯別命 伊賀帯日子命
D 阿邪美能伊理毘売命	同上	伊許婆夜和気命 阿邪美都比売命
E 迦具夜比売命	大筒木垂根王	袁邪辨王
F 苅羽田刀辨	山代大国之淵	落別王 五十日帯日子王 伊登志別王
G 弟苅羽田刀辨	同上	石衝別王 石衝毘売命 （布多遅能伊理比売命）

弟比売　同右
歌凝比売　同右
真砥野比売　同右

右のうち、沼羽田之入毘売と阿邪美能入毘売は垂仁段の帝紀の部分だけに名前の記されたヒメであり、他に何らの関連伝承も持たないので、崇神・垂仁両天皇の「イリヒコ」概念に調合させる目的で「イリヒメ」として恣意的な造作を受けた人名であって、実在性には問題があると考えてよい。

残る四人のヒメのうち、垂仁記本文の記述によると、「旦波比古多多須美知宇斯王の女、名は兄比売、弟比売、茲の二はしらの女王、浄き公民なり。故、使ひたまふべし」とあり、兄比売を氷羽州比売と解すると弟比売が誰なのかが問題になるが、また別の所で「然るに比婆須比売命、弟比売命の二柱を留めて、其の弟王二柱は、甚凶醜きに因りて、本つ土に返し送りたまひき」とあって、二柱のヒメのみが相次いで宮廷に召し上げられたというのが原伝承の内容となっていたこと、容姿醜きにより本土に送り返されたのは歌凝比売と圓野比売と伝えられていたことがわかり、結果的には弟比売が誰なのかは不明と言わざるを得ない。

そもそも弟比売というのは兄比売と対になる普通名詞で、兄比売たる氷羽州比売の妹を表す普通名詞であり、弟比売それ自体には実体はないと言うべきであろう。そうすると、歌凝比売と真砥野比売のうちいずれかが弟比売の候補ということになるだろうが、すべての伝記に名前がくり返し出てくる真砥野比売こそが氷羽州比売とともに旦波から召し上げられた実在のヒメではなかったかと推定されるのである。と言うのは、先ほど引用した文章の続きを引用してみると、

是に圓野比売慚ぢて言ひけらく、「同じ兄弟の中に、姿醜きを以ちて還さえし事、隣里に聞えむ、是れ甚慚し」といひて、山代国の相楽に到りし時、樹の枝に取り懸りて死なむとしき。故、其地を号けて懸木と謂ひしを、今は相楽と云ふ。又弟国に到りし時、遂に峻き淵に堕ちて死にき。故、其地を号けて堕国と謂ひしを、今は弟国と云ふなり。（『古事記』垂仁段）

とあって、伝承の記者は相楽と弟国（乙訓）の地名起源を語る目的のために容姿醜悪なヒメの自死を笑い話のように演出しようとしており、こうした滑稽な事件が実際に起きたとは誰も信じないであろう。地方からわざわざ容姿の醜いヒメを天皇に献上するというようなことが現実に行われたとは考えられないからである。そもそも「姿醜き」という語句の本当の意味は圓野比売の顔姿が醜悪であるというのではなく、年老いた状態を表す言葉であろう。天皇が老婆と結婚するということなどはとても考えられないこと

だったので、原話のストーリーを老女性としてではなく容貌醜悪な比売の還郷と自死という話柄に変改したと考えられるのである。

実際のところは、姉氷羽州比売が女王に選定された時に妹圓野比売も同時に側近の侍女として宮廷に召し上げられたが、姉の死後に引き続き彼女が女王に選ばれ、年老いた圓野比売の風貌が人々の印象にきわめて強く残ったので、それを基にしてこのような天皇と后妃になった姉妹の伝承に造り替えられたのではなかろうか。筆者の推定が正鵠を射ているものとすると、彼女らは本来后妃として召し上げられたヒメなどではなく、女王の性格を帯びたヒメたちであったと推測することができ、そうすると氷羽州比売と圓野比売は二代続けて旦波国から召し上げられた女王であったとみなすことができるのである。彼女らの出身地は、母が「丹波之河上之摩須郎女」とあるから丹後国熊野郡川上郷（京丹後市久美浜町市野々）であると推定できる。

これと同類の話は『日本書紀』にもみえているので、ここで関係する伝承を引用しておこう。

日葉酢媛命を立てて皇后としたまふ。皇后の弟の三の女を以て妃としたまふ。唯し竹野媛のみは、形姿醜きに因りて、本土に返しつかはす。則ち其の返しつかはさるることを羞ぢて、葛野にして、自ら輿より堕ちて死りぬ。故、其の地を号けて堕国と謂ふ。今弟国と謂ふは訛れるなり。

（『日本書紀』垂仁十五年八月条）

竹野媛については、『古事記』開化段に「此の天皇、旦波の大県主、名は由碁理の女、竹野比売を娶して生みませる御子、比古由牟須美命」なる伝記があり、垂仁天皇との関係は不明であるが、竹野比売も旦波出身の著名なヒメであった公算が高い。ところが、垂仁紀五年十月条には「其の丹波国に五の婦人有り。志並に貞潔し。是、丹波道主王の女なり」とあり、また垂仁紀十五年二月条には、「丹波の五の女を喚して、掖庭に納る。第一を日葉酢媛と曰ふ。第二を渟葉田瓊入媛と曰ふ。第三を真砥野媛と曰ふ。第四を薊瓊入媛と曰ふ。第五を竹野媛と曰ふ」とあって、竹野媛は丹波道主王の娘のように伝えているが、竹野媛の出身地は他のヒメたちとは違って旦波国竹野郡竹野郷（京丹後市丹後町竹野）と推定されるので、『古事記』開化段の伝記の方が内容的には原伝承の可能性が高いと考えることができる。

右に引用した伝記によると、竹野媛も容姿醜悪なるがゆえに本土へ送り返され、途中で自死したと伝えられており、先ほどの真砥野比売と同じ話柄になっていることがわかる。おそらく竹野媛もかなりの高齢になってから女王に擁立されたためにこのような作り話の主人公とされたのであり、つまるところ竹野媛も氷羽州比売・真砥野比売と同じように女王とされたヒメであったと逆推できると思うのである。ここで『日本書紀』に出る垂仁天皇の后妃に関する表（**第3表**）を掲載しておくことにする。

左の表によれば、aとbが皇后とされており、妃とみなされる他のヒメたちとは扱いがすこぶる異なっている。a・bは皇后とはあるものの実在した女王の確実な候補とみてよいと思われる。その中で旦波出身のヒメはb〜fの五人となり、先ほど指摘したcとeとを除外するとb日葉酢媛・d真砥野媛が道主王の娘となり、f竹野媛は開化紀六年正月条に「天皇、丹波竹野媛を納れて妃としたまふ。彦湯産隅命を生む」とあって、『古事記』開化段と同じ扱いを受けていることが知られる。このことは竹野媛が同じ旦波でもb日葉酢媛・d真砥野媛とは違う地域の出身で、異なる時期に召し上げられたヒメであったことを示唆するもので、しかもb・dよりは古い時期のヒメとみなす伝承があったことを暗示するものと言えよ

第3表　垂仁天皇の后妃（『日本書紀』垂仁紀）

后妃名	父母	子女
a　狭穂姫(皇后)		誉津別命
b　日葉酢媛(皇后)	丹波道主王	五十瓊敷入彦命 大足彦尊 大中姫命 倭姫命 稚城瓊入彦命
c　渟葉田瓊入媛(妃)	同上	鐸石別命 膽香足姫命
d　真砥野媛	同上	
e　薊瓊入媛	同上	池速別命 稚浅津姫命
f　竹野媛	同上	
g　苅幡刀辺	山背大国不遅	磐衝別命(三尾君之始祖)
h　綺戸辺	同上	祖別命 五十日足彦命(石田君之始祖) 膽武別命

う。

竹野媛の父は『古事記』開化段に「旦波の大県主、名は由碁理」とあり、由碁理なる人名について想起されるのは『魏志』倭人伝にみえる「都市牛利」で、二三八年に魏へ派遣された使節の副使になった人物である。「都市」というのは吉田孝が明らかにしたように魏が牛利に与えた職号なので、名の本体は牛利（ゴリ）にあり、これが由碁理と合致すると言える。由（ユ）は斎や湯などの字でもしばしば表される神聖の義の接頭語と解釈できるので、牛利＝碁理の関係が成り立つのである。こうした見方が間違っていないとすると竹野媛は三世紀中葉から後半、もっと明確な言い方をすると女王台与の次代の女王であるとみなすことができる。

そこで以上に述べてきたことをここでひとまずまとめてみると、旦波国出身の女王は竹野媛・日葉酢媛・真砥野媛の三人とおさえることができ、竹野媛は垂仁の妃とは断定し難い要素を孕むこと、媛の父が『魏志』倭人伝と『古事記』開化段に名のみえる「牛利＝由碁理」とみられることから、時期的にはより古い女王の例であり、他方の日葉酢媛と真砥野媛とは姉妹関係にあって連続して召し上げられ女王に選ばれたことが推定できる。

そして、竹野媛と真砥野媛には先ほど引用したように召し上げられた後に自死するという特殊な内容の伝承が伴っており、彼女らは年老いた後に女王となったヒメであると推察でき、そうした話のない日葉酢媛の場合には『古事記』『日本書紀』の両方に沙本毘売（狭穂姫）の後添えとなる経緯を記した話と、彼女の陵墓造営と埴輪の起源にまつわる著名な伝承が掲載されているのであって、両書の編者はこれらの旦波国出身の女王たちに関する手持ちの伝承を一括して垂仁天皇の后妃伝承に改造しようとしたが、竹野媛の伝記の取り扱いがきわめて杜撰な内実に終わったために明らかな不整合が生じてしまい、十分に吟味と検討を経ないままの状態で書紀に垂仁の妃とされた話が書き込まれたと考えられるのである。

Ⅲ　山代国から召された女王たち

垂仁天皇の妃とされたヒメのうち、『古事記』ではE迦具夜比売・F苅羽田刀辨・G弟苅羽田刀辨が山代国出身と推定される事例であり、『日本書紀』にはg苅幡刀辺・h綺戸辺の二人の伝記が記載されている。Eについての検討は後ほど行うことにすると、F以下の人名に共通する苅羽田・苅幡・綺はすべて山城国相楽郡蟹幡（カニハタ）郷の地名に由来すると考えられ、木津川中流右岸地域に拠点を置いた女性首長の名と解することができる。これらのうち、子女の名との対応関係からみてFとh・Gとgが同一人物

であると考えられ、さらにこれら四人の名がすべて類同することから、元来はカリ（ニ）ハタトベという
ただ一人のヒメにまつわる原伝承を基盤として、後に複数の後裔氏族の系譜上の始祖とする必要により強引に姉妹関係に分化させられたものとみてよいであろう。

カリハタトベという女性の伝承をめぐっては『古事記』開化段に次のような記事が載せられていることに留意すべきである。

日子坐王、山代の荏名津比売、亦の名は苅幡戸辨を娶して、生める子、大俣王。次に小俣王。次に志夫美宿祢王。

この伝承によれば、カリハタトベは荏名津比売という別名を持っていたこと、彼女は日子坐王と結婚して三人の男子を儲けたことになっており、垂仁天皇の妃とされたカリハタトベの一群とはまた別人のように扱われている。しかし、このような伝記の錯雑した状態は、先ほどの竹野媛の場合と同じく、カリハタトベにまつわる古い伝承が十分な調整を経ないままで政治的に利用されたことを物語っており、このヒメについても元来は垂仁天皇の妃などではなかったことを意味すると言わねばならない。ただし、そうではあっても彼女が日子坐王の妻であるとする開化記の所伝が正しいということにはならない。なぜなら日子坐王という謎めいた名の人物には実在性がまったく認められないからである。

日子坐王は丸邇（ワニ）氏を母族とするワニ系の王族とされた人物であり、大和・山代・近淡海・旦波など畿内北辺の地域の女性と幾重にもわたる婚姻関係を重ね、数多くの子孫を残したと伝えられている。王と結婚したカリハタトベはその出身地が山代であったということから、後世に大和から山代・近淡海方面へ進出し勢力圏を拡大していったワニ一族との親縁関係を証する目的で系譜的に無理やり結び付けられ

た公算が高く、カリハタトベの母親の名は不明であるが、父親は山代大国之淵（山背大国不遅）と伝承されており、大国は宇治郡大国郷に所縁があるらしいので、カリハタトベは宇治・相楽両郡地域の首長同士の政略結婚によって産まれたヒメと推測できる。彼女の別名がエナツヒメであるということは、木津川に形成された港津に由来する名を帯びたヒメと考えることができる。彼女にはまた河水の精霊に関わる伝承が存在しているので引用してみたい。

天皇、山背に幸す。時に左右奏して言さく、「此の国に佳人有り。綺戸辺と曰す。姿形美麗し。山背大国の不遅が女なり」とまうす。天皇、茲に、矛を執りて祈ひて曰はく、「必ず其の佳人に遇はば、道路に瑞見えよ」とのたまふ。行宮に至ります比に、大亀、河の中より出づ。天皇、矛を挙げて亀を刺したまふ。忽に石に化為りぬ。左右に謂りて曰はく、「此の物に因りて推るに、必ず験有らむか」とのたまふ。仍りて綺戸辺を喚して、後宮に納る。磐衝別命を生む。是三尾君の始祖なり。是より先に、山背の苅幡戸辺を娶したまふ。三の男を生む。第一を祖別命と曰す。第二を五十日足彦命と曰す。第三を膽武別命と曰す。五十日足彦命は、是子石田君の始祖なり。

（『日本書紀』垂仁三十四年三月条）

右の話の典拠は表で言うとg綺戸辺とh苅幡戸辺の所伝に当たる。内容からみても、hはgの話の付け足しのようにして末尾に子女の名だけを披露するのが目的であるような書き方になっている。話の中に出てくる「河」は木津川とみなすことができ、そこに住む「大亀」とは天皇が求めようとしている佳人を象徴する土地の精霊であり、天皇がその亀を矛で突き刺すと「石」に変質したというのは、神石が「美麗き童女」に変成したとする所伝（垂仁紀二年是歳条一云）があるように、やはり佳人の化身と考えられ、当話は山背大国不遅の娘である綺戸辺が尋常な女性ではなく、天皇の妻になるのに相応しい聖なるヒメであることを明らかにするために掲載されたものと言える。

しかし先ほど指摘しておいたように、この話は元来垂仁天皇の后妃伝承とは違う内容のものを強引に天皇の求婚説話として書き換えたもので、原伝承は山代から召し上げられた有力首長の娘が女王であったことを示唆するもので、歴代女王にまつわる年代記・治世記のような古い史料がワニ氏の下に伝存されていた家記類に遺存していた可能性が強いと考えられるのである。

周知のように、山代南部の相楽郡には椿井大塚山古墳という三世紀末ないし四世紀初頭頃に造営された有力首長の大型前方後円墳があり、大量の三角縁神獣鏡を出土したことで著名である。かつて小林行雄は全国の古墳から出土する三角縁神獣鏡の配布主体が大塚山古墳の被葬者であるとみる著名な議論を展開したが、本墳の被葬者はある女王の近親であった公算が高く、木津川右岸という立地条件を考慮すると女王カリハタトベの近縁者が候補として挙げられるのではなかろうか。

次にE迦具夜比売を取り上げてみることにしよう。このヒメに関しては『日本書紀』に何らの記載もなく、『古事記』の伝記から次のような系譜関係を復原することができるだけである。

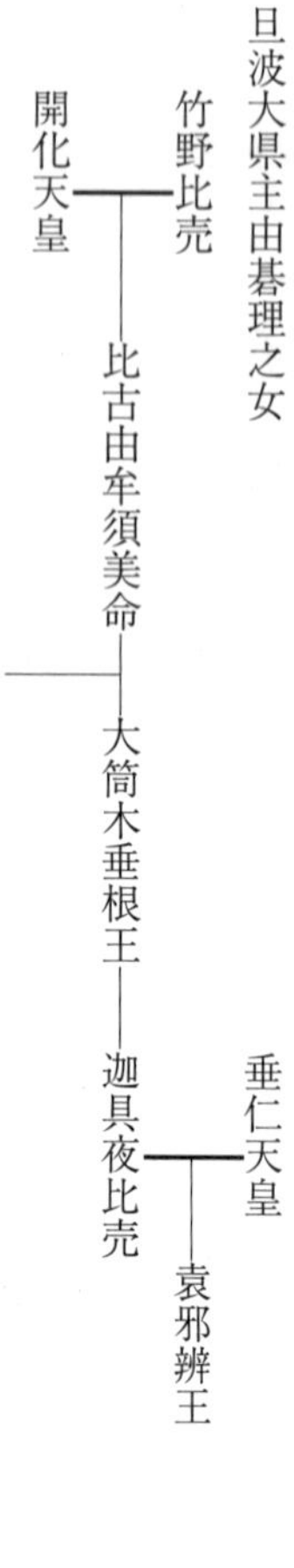

讃岐垂根王

この系譜によると迦具夜比売の父親は筒木すなわち山城国綴喜郡綴喜郷という土地に所縁のある首長と推定することができる。木津川下流域左岸を本居とした勢力と考えられ、前述したカリハタトベの勢力とは木津川を挟んで対岸を占めると言える。また木津川左岸には大和から山代を経て旦波に抜ける古い直線道（後の山陰道）が存在したらしく、右の系譜によると竹野比売に代表される旦波の勢力と筒木の首長とは密接な関係にあるらしいことが推定される。『日本書紀』垂仁五年十月条に引く一云の伝では丹波道主王は「彦湯産隅王の子」とするので、大筒木垂根王とは同腹異腹は別にして兄弟の関係になり、ますます両者の親縁な関係が推測できる。旦波の首長たちが大和と関係を持つためには沿道に当たる山代の首長たちとも関わりを持つ必要があり、真砥野媛や竹野媛が自死したとされる相楽や弟国などは旦波勢力の畿内における重要拠点のあった場所ともみられ、京都府向日市に所在する元稲荷古墳（全長九二メートルの前方後方墳）は箸墓古墳・西殿塚古墳と規格が相似する有力者の墓と推測されており、これを旦波勢力と関係づけて考えることも可能ではなかろうか。

右に掲示した系譜について歴史的な事実関係を直接に反映した本物の系譜とみなすことはできないが、筆者は迦具夜比売を女王の候補とみなすことに躊躇する必要はないと考えており、さらに前章において『魏志』倭人伝に出る初代女王卑弥呼の諱（実名）は不明であるとしたが、迦具夜比売こそがその女王卑弥呼の実名、それが言い過ぎであるとすると通称ではなかったかと推考しているのである。

迦具夜比売のことは先ほど述べたように書紀がまったく所伝を採択し記載しておらず、また『古事記』でさえ右のような系譜記事だけを掲載し、彼女にまつわる伝承を何ら書き遺していないのは、迦具夜比売に関する伝承をまともに取り上げると関連するさまざまな記述事項に不都合な問題が生じ、なかでも倭人伝の女王卑弥呼の素姓がすべて白日の下にさらけ出されてしまうという由々しい事態に直面しなければならなかったために、系譜と名だけを書き記してお茶を濁すことにしたと考えられるのである。ところが、迦具夜比売にまつわる原伝承は平安時代初頭頃までは何らかの形で脈々と伝えられていた形跡があり、それを元にして例の「かぐや姫」の話が創作されたらしいのである。

そこで今、唐突なことではあるが『竹取物語』の冒頭部分をここで引用してみたい。

一　かぐや姫のおひたち

今は昔、竹取の翁といふ者ありけり。野山にまじりて、竹を取りつつ、よろづの事につかひけり。名をばさぬきの造となむいひける。その竹の中に、本光る竹なむ一筋ありける。あやしがりて寄りて見るに、筒の中光りたり。それを見れば、三寸ばかりなる人いと美しうて居たり。翁いふよう、「われあさごとゆふごとに見る竹の中におはするにて知りぬ。子になり給ふべき人なめり」とて、手にうち入れて家へ持ちて来ぬ。妻の嫗にあづけて養はす。美しきこと限なし。いと幼ければ、籠に入れて養ふ。

竹取の翁、竹を取るに、この子を見つけて後に、竹をとるに、節を隔てて、よごとに、金ある竹を見つくることかさなりぬ。かくて翁やうやうゆたかになり行く。

この児やしなふほどに、すくすくと大きになりまさる。三月ばかりになるほどに、よきほどなる人になりぬれば、髪上げなどさうして、髪上げさせ、裳著す。帳の内よりも出さず、いつき養ふ。この児のかたちのけそうなること世になく、家の内は暗き處なく光満ちたり。翁心地あしく苦しき時も、この子を見れば、苦しきことも止みぬ。腹だたしきことも慰みけり。

翁竹をとること久しくなりぬ。勢猛の者になりにけり。この子いと大きになりぬれば、名を御室戸斎部の秋田を呼びて、つけさす。秋田、なよ竹のかぐや姫とつけつ。このほど三日うちあげ遊ぶ。よろづの遊びをぞしける。男はうけきらはず呼び集へて、いとかしこく遊ぶ。

当話の筋書きをここで改めて蒸し返す必要はないであろう。問題としたいのは、この話には何らかの形で「かぐや姫」にまつわる原伝承が存在し、その伝承を存分に活用して、平安時代より少し前の奈良時代前期に舞台を設定し、天皇や貴族ら時の廟堂の権勢者ら（石作皇子・車持皇子・右大臣阿倍御主人・大納言大伴御行・中納言石上麿足）の醜悪な欲望と行動とを嘲弄すべく創作された大人向けの小説と言える。おそらく作者は宮廷社会に対して抜きがたい憤懣を懐いていた人物と考えられ、人間世界のあらゆる桎梏と穢れに染まらなかった異界出身のかぐや姫を、いかなる人間の悪知恵や俗界の権勢をもってしても自由にすることはできず、最後には決して手の届かない月の世界に返すという筋書きを貫徹させることで、内面に沈殿していた積年の鬱憤と憤怒とを自らの精神の中で密かに慰撫し浄化しようとしたのだと推察されるのである。

作者が一体どういう人物であるのかという問題については、私は現在のところ忌（斎）部広成の関係者であろうとしか言えないのであるが、物語に登場する「斎部の秋田」が仮に実在の人物であれば、この人物を作者の有力な候補に擬定することができると思う。斎部広成は『日本後紀』大同三（八〇八）年十一月十七日の条に従五位下に叙された「斎部宿祢広成」のことであり、斎部氏は延暦二十二（八〇三）年三月に忌部の氏を斎部と改姓することを許されて成立したもので、広成や秋田らはこの改氏姓以後の人物であることは確かである。

忌部氏は大和国高市郡の太玉命神社付近に本拠地を置いた中堅の豪族で、六世紀になって朝廷の祭祀を担当する祭官（神官）に奉仕した典型的な祭祀氏族でもあった。大化期には「諱部首作賀斯」が「祠官頭」を勤め、壬申の乱における活躍により天武九年に忌部首首・色弗の兄弟が連姓を特賜され、その後天武十三年の八色の改姓で宿祢を賜るという栄誉に預かった。律令制の下で国家祭祀を担当した官庁が神祇官であるが、忌部氏は中臣氏とともに伝統的な祭祀氏族として神祇祭祀に奉仕し、「中臣は祝詞を宣べ、忌部は幣帛を班つ」（神祇令義解・季冬条）というような役割分担が規定されていたが、やがて中臣氏が政治力を伸長させるにつれて忌部氏の分掌をも平気で浸食するようになり、桓武・平城朝頃には氏勢の衰退と相まって宮廷祭祀から疎外される事態を招いた。このような状況を打開しようと策したのが斎部広成であり、平城天皇の諮問に応じて『古語拾遺』を著して宮廷祭祀の伝統を論じ中臣氏の専権・専横を鋭く批難したが、その後にはみるべき活躍をした人物はいない。

『竹取物語』は九世紀末から十世紀初頭頃に成立したとするのが通説になっている。作者は不詳とされ、その詮索は不必要であるとする論者もいるが、筆者は「かぐや姫」をめぐる話には古くから伝えられてきた原伝承があり、それを伝えていたのは斎部氏であったとみている。

右の話には竹取翁の氏姓を「さぬきの造」と記しているのだが、これは『古事記』開化段に出る迦具夜比売の叔父に当たる讃岐垂根王に由来するものと推測され、国文学者の塚原鉄雄がいみじくも指摘したように大和国葛下郡讃吉郷・広瀬郡の式内社讃岐神社（北葛城郡広陵町大字三吉）と何らかの関わりがあるらしい。付近には馬見古墳群中でも最も古い時期に造営された新山古墳（全長一二六メートルの前方後方墳）や佐味田宝塚古墳（全長一一二メートルの前方後円墳）があり、前者は直弧文鏡を始めとする三十四面の青銅鏡を保持していた有力者の墓であり、後者は著名な家屋文鏡を始めとする三十六面にも達する鏡が副葬品として検出されており、いずれかが初代卑弥呼すなわち迦具夜比売との親縁関係にあった人物の奥津城である可能性があると考えられる。

　右に引用した話の中に、常人のごとく成長した「姫」の名を付けるために唐突にも「御室戸斎部の秋田」なる人物が指名されたと記されている。姫の命名権を行使した斎部秋田なる人物こそが、実のところ「かぐや姫」の伝承を保持し、さらには『竹取物語』それ自体を創作した有力な候補とされるべきではないだろうか。人名を付すという行為は通常の場合は古代の婚姻形態からして子女の母親の役割であって、その行為を縁もゆかりもない斎部秋田が行っているのは、「かぐや姫」の全人格と運命とを彼が直接差配しようとする強烈な意図を秘めるものと言え、そこから物語の全体が彼の文筆の差配下にあることが暗示されていると思われるのである。彼の名に冠されている象徴的な「御室戸」とは、三諸山・三諸岳とも呼ばれてきた大和国の三輪山の麓を指しており、斎部秋田は三輪の里の住人であったことを推定させる。

　ところで、周知のように大和国城上郡の式内社に穴師坐兵主神社・穴師大兵主神社があり、いずれも三輪山の北麓に当たる桜井市穴師に鎮座している。前者は現社地の東方に聳える巻向山＝斎槻（弓月）岳の頂上において祀られ（上社）、後者がもともと現社地で祀られてきたらしく（下社）、当社の祠官家こそが斎部氏なのであり、「斎部氏家牒」（斎藤美澄『大和志料』下巻所収）は穴師神主斎部氏の奉仕由来をまとめた家伝であり、その内容からみて穴師神主斎部氏は斎部氏本宗家に近い分家であると解して差し支えがなく、「御室戸斎部」を自称する秋田はこの穴師兵主神を奉祭する神主の一員であったと考えることができ、当地に古くから伝えられてきた「かぐや姫」つまり女王卑弥呼にまつわる伝承を保持していた公算が高く、それを活かす形で『竹取物語』が創作されたと考えられるのである。

右に述べた兵主神というのは中国山東半島の基部に聳える泰山を中心とした地域で祀られていた八神(天主・地主・兵主・陰主・陽主・月主・日主・四時主)のひとつで、土俗信仰としての八神の由来はより古く遡るものとみなしてよいが、秦始皇帝が泰山で封禅の儀礼を行ったのに伴い国家的な神格としての地位を得たようであり、兵主は別名を蚩尤とも呼ばれた青銅製武器の製造に長けた鬼神であると伝承されている。斑鳩の藤ノ木古墳から出土した鞍金具の彫像で著名になった鬼神もこの蚩尤を表すものと評されている。

山東半島一帯は後漢後半期に張角・張梁・張宝らが主導した黄巾の賊が旋風を巻き起こした地域に当たり、民間道教や神仙信仰・陰陽道が古来より盛行していた。邪馬台国の魏王朝への遣外使がこれらの宗教信仰に触れ舶載鏡を取得したのも当地域である可能性が高く、福永伸哉は三角縁神獣鏡の製作地を徐州を含めた魏の東方領域である山東省辺りに擬定しており、兵主神信仰の最初の伝来も特鋳の青銅鏡とともに二、三世紀代に遡る可能性があると考えられ、鏡作りの工人が倭国に渡来し邪馬台国に定住したことも想定されるであろう。穴師という地名の由来はヤマト王権がまさしく渡来系の青銅器製造工人をこの地に集住させていたことによることと考えられ、穴師の東方に聳える巻向山が兵主神を祀る聖地となった由来もそこにあると考えてよい。

『古語拾遺』によると、穴師神主である斎部氏は「天目一箇命（筑紫・伊勢の両国の忌部が祖なり）」を氏祖のひとつに擬定しており、『日本書紀』神代巻には「天目一箇神を作金者とす」とあり、いずれかの時期から斎部氏は鍛冶を職掌とする工人たちを配下に管理するようになったらしく、『古語拾遺』崇神天皇の段には、「更に斎部氏をして石凝姥神が裔・天目一箇神が裔の二氏を率て、更に鏡を鋳、剣を造らしめて、護の御璽と為す」と記し、宮廷に奉献する鏡・剣・瓊など三種神器の製作を管掌する役割を担っていたのである。

斎部氏が穴師神や兵主神とも関係を持つようになったのは、先ほど述べたように祭官が設置された六世紀以後のことと推定され、穴師神主として穴師・三輪の地域に分家を入部させたのも同じ時期で、穴師に居住したことを機縁として青銅器工人集団＝大穴磯部の間に伝わる女王卑弥呼すなわち「迦具夜比売」にまつわる原伝承を得たと考えられるのである。

「かぐや姫」は天皇を始め腐敗した高位の貴族らの求愛をすべて拒絶し、異界の月の世界へ昇天する。ヒメが月の世界へ帰還するというようなストーリーが成立した背景には、原伝承が実在の卑弥呼であった迦具夜比売を三輪山の神霊の妻として描いていたこと、女王には世俗の婚儀が厳重な禁忌とされていたことなどがあることは言うまでもないが、女王の名「かぐや」とは「赫夜」、すなわち「夜を赫やかす」という語意で月の機能を表しており、ヒメは月の精霊の化身とされたので月へ帰って行ったのである。兵主神が祀られていた巻向山＝斎槻（弓月）岳が陰主・月主（月神）信仰とも関係する聖地とされたのかは不明であるが、三輪山（大己貴神）を日主・陽主に準えれば、その裏山として聳える巻向山（卑弥呼）は陰・月に対応するコスモロジーを表現しており、迦具夜比売は死没して実際に月の世界へ昇化したのだと想定された蓋然性があり、「かぐや姫」の月世界への帰還の筋書きはそこに由来があるのだとも憶測されるのである。

なお、「なお竹のかぐや姫」とも呼ばれるように姫が竹から生まれたことになっていることについて、迦具夜比売の出身地とみられる山代の綴喜郡には六世紀以後に大隅隼人の居地（大住郷）が設けられ、竹や月をめぐる南九州の文化と信仰のメッカとなっていた事情をも勘案すべきであるが、煩雑になるのでここではこれ以上の論議を控えておこう。

Ⅳ　播磨稲日大郎女

実在の女王の候補として筆者が特に注目するこのヒメは、垂仁天皇の后妃としてではなく景行天皇の皇后と伝える女性である。大郎女にまつわる伝承が垂仁天皇の后妃記事に組み込まれなかったのは、彼女の子にヤマトタケル命が配され、タケルの東征・西征の物語を景行天皇の治世の事績とするための作為であったと推定される。『古事記』景行段によると大郎女のことは次のように記述されている。

此の天皇、吉備臣等の祖、若建吉備津日子の女、名は針間之伊那毘能大郎女を娶して、生みませる御子、櫛角別王。次に大碓命。次に小碓命。亦の名は倭男具那命。次に倭根子命。次に神櫛王。五柱。

他方、『日本書紀』景行二年三月条は次のように記す。

播磨稲日大郎姫一に云はく、稲日稚郎姫といふ。を立てて皇后とす。后、二の男を生れます。第一をば大碓皇子と曰す。第二をば小碓尊と曰す。一書に云はく、皇后、三の男を生れます。其の第三を稚倭根子皇子と曰すといふ。其の大碓皇子・小碓尊は、一日に同じ胞にして雙に生れませり。

ヒメの名が針間の「伊那毘」、播磨の「稲日」と伝えていることから、彼女は播磨国印南郡地方の出身であることが推測できる。松尾光の指摘によれば、印南郡は賀古郡から分郡された新出の郡で、元来は加古川両岸を含むその流域一帯が広く稲日野と呼ばれていたという。書紀には姫の父母のことは記載されていないが、『古事記』の伝承によるとヒメは孝霊天皇の子若建吉備津日子を父とし、日子が「吉備臣等の祖」と記してあるところから、その出自はどうも吉備勢力であるような書き方になっていることがわかる。若建吉備津日子という人物に関しては『古事記』孝霊段に、

大吉備津日子命と若建吉備津日子命とは、二柱相副ひて、針間の氷河の前に忌瓮を居ゑて、針間を道の口と為て、吉備国を言向け和したまひき。故、此の大吉備津日子命は、吉備の上道臣の祖なり。次に若日子建吉備津日子命は、吉備の下道臣・笠臣の祖。

との伝承があって、天皇の名代としてその皇子の吉備津日子を称する兄弟が針間の氷河（加古川）付近で吉備征討のための祭儀を執り行い吉備国を平定したとされ、その後彼らは吉備の首長層の始祖になったとする。皇族でありながら在地首長層の祖先でもあるという矛盾したあり方には何らかの作為を想定すべきであり、吉備の首長たちの祖先系譜が天皇に結びつけられているのは吉備側の主導による後世の仕業であり、その接着剤として吉備津日子の兄弟が造型されたと言えるだろう。

右の大吉備津日子命・若建吉備津日子命の両者に共通する「吉備津日子」という人名部分は、「吉備＋津＋ヒコ」から成っており、その意味するところは「吉備の津（都宇）ヒコ」であり、津（都宇）というのは備中国都宇郡のことであると考えられる。『万葉集』には「吉備津采女」のことを詠んだ柿本人麻

呂の歌が載せられているが、この采女は備中国都宇郡から貢上された郡領の娘であり、同郡には津臣を称する豪族が居住していた証拠がある。例えば、天平十一年の備中国大税負死亡人帳によると都宇郡深井郷岡田里の戸主に津臣弟嶋がおり、その戸口に津臣酒見売がいた。また同郡河面郷神沼里の戸主として津臣益麿の名が記載されている。斉明朝には西海使として百済へ派遣された小山下位の津臣傴僂なる人物も出ており、都の下級官人であったと推定することができるが、七世紀以後に有力な人物が一人も出ていない。

このようにみてくると都宇郡の支配氏族を津（都宇）臣と推定することができ、この首長一族は元来足守川流域地方において優勢な勢力を誇った時期があり、彼らの崇拝する先祖霊が「津（都宇）ヒコ」として祀られていたのであるが、後に王権の政治的支援をバックにして足守川上・中流域地方に入り込んできた賀陽氏の一族に圧迫を受け、往年の勢力を維持できずに衰退し、賀夜郡に鎮座する吉備津彦神社（吉備津宮）の祭祀権をも賀陽一族に乗っ取られた可能性が強く、賀陽氏こそが「津（都宇）ヒコ」を「吉備津日子」という架空の皇族に改変した張本であると考えてよい。

舒明天皇の妃となった蚊屋采女が蚊屋皇子を生んだとする記録があるので、推古・舒明朝より少し前の時期に賀陽氏の在地における勢力が高まったと思われる。周知のように賀陽一族は備前国の上道臣の同族を称しその分岐氏族であったことが想定されるので、賀陽氏の賀夜郡への進出と定着は上道臣の政治的攻勢が備中の足守川流域地方に及んだことの現れであり、都宇郡の西に隣接する窪屋郡でも同じような在地首長一族の没落現象が窺われ、五世紀以前に強勢を誇った窪屋臣は都宇臣よりもさらに早く衰退した模様で、備中国東部の賀夜・都宇・窪屋三郡一帯では五世紀後半から六世紀代にかけて吉備勢力の内紛によって古い首長勢力が衰退したとみられ、備前の上道臣と備中の下道臣の勢力圏にはさまれるようにして賀陽臣が台頭したとみられる。

したがって、『古事記』孝霊段の伝承は明確にも後世の作為とみなすことができ、吉備津日子兄弟による吉備国平定の事績は虚構と判断できるが、この説話の核心にはヤマト王権による吉備国平定の史実が潜んでいると思われ、とりわけ氷河（加古川）のラインが吉備勢力の政治的最前線であった時期があり、ヤマト王権はまず加古川流域の勢力と対峙する場面があったものと推測されるのである。

『播磨国風土記』印南郡条には大郎女に関わる次のような興味深い伝承が掲載されているので引用しておく。

郡の南の海中に小嶋あり。名を南毗都麻といふ。志我の高穴穂宮に御宇しめしし天皇の御世、丸部臣等が始祖比古汝茅を遣りて、国の堺を定めしめたまひき。その時、吉備比古・吉備比売二人参迎へき。ここに、比古汝茅、吉備比売に娶ひて生める児、印南の別嬢、此の女の端正しきこと、当時に秀れたりき。その時、大帯日古の天皇、此の女に娶はむと欲して、下り幸行しき。別嬢聞きて、即ち、件の嶋に遁げ度りて隠び居りき。故、南毗都麻といふ。

この話には天皇の世に誤解があるがそれは無視しておこう。次に、大和から派遣されてきた将軍はワニ一族の始祖比古汝茅となっていて、吉備津日子兄弟を主役とするよりは信憑性の高い所伝である。比古汝茅という首長の名は『魏志』倭人伝に出る大将軍「難升米」を類推させる点があり注意を要するだろう。さらに印南郡つまり加古川西隣の地域に蟠踞していたのが吉備比古・吉備比売であり、将軍は吉備比売と政略結婚をし、印南別嬢すなわち大郎女を儲けたとする。ヤマト王権の「吉備国を言向け和したまひき」

という政策の内実は、具体的には現地において「国の堺を定め」ることによって王権と現地首長層の支配領域の境界線を画定し、次いで有力首長一族との婚儀を進め服属の実をあげることであったことがわかる。総体としてこの説話は『古事記』孝霊段の伝承よりも信頼性が格段に高いと思う。

当説話は崇神天皇のいわゆる四道将軍派遣伝承に取り入れられる性格を帯びたものである。現に書紀は崇神紀十年九月条に「吉備津彦をもて西道に遣す」としている。ところが、『古事記』は先ほど引用しておいたように孝霊記に記事を置いて崇神天皇の事績とは明確に区別しているのであり、筆者は当該伝承の歴史的背景には四世紀前半代に進められた吉備国の平定という問題があり、これは『魏志』倭人伝に記載された邪馬台国と狗奴国との対立と紛争の延長と捉えるべき課題だと考えている。すなわち、前章で論じたように狗奴国とは吉備国のことなのであり、ヤマト王権による吉備国の平定事業は四世紀前半に活発化したとみるのであり、稲日大郎女は王権の政治戦略の一環として針間国から女王に擁立されたヒメの一人であったと推測されるのである。

『播磨国風土記』賀古郡・日岡（加古川市加古町）にある比礼墓の由緒によると、印南別嬢は死後この墓に埋葬されようとした時、「大き飄、川下より来て、其の尸を川中に纏き入れき。求むれども得ず。但、匣と褶とを得つ。即ち、此の二つの物を以ちて其の墓に葬りき。故、褶墓と号く」と伝え、姫の遺骸は川に流されてしまい行方不明になったとする。このような伝承ができたのは、実際には別嬢が女王として大和の陵墓に葬られたため、地元では別嬢の死を悼んで副葬品の匣・褶だけを収めた墓が造営され、ヒメの遺骸が失われたことを説明する意図の下に右のような不可思議な話が後世に造作されたのではなかろうか。

Ⅴ　女王制のまとめ

垂仁天皇の后妃伝承を手がかりとして女王の候補をさまざまな視点から検討してきた。これはひとつの推測にしか過ぎないが、宮廷やワニ氏の同族には口頭伝承または何らかの文書の形で歴代女王の年代記または治世記に類する断片的な史料が存在した可能性が高く、帝紀・旧辞あるいは記・紀の編者らはそれを利用して主に垂仁天皇の后妃伝承をまとめあげようとしたように思われる。これまで調べてきた垂仁の后妃は前妃の死を契機とし順を追って入嫁したように記されているのであるが、そのような特色は女王に関する年代記的な史料の形態に原因があるのではないかと推定される。なかでも圧巻なのはサホヒメにまつわる長編の説話であるが、このヒメについては別の視点から論ずべきさらに重大な問題があると考えているので次章で詳しく取り上げることにして、ここまで論議してきたことを以下にまとめておくことにしたい。

読者にわかりやすいように論議の結果を表の形で示すことにする。4と5の間をわざと一行だけ空けてあるのは、1〜4までの王都・陵墓域と5以後の王都・陵墓域とでは大和国内でも場所・地域が異なること、三輪山麓の山辺の道の地域から佐保・佐紀丘陵地域への移動を特に強調したいためである。

1	女王卑弥呼	迦具夜比売	山代	箸墓古墳
2	女王卑弥呼	台与（苅幡刀辨）	山代	西殿塚古墳

3　女王卑弥呼　竹野媛　旦波　行燈山古墳
4　女王卑弥呼　針間之稲日大郎女　針間　渋谷向山古墳
5　女王卑弥呼　日葉酢媛　旦波　佐紀陵山古墳
6　女王卑弥呼　圓野比売　旦波　佐紀石塚山古墳
7　女王　沙本比売　大和　五社神古墳

『魏志』倭人伝によると2女王台与は1初代卑弥呼の「宗女」と記されているので、両者の間には男系の親族関係があったらしいのであるが、遺憾ながらここでその具体的な関係の実体を明らかにすることはできず、木津川左右両岸地域の首長層同士の政略結婚を介しての結びつきを想定するだけに留めておく。それにしても、山代から初代と二代目の卑弥呼が出ていたことは注目すべき現象であろう。

1から7の数字は女王の即位順を表している。これが正しい順位になっているのかはなお予断を許さないが、個々の女王の生存年代に関し本文で折りに触れて説明しておいたように今後の手がかりとして敢えて記載しておく。女王名の次の段には彼女らの出身国名を記載しておいた。一見して山代と旦波からのヒメの貢上が多いという特徴が看取でき、特に邪馬台国が旦波国の鉄や日本海側へ抜けるルートと対外航路の拠点をきわめて重視していたことが読み取れるであろう。その背景にはワニ一族の政治的主導権や発言力の大きさが推測されるのである。

それと、7の女王沙本比売に卑弥呼の記載を省いている理由は、彼女がもはや卑弥呼ではなくなったこと、彼女の時期に三輪山の神霊の妻としての役割を降板し、世俗の婚姻政策によって御子を身籠ることになったからにほかならないであろう。後述するようにこれはヤマト王権の計画的な政策転換に基づくもので、沙本比売がそれまでの旧規を破って大和国出身のヒメであるのも、生まれてくるはずの御子の出自と出身地を特別に配慮しなければならない事情が生じたためであると考えられる。始祖帝王になる人物は大和という土地の所産でなければならないという首長層の合意が存在したと言ってよいであろう。

最下段にはそれぞれの女王が埋葬されていると推定される古墳名を付記してある。古墳の造営順序については遅ればせながら考古学者白石太一郎の見解を参照していることを断っておくが、奈良盆地に所在している古墳時代初期と前期の巨大前方後円墳七基が、これまでの見方とは違いすべて歴代の女王陵であるとする私見を裏付ける今後の考古学上の調査と研究が大いに期待される。

第四章　最後の女王サホヒメ

Ⅰ　サホヒメと神功皇后

垂仁天皇の后妃伝承のうち大后・皇后として最も重視されたヒメはサホヒメ（沙本比売・狭穂姫）である。彼女にまつわる長編の説話がその重要性を物語っており、話の性格を綿密に検討してみた結果、サホヒメは七代・七人の女王の中では最後に女王となった女性で、卑弥呼号は彼女には与えられなかったと推測している。なぜならサホヒメは最初から三輪山神の妻にはならないことを条件にして選ばれ自らの子どもを身籠ったからである。これは首長層の総意の下にヤマト王権の意思として行われた政策の実現であると考えなければならない。すなわち女王制を廃止し男王制に移行するために実行された公的な措置としてである。男王制への転換に当たってはさまざまな方策があったと考えられるが、大和の首長らはすでにある種の伝統と化していた女王制を活用しようと計画したに相違ない。その詳細ないきさつとメカニズムをこれから検証することにしたい。

ところで、女王サホヒメと二重写しになっているのが神功皇后であると考えられる。サホヒメの伝承は垂仁天皇と結びつけられており、他方の神功皇后は仲哀天皇の治世に関連して取り上げられており、両者は一見すると別の時代の互いに無関係な女性のように思われるのであるが、王統譜論の視点から言えば重なり合う存在であると言える。神功皇后にも御子を身籠り生むというサホヒメと同質同類の神秘的な伝承が付着しており、神功皇后伝承の本質はまさしく聖なる御子の誕生・生育・即位・治天下に至るという物語であると言える。神功皇后の伝承は最後の実在の女王サホヒメとその御子の存在を歴史上から隠蔽するために造作された説話であると同時に、その延長線上に皇后が生んだ御子応神天皇を実体化するために創作されたある種の神話であるとみなすことができる。そこで今、女王サホヒメと神功皇后のそれぞれの親族関係を『古事記』『日本書紀』の説話の内容に基づいて図化すると次のようになる。人名は便宜的に『古事記』によるものとする。

A　伊久米入毘古伊佐知天皇（垂仁天皇）
　　＝沙本比売
　　　品牟都和気命
　沙本比売
　沙本比古王

B　帯中日子天皇（仲哀天皇）
　　　品陀和気命（応神天皇）

息長帯日売命（神功皇后）

Aとの決定的な相異点は、Aに「ヒコ・ヒメ」制の遺制がみられるのに対しBにはその痕跡がまったく認められず、神功皇后は大后（キサキ）という地位・性質で一貫していることである。天皇と大后の名に共通する帯日子・帯日売は両者が夫婦の関係にあることを示すもので、神功皇后は徹頭徹尾天皇の后として描かれているのである。

他方、Aにはサホヒメを基軸とする二つの政治形態が統合されている。統合されていると言うよりもむしろ強引に二つの政治形態が結びつけられていると言った方がよいかも知れない。そのひとつは沙本比売（妹）と沙本比古王（兄）による共同統治で、これは『魏志』倭人伝にみえる女王卑弥呼（姉）と男弟の関係（「ヒコ・ヒメ」制）を示唆する。第二章でも指摘しておいたように古代日本の女王制は「ヒコ・ヒメ」制を基盤としており、女王とその統治を補佐する兄弟の存在が特徴となっている。もうひとつの側面は垂仁天皇の后（キサキ）としての沙本比売である。すなわち沙本比売は説話上では未婚の女王であると同時に天皇の妻（后）というきわめて矛盾した立場に置かれているのである。

沙本比売のこのような立場は創作説話の主人公として描かれていることに由来するもので、彼女はおそらく女王とキサキとの両方を相次いで体験したヒメであったためにかかる扱いを受けたのだと考えることができる。つまり女王として即位した沙本比売はヤマト王権の婚姻政策を受け入れ、夫と結婚して御子を身籠り生むという大役を果たしたヒメであったと考えられるのである。沙本比売は女王からキサキに転身した唯一の女王であったが、説話では両方の地位を同時に満たさなければならない悲劇のヒメとして扱われているのである。話の該当部分を引用すると次のようになる。

此の天皇、沙本毘売を后と為たまひし時、沙本毘売命の兄、沙本毘古王、其の伊呂妹に問ひて曰ひけらく、「夫と兄と孰れか愛しき」といへば、「兄ぞ愛しき」と答曰へたまひき。爾に沙本毘古王謀りて曰ひけらく、「汝寔に我を愛しと思はば、吾と汝と天の下治らさむ」といひて、即ち八塩折の紐小刀を作りて、其の妹に授けて曰ひけらく、「此の小刀を以ちて、天皇の寝たまふを刺し殺せ」といひき。故、天皇、其の謀を知らしめさずて、其の后の御膝を枕きて、御寝し坐しき。爾に其の后、紐小刀を以ちて、其の天皇の御頸を刺さむと為て、三度挙りたまひしかども、哀しき情に忍びずて、頸を刺すこと能はずして、泣く涙御面に落ち溢れき。乃ち天皇、驚き起きたまひて、其の后に問ひて曰りたまひしく「吾は異しき夢見つ。沙本の方より暴雨零り来て、急かに吾が面に沾きつ。又錦色の小さき蛇、我が頸に纏繞りつ。如此の夢は、是れ何の表にか有らむ」とのりたまひき。爾に其の后、争はえじと以為ほして、即ち天皇に白して言ひしく、「妾が兄沙本毘古王、妾に問ひて曰ひしく、『夫と兄と孰れか愛しき』といひき。是の面問ふに勝へざりし故に、妾、『兄ぞ愛しき』と答曰へき。爾に妾に誂へて曰ひけらく、『吾と汝と共に天の下を治らさむ。故、天皇を殺すべし』と云ひて、八塩折の紐小刀を作りて妾に授けつ。是を以ちて御頸を刺さむと欲ひて、三度挙りしかども、哀しき情忽に起りて、頸を得刺さずて、泣く涙の御面に落ち沾きき。必ず是の表に有らむ」とまをしたまひき。

『古事記』垂仁段に記載されている長編の物語の冒頭部分を引用してみた。話の内容をみてみると、兄への情愛とその強引な謀反への誘いとの間で苦悩し葛藤するヒメの姿が描かれているのがわかる。「吾と汝と天の下治らさむ」という兄の提議にひきずられている妹の姿がこれである。そして一度は天皇の暗殺を決意したヒメではあったが、天皇への哀惜の情のため最後の瞬間にためらってしまうのであり、沙本比売・沙本毘古王はついに謀反の下手人として死地に赴くことになる。これは「ヒコ・ヒメ」の共同統治による女王制の終焉を意味する話柄である。

次に論議の都合上書紀の文章も引用するが、ストーリーはほとんど変わらないことがわかる。

皇后の母兄狭穂彦王、謀反りて、社稷を危めむとす。因りて皇后の燕居すを伺ひて、語りて曰はく、「汝、兄と夫と孰か愛しき」といふ。是に、皇后所問ふ意趣を知しめさずして、輙ち対へて曰はく、「兄ぞ愛しき」といふ。則ち皇后に誂へて曰はく、「夫れ、色を以て人に事ふるは、色衰へて寵緩む。今天下に佳人多なり。各遞に進みて寵を求む。豈永に色を恃むこと得むや。是を以て冀はくは、吾鴻祚登らさば、必ず汝と天下に照臨まむ。則ち枕を高くして永に百年を終へむこと、亦快からざらむや。願はくは我が為に天皇を殺しまつれ」といふ。仍りて匕首を取りて、皇后に授けて曰はく、「是の匕首を裀の中に佩びて、天皇の寝ませらむときに、廼ち頸を刺して殺せまつれ」といふ。皇后、是に、心の裏に兢ぢたまひ戦きて、所如知らず。然れども兄の王の志を視るに、便く諫むること得まじ。故、其の匕首を受りて、独え蔵すまじみ、衣の中に著けり。遂に兄を諫むる情有すか。

（『日本書紀』垂仁四年五月条）

天皇、来目に幸して、高宮に居します。時に天皇、皇后の膝に枕して昼寝したまふ。是に、皇后既に事を成げたまふこと無し。而して空しく思はく、「兄王の謀く所は、適是時なり」とおもふ。即ち眼涙流りて帝の面に落つ。天皇、則ち寤きて、皇后に語りて曰はく、「朕今日夢みらく、錦色なる小蛇、朕が頸に繞る。復大雨狭穂より発り来て面を濡らすとみつるは、是何の祥ならむ」とのたまふ。皇后、則ち謀を得匿すまじきことを知りて、悚ぢ恐りて地に伏して、曲に兄王の反状を上したまふ。因りて奏して曰さく、「妾、兄の王の志に違ふこと能はず。亦天皇の恩を背くこと得ず。告言さば兄の王を亡してむ。言さずは社稷を傾けてむ。是を以て、一たびは以て懼り、一たびは以て悲ぶ。俯し仰ぎて喉咽び、進退ひて血泣つ。日に夜に懐悒りて、え訴言すまじ。唯今日、天皇、妾が膝に枕して寝ませり。是に、妾一たび思へらく、若し狂へる婦有りて、兄の志を成すものならば、適遇是の時に、労かずして功を成げむ。茲の意未だ竟へざるに、眼涕自づから流る。則ち袖を挙げて涕を拭ふに、袖より溢りて帝面を沾しつ。故、今日の夢みたまふは、必ず是の事の応ならむ。錦色なる小蛇は、妾に授けたる匕首なり。大雨の忽に発るは、妾が眼涕なり」とまうす。天皇、皇后に謂りて曰はく、「是は汝が罪に非ず」とのたまふ。即ち近き県の卒を発して、上毛野君の遠祖八綱田に命せて、狭穂彦を撃たしむ。

（『日本書紀』垂仁五年十月条）

兄の狭穂彦王は妹狭穂姫に対して「吾鴻祚登らさば、必ず汝と天下に照臨まむ」と提案している。この言葉はヒコを政治的主体とする「ヒコ・ヒメ」制を表現しようとするものであり、狭穂姫の立場はキサキ制より以前のヒメのあり方を示している。天皇・皇后による統治の体制を「ヒコ・ヒメ」制が破壊しようとし失敗するというストーリーは説話ならではの構成であって、このような事件が現実に起きたとは誰も考えることはできない。この話は女王サホヒメにまつわる原伝承を素材として、垂仁天皇の系譜を整える目的のために大幅な書き換えと潤色が施された説話の類とみなさなければならない。

そこで次に究明されなければならない重要な問題は、女王サホヒメの夫と伝えられている垂仁天皇の実像が一体何であるかということになる。女王制の時代に天皇が存在したはずはないのであるから、女王と婚儀を行うことができた身分の人物としては、女王の身辺に伺候していた有力な首長と想定できるのではないだろうか。そこで今、垂仁天皇の御名に着目してみると、伊久米入毘古伊佐知（書紀は活目入彦五十狭茅）なる人名の構造は「伊久米（活目）＋入毘古（入彦）＋伊佐知（五十狭茅）」となっており、伊久米は聖なる久米の意で首長の出自を表す部族名ないしは官職名、入毘古は女王への入り婿の意、伊佐知は聖なる茅から成る人名と解することができ、天皇の御名の実体は「久米＋伊佐知（クメノイサチ）」を基本とすることが判明する。すなわち垂仁天皇はクメノイサチという名の首長の原像から造型された虚構であると考えられるのである。

クメノイサチはおそらく女王サホヒメの身辺を警護する親衛軍の長官であったと推定できる。さらにイクメを名乗る集団は『魏志』倭人伝にみえる邪馬台国の政治組織のうち「伊支馬」と記された官を指すと考えられる。内藤虎次郎がすでにこれを垂仁天皇の名代と解釈する案を提起しているが、名代云々のことを論外とするならば内藤説を私も支持したいと思う。クメすなわち久米は高市郡の来目邑（橿原市久米町）に本拠地を構えていた軍事集団として知られており、初期ヤマト王権を支えた武力組織の中軸であったとみなすことができる。久米一族は後に直姓を帯び地方各地の久米部を統率して王権に仕えた。雄略朝頃にはすでに新鋭の親衛軍として台頭していた大伴大連の統属下に置かれ、その後天武朝の八色の姓には預かっておらず衰退していた模様である。

記・紀の伝承では久米の族長は大久米命・天槵津大来目などと呼ばれ、天孫降臨の際には前衛部隊として供奉し、神武東征の時には皇軍に抵抗した土豪・魁帥らを殲滅し、即位後天皇の正妃を選定するという重要な役割を果たしたと伝える。神武記・紀に勇壮・素朴な来目歌・来目舞が記載されており、久米集団が四世紀以前の初期ヤマト王権の親衛軍・戦闘集団の主力であったことを物語る。左に引用した説話は邪馬台国時代のクメ集団がどのような役割を担う存在であったかを推定させる材料である。以前すでに引用した史料であるが参考のために再度掲示しておく。

故、日向に坐しし時、阿多の小椅君の妹、名は阿比良比売を娶して生める子は、多芸志美美命、次に岐須美美命、二柱坐しき。然れども更に大后と為む美人を求ぎたまひし時、大久米命曰しけらく、「此間に媛女有り。是を神の御子と謂ふ。其の神の御子と謂ふ所以は、三島溝咋の女、名は勢夜陀多良比売、其の容姿麗美しかりき。故、美和の大物主神、見感でて、其の美人の大便為れる時、丹塗矢に化りて、其の大便為れる溝より流れ下りて、其の美人の富登を突きき。爾に其の美人驚きて、立ち走り伊須須岐伎。乃ち其の矢を将ち来て、床の辺に置けば、忽ちに麗しき壮夫に成りて、即ち其の美人を娶して生める子、名は富登多多良伊須須岐比売命と謂ひ、亦の名は比売多多良伊須気余理比売と謂ふ。故、是を以ちて神の御子と謂ふなり」とまをしき。是に七媛女、高佐士野に遊行べるに、伊須気余理比売其の中に在りき。爾に大久米命、其の伊須気余理比売を見て、歌を以ちて天皇に白しけらく、

倭の　高佐士野を　七行く　媛女ども　誰をし枕かむ

とまをしき。爾に伊須気余理比売は、其の媛女等の前に立てりき。乃ち天皇、其の媛女等を見したまひて、御心に伊須気余理比売の最前に立てるを知らして、歌を以ちて答曰へたまひしく、

かつがつも　いや先立てる　兄をし枕かむ

とこたへたまひき。爾に大久米命、天皇の命を以ちて、其の伊須気余理比売に詔りし時、其の大久米命の黥ける利目を見て、奇しと思ひて歌曰ひけらく、

あめつつ　千鳥ま鵐　など黥ける利目

とうたひき。爾に大久米命、答へて歌曰ひけらく、

媛女に　直に遇はむと　我が黥ける利目

とうたひき。故、其の嬢子、「仕へ奉らむ」と白しき。是に其の伊須気余理比売命の家、狭井河の上に在りき。天皇、其の伊須気余理比売の許に幸行でまして、一宿御寝し坐しき。

（『古事記』神武段）

この話では大久米命は神武天皇の大后を探索する役割を果たしている。その活躍の舞台は三輪山麓の高佐士野とされており、野を逍遥する七媛女のうち先頭に立つ伊須気余理比売を所望した天皇のために一役買ったとされる。久米の族長が多くの媛女の中から大后に相応しいヒメを選定するという機能を発揮していること、その上に大久米命は伊須気余理比売が他ならぬ大物主神の御子であるという出自を語っており、これらの事項はかつて三輪山の神霊の妻を詮議する重要な役割を担っていた久米のあり方を彷彿とさせるもので、女王選定にまつわる伝承が後世に初代天皇の大后を探査する話に造り替えられた事情を窺わせている。女王の宮廷におけるこのようなクメの地位と権能とにより、女王サホヒメの治世に宮廷武官の大立者であったクメノイサチは女王の入り婿に推挙され婚儀を行ったのではあるまいか。

サホヒメにまつわる書紀の伝承の中で特に留意する必要があるのは、垂仁天皇が「来目の高宮」に行幸

し「皇后の膝に枕して昼寝したまふ」と記す部分である。天皇と皇后が逢瀬を楽しんだ「来目の高宮」とは、実際にはクメノイサチの本拠地に設置された女王サホヒメの王宮であったと考えなければならないであろう。書紀の垂仁二十七年条には「屯倉を来目邑に興つ」とあり、延喜式内社の久米御縣神社が久米に鎮座している。来目屯倉や御縣神社が当地にあるのは女王宮がこの地に設けられ王領が存在した証拠であろう。垂仁天皇という虚像ではなくしてクメノイサチなる実在の男と女王サホヒメとの婚儀はこの地で行われたと想定できるのであり、四世紀後半には王都が一時久米地域に所在したことが推定されるのである。

Ⅱ 聖なる御子の誕生

女王サホヒメが身籠り生んだ御子は品牟都和気命（誉津別命）と称する。御子は異常な誕生をしたと伝えられている。まず例によって『古事記』垂仁段の該当箇所を引用する。

爾に天皇、「吾は殆に欺かえつるかも」と詔りたまひて、乃ち軍を興して沙本毘古王を撃ちたまひし時、其の王、稲城を作りて待ち戦ひき。此の時沙本毘売命、其の兄に得忍びずて、後つ門より逃げ出でて、其の稲城に納りましき。此の時、其の后妊身ませり。是に天皇、其の后の懐妊ませること、及愛で重みしたまふこと三年に至りぬるに忍びたまはざりき。故、其の軍を廻して、急に攻迫めたまはざりき。

如此逗留れる間に、其の妊ませる御子既に産れましつ。故、其の御子を出して、稲城の外に置きて、天皇に白さしめたまひつらく、「若し此の御子を、天皇の御子と思ほし看さば、治め賜ふべし」とまをさしめたまひき。是に天皇詔りたまひしく、「其の兄を怨みつれども、猶其の后を愛しむに得忍びず」とのりたまひき。故、即ち后を得たまはむ心有りき。是を以ちて軍士の中の力士の軽く捷きを選り聚めて、宣りたまひしく、「其の御子を取らむ時、乃ち其の母をも掠ひ取れ。髪にもあれ手にもあれ、取り獲む隨に、掬みて控き出すべし」とのりたまひき。爾に其の后、豫て其の情を知らしめして、悉に其の髪を剃り、髪以ちて其の頭を覆ひ、亦玉の緒を腐して、三重に手に纏かし、且酒以ちて御衣を腐し、全き衣の如服しき。如此設け備へて、其の御子を抱きて、城の外に刺し出したまひき。爾に其の力士等、其の御子を取りて、即ち其の御祖を握りき。爾に其の御髪を握れば、御髪自ら落ち、其の御手を握れば、玉の緒且絶え、其の御衣を握れば、御衣便ち破れつ。是を以ちて其の御子を取り獲て、其の御祖を得ざりき。故、其の軍士等、還り来て奏言しけらく、「御髪自ら落ち、御衣易く破れ、亦御手に纏かせる玉の緒も便ち絶えき。故、御祖を獲ずて、御子を取り得つ」とまをしき。爾に天皇悔い恨みたまひて、玉作りし人等を悪まして、其の地を皆奪ひたまひき。故、諺に「地得ぬ玉作」と曰ふなり。

亦天皇、其の后に詔りしたまひしく、「凡そ子の名は必ず母の名づくるを、何とか是の子の御名をば称さむ」とのりたまひき。爾に答へて白ししく、「今、火の稲城を焼く時に当りて、火中に生れましつ。故、其の御名は本牟智和気の御子と称すべし」と白しき。又命詔りしたまひしく、「何に為て日足し奉らむ」とのりたまへば、答へて白ししく、「御母を取り、大湯坐、若湯坐を定めて、日足し奉るべし」とまをしき。故、其の后の白せし隨に日足し奉りき。又其の后に問ひて曰りたまひしく、

「汝の堅めし美豆能小佩は誰かも解かむ」とのりたまへば、答へて白ししく、「旦波比古多多須美智宇斯王の女、名は兄比売、弟比売、茲の二はしらの女王、浄き公民なり。故、使ひたまふべし」とまをしき。然して遂に其の沙本比古王を殺したまひしかば、其の伊呂妹も亦従ひき。

反逆者である沙本毘古王は稲城を造って天皇の軍と対峙した。いたたまれなくなった沙本毘売も稲城に逃げ込んだ。しかし、毘売はこの時以前にすでに天皇との間の御子を懐妊しており、ついに籠城のさなかに御子を出産したとする。御子が稲城の中で産まれたとする筋書きが異常出生の証と考えられる。神聖な稲穂で装飾を施された城はあたかも母である沙本毘売の子宮、あるいは稲穂の束で飾られた新嘗祭（大嘗祭）の由岐・須岐の宮殿に見立てられているであろう。生母の名は沙本毘売であるが、その御名の沙本＝早穂（サホ）とは聖なる穂の意であり、さらに御子の名品牟都和気命の品（ホ）も母譲りの稲穂の穂に由来すると考えてよい。この話の作者はまさに御子を聖なる稲穂の化身とみなしていると推考されるのである。

後段で天皇が御子の御名をどうするのかと質す件があるが、毘売は「火の稲城を焼く時に当りて、火中に生れましつ。故、其の御名は本牟智和気の御子と称すべし」と応えている。稲城が炎上することはここで初めて語り出されたことであり、ストーリー全体の流れからは唐突な形で逸脱している。このような話がここに挿入されているのは、御子の名を原伝承の品牟都和気から本牟智和気（火＋貴人＋和気）に転換しようと画策した者のさかしらであると言えるが、新嘗祭・大嘗祭の最後の場面で嘗殿や斎場を焼却するという慣習があったことは、読者がこのような話柄の転換を容易に受け入れることのできる環境が宮廷社会には存在していたことを示している。

新嘗祭の祭場の焼却に関しては履中天皇の即位にまつわる説話にも登場する。履中天皇の御名は伊邪本和気命（書紀は去来穂別天皇）であるが、この御名も稲穂の聖霊を体現する王を表しているであろう。

本、難波の宮に坐しまし時、大嘗に坐して豊明為たまひし時、大御酒に宇良宜て大御寝したまひき。爾に其の弟墨江中王、天皇を取らむと欲ひて、火を大殿に著けき。（『古事記』履中段）

三品彰英がすでに指摘しているように、この説話は稲の収穫祭の終了後に祭場を焼く慣例のあったことを利用して造作された謀反事件である。豊明は祭の後に行われる饗宴であり、反乱者はその燕楽の油断に乗じて宮に火をかけたというのである。しかし、大殿の火災は謀反によるものではなく、新王の出現と誕生を告げる聖なる宮殿の火災とみなすべきものなのである。火中出誕という異常現象は木花之佐久夜毘売の場合が最もよく知られている。『古事記』神代巻に次のような話があるので引用しておこう。

即ち戸無き八尋殿を作りて、其の殿の内に入り、土を以ちて塗り塞ぎて、産む時に方りて、火を其の殿に著けて産みき。故、其の火の盛りに燃る時に生める子の名は、火照命。次に生める子の名は、火須勢理命。次に生める子の御名は、火遠理命。亦の名は天津日高日子穂穂手見命。三柱。

この話は直接に新嘗祭とは無関係で、むしろ古代の出産儀礼が記されているのであるが、火と稲穂と天孫の出誕という一連の観念が凝縮されて伝えられていることが理解されるものと思う。すなわち、火炎に包まれた稲穂の中からこの世に出現したとされる品牟都和気は、天孫と同質同類の聖なる御子であったことが鮮明に示唆されているのである。

さて、今度は書紀の筋書きを調べてみることにしよう。

時に狭穂彦、師を興して距く。忽に稲を積みて城を作る。其れ堅くして破るべからず。此を稲城と謂ふ。月を踰えて降はず。是に、皇后悲びて曰はく、「吾、皇后なりと雖も、既に兄王を亡ひてば、何の面目以りてか、天下に莅まむ」といひて、則ち王子誉津別命を抱きて、兄の王の稲城に入りましぬ。天皇、更軍衆を益して、悉に其の城を囲む。即ち城の中に勅して曰はく、「急に皇后と皇子とを出でませ」とのたまふ。然るに出でませず。則ち将軍八綱田、火を放けて其の城を焚く。焉に、皇后、皇子を懐抱して、城の上を踰えて出でたまへり。因りて奏請して曰さく、「妾、始め兄の城に逃げ入りし所以は、若し妾と子とに因りて、兄の罪を免さるること有りやとなり。今免さるること得ずは、乃ち知りぬ、妾が罪有ることを。何ぞ面ら縛るること得む。自経きて死らくのみ。唯し妾死ると雖も、敢へて天皇の恩をのみ忘れじ。願はくは妾が掌りし後宮の事は、好き仇に授けたまへ。其の丹波国に五の婦人有り。志並に貞潔し。是、丹波道主王の女なり。道主王は、稚日本根子太日日天皇の子孫、彦坐王の子なり。一に云はく、彦湯産隅王の子なりといふ。当に掖庭に納れて、後宮の数に盈ひたまへ」とまうす。天皇聴したまふ。時に火興り城崩れて、軍衆悉に走ぐ。狭穂彦と妹と、共に城の中に死りぬ。天皇、是に、将軍八綱田の功を美めたまひて、其の名を号けて倭日向武日向彦八綱田と謂ふ。

（『日本書紀』垂仁五年十月条）

書紀は狭穂彦王の謀反事件以前、すなわち稲城の構築よりも前にすでに王子誉津別が生まれていたことを証言している。だが、ここでは王子とともに狭穂姫を救出するさまざまな策のことはすべて省かれており、火をつけて稲城を焼くということが初めから前面に押し出され、燃え盛る稲城の中から狭穂姫が王子を懐いて出てくる場面が描かれており、『古事記』の記述とその点がかなり相違している。ただ、そうは言うものの王子が稲城の中から出現するという筋書きは同じであり、誉津別王子が稲穂の神聖王であるという本質は両書において保持されていることがわかる。

聖なる御子が火中より出誕するという話柄は古代インドの神話に起源を持つ仏典に類似する話があり、『経律異相』のような漢訳仏典に依拠して創られた説話であるとみる国文学者瀬間正之の論説が注意され、仏教思想と仏典の伝来以後に原伝承の書き換えや潤色が行われたことが指摘できる。御子の名を本牟智和気と称したとする垂仁記の記述はその事例であり、御子の真実の名はホムツワケであったと考えられ、ホムツワケ王なる稲の神聖王の誕生譚自体は古くから伝えられた宮廷伝承であるとみなしてよく、私はこの王こそがヤマト王権の王統譜の原点を飾る始祖帝王ではないかと推断する。

なお、垂仁記はホムツワケの養育のために「大湯坐・若湯坐」を定めたと記すが、王子女の養育料を設置する記事はホムツワケの記事が初例で、いかにホムツワケ伝承が重視されていたかが伺えるであろう。ただし、御子の養育料のことは所伝の最後尾にも「品遅部、大湯坐、若湯坐を定めたまひき」とあるので、「亦天皇」以下の記述は原伝承に対して挿入された作文の疑いが強いと思われる。

Ⅲ　ホムツワケ王の成長

垂仁記はホムツワケ誕生後のことをさらに延々と記述している。これほど長文の説話は他の王にはついぞみられないのであって、編者がホムツワケの伝承を書き遺すことにそれだけの重みと価値があると認めていた証拠であろう。

故、其の御子を率て遊びし状は、尾張の相津に在る二俣榲を二俣小舟に作りて、持ち上り来て、倭の市師池、軽池に浮かべて、其の御子を率て遊びき。然るに是の御子、八拳鬚心の前に至るまで真事登波受。故、今高往く鵠の音を聞きて、始めて阿芸登比為たまひき。爾に山辺の大鶙を遣はして、其の鳥を取らしめたまひき。故、是の人其の鵠を追ひ尋ねて、木国より針間国に到り、亦追ひて稲羽国に越え、即ち旦波国、多遅麻国に到り、東の方に追ひ廻りて、近淡海国に到り、乃ち三野国に越え、尾張国より伝ひて科野国に追ひ、遂に高志国に追ひ到りて、和那美の水門に網を張りて、其の鳥を取りて持ち上りて献りき。故、其の水門を号けて和那美の水門と謂ふなり。亦其の鳥を見たまはば、物言はむと思ほせしに、思ほすが如くに言ひたまふ事勿かりき。

御子は舟遊びなどして大切に育てられたが、ようやくある重大な問題が持ち上がる。鬚が長く伸びるほど成長したのにもかかわらずまともに物が言えないことがはっきりしたのである。ただ鵠の鳴き声にだけは少し反応したので廷臣に鵠の捕獲を命じ、高志の和那美の水門で捕えた鳥を献上するも御子の状態は改善しなかったという。

御子が舟遊びした大和の市師池と軽池は宮廷に付属する苑池と考えられ、いずれも元来ホムツワケ王の治世に所縁があったために書き留められたと推測できる。市師池は磐余池とも称された人工の池で、履中天皇の所伝によると天皇は磐余稚桜宮を都に定め、治世の初めに磐余池を作って両枝船を池に浮べて遊宴したと伝えている。両枝船とはホムツワケが遊んだ二俣小舟と同じもので、ホムツワケと履中天皇は御名の類似性、火中誕生譚、磐余池での苑遊などに伝承上の共通点が認められ、私見では履中天皇はホムツワケ王の伝承をもとに造像された虚構の天皇であり、磐余稚桜宮こそは始祖帝王ホムツワケの宮室であったと考えられる。

さて、右に指摘した御子の言語障害の件は成人していない御子が厳重な物忌の状態にあることを意味するもので、御子が神と同様の聖なる特質を帯びた存在であることを示している。「八拳鬚心の前に至るまで真事登波受」と類似した表現を持つ神にスサノヲ命があり、スサノヲの場合は「八拳須心の前に至るまで、啼き伊佐知伎」（記・神代巻）、「常に哭き泣つるを以て行とす」（書紀神代巻）とあり、英雄神スサノヲ誕生以前の荒ぶる姿を表しており、ホムツワケの場合にも帝王に変身する以前の忌み籠りの姿が描かれているとみる必要がある。書紀はこれを次のように記し、鳥取氏の祖天湯河板挙の活躍により障害が取り除かれたとしている。

群卿に詔して曰はく、「誉津別王は、是生年既に三十、八掬髯鬚むすまでに、猶泣つること児の如し。常に言はざること、何由ぞ。因りて有司せて議れ」とのたまふ。（『日本書紀』垂仁二十三年九月条）

天皇、大殿の前に立ちたまへり。誉津別皇子侍り。時に鳴鵠有りて、大虚を度る。皇子仰ぎて鵠を観して曰はく、「是何物ぞ」とのたまふ。天皇、則ち皇子の鵠を見て言ふこと得たりと知しめして喜びたまふ。左右に詔して曰はく、「誰か能く是の鳥を捕へて献らむ」とのたまふ。是に、鳥取造の祖天湯河板挙奏して言さく、「臣必ず捕へて献らむ」とまうす。即ち天皇、湯河板挙に勅して曰はく、「汝是の鳥を献らば、必ず敦く賞せむ」とのたまふ。時に湯河板挙、遠く鵠の飛びし方を望みて、追ひ尋ぎて出雲に詣りて、捕獲へつ。或の曰はく、「但馬国に得つ」といふ。

（『日本書紀』垂仁二十三年十月条）

湯河板挙、鵠を献る。誉津別命、是の鵠を弄びて、遂に言語ふこと得つ。是に由りて、敦く湯河板挙に賞す。則ち姓を賜ひて鳥取造と曰ふ。因りて亦鳥取部・鳥養部・誉津部を定む。

（『日本書紀』垂仁二十三年十一月条）

書紀はここで誉津別王の生年三十歳を問題にしており、王者たるものの即位に至る年齢の基準値を明示している。これはホムツワケが帝王として即位する資格を持つ人物であったことを暗示する記述であり、「王」→「皇子」→「命」というように地位を表す称号の記載が順を追って格上げされていることに特別な注意を払うことが必要であると思う。それから湯河板挙が鵠を得た場所を高志ではなく出雲と記す点が『古事記』とは違っている。ホムツワケにまつわる書紀の所伝はここでぱったりと終わっているので、出雲がなぜ鵠の捕獲地とされたのかについては謎のままに残されるが、垂仁記に視点を戻すと果たしてその理由が明確になる。

是に天皇患ひ賜ひて、御寝しませる時、御夢に覚して曰りたまひけらく、「我が宮を天皇の御舎の如修理めたまはば、御子必ず真事登波牟」とのりたまひき。如此覚したまふ時、布斗摩邇邇占相ひて、何れの神の心ぞと求めしに、爾の祟は出雲の大神の御心なりき。故、其の御子をして其の大神の宮を拝ましめに遣はさむとせし時、誰人を副へしめば吉けむとうらなひき。爾に曙立王卜に食ひき。故、曙立王に科せて、宇気比白さしめつらく、「此の大神を拝むに因りて、誠に験有らば、是の鷺巣池の樹に住む鷺や、宇気比落ちよ」とまをさしめき。如此詔りたまひし時、宇気比し其の鷺、地に堕ちて死にき。又、「宇気比活きよ」と詔りたまへば、更に活きぬ。又甜白檮の前に在る葉広熊白檮を、宇気比枯らし、亦宇気比生かしき。爾に名を曙立王に賜ひて、倭者師木登美豊朝倉曙立王と謂ひき。即ち曙立王、菟上王の二王を其の御子に副へて遣はしし時、那良戸よりは跛盲遇はむ。大坂戸よりも亦跛盲遇はむ。唯木戸ぞ是れ掖月の吉き戸とトひて出で行かしし時、到り坐す地毎に品遅部を定めたまひき。

故、出雲に到りて、大神を拝み訖へて還り上ります時に、肥河の中に黒き巣橋を作り、假宮を仕へ奉りて坐さしめき。爾に出雲国造の祖、名は岐比佐都美、青葉の山を飾りて、其の河下に立てて、大御食献らむとする時に、其の御子詔言りたまひしく、「是の河下に、青葉の山の如きは、山と見えて山に非ず。若し出雲の石硐の曾宮に坐す葦原色許男大神を以ち伊都玖祝の大廷か」と問ひ賜ひき。爾に御伴に遣はさえし王等、聞き歓び見喜びて、御子をば檳榔の長穂宮に坐せて、駅使を貢上りき。爾に其の御子、一宿肥長比売と婚ひしましき。故、窃かに其の美人を伺たまへば、蛇なりき。即ち見畏みて遁逃げたまひき。爾に其の肥長比売患ひて、海原を光して船より追ひ来りき。故、益見畏みて、山の多和より御船を引き越して逃げ上り行でましき。

是に覆奏言ししく、「大神を拝みたまひしに因りて、大御子物詔りたまひき。故、参上り来つ」とまをしき。故、天皇歓喜ばして、即ち菟上王を返して、神の宮を造らしめたまひき。是に天皇、其の御子に因りて、鳥取部、鳥甘部、品遅部、大湯坐、若湯坐を定めたまひき。

出雲大神が天皇の夢に出現し、宮殿と同じように神宮を造営すれば御子の状態は改善するだろうと教えた。そこで、天皇は御子を出雲に派遣して大神を拝祭させることにした。曙立王と菟上王が御子のお伴として出雲に向い、無事に神拝を済ませ帰途に就くと、肥河（斐伊川）の中に行宮を造り国造の祖である岐比佐都美が青葉で飾り付けをした山を川下に立てて食事を奉献する。すると、御子はこれまでにない言葉を発したので、長穂宮に御子を据え駅使をもって天皇に報告した。御子はこの宮で肥長比売と一夜の結婚をしたが、比売の本性は蛇であったので畏れて都に逃帰した。ついに復命があり天皇は御子が物を言えるようになったので、菟上王を出雲に派遣して神宮を造営させ、御子の養育のために品遅部や湯坐を設置したという。

御子はなぜわざわざ出雲に赴かなければならなかったのか。天皇の夢に現れて託宣を下した出雲大神はオホアナムチ神を祀る杵築大社の神だったからであろう。ヤマト王権が出雲にオホアナムチ神を勧請したのは六世紀のことと推定され、第二章でも述べたように、三輪ではオホアナムチ神の和魂とされた大物主神の神体たる八咫鏡が祀られることになった（『出雲国造神賀詞』）。それ故に、書紀に記載されていないこの話は六世紀に造作され「帝紀・旧辞」に定着したものと考えられるが、とりわけ斉明朝に次のような出来事が起きて出雲が再び大きくクローズアップされたことが知られる。

斉明四年五月に女帝の孫に当たる建王が生年八歳にして死亡し、悲歎はなはだしい女帝は自分の死後に建王を同墓に合葬するように命じたという。天智紀七年二月条によると、天智天皇の息子であった建皇子は「唖にして語ふこと能はず」という子どもであったらしい。この建皇子の存在が同じ境涯として描かれているホムツワケ王の伝承と緊密な関連があると考えられるのである。

斉明五年是歳条には、「出雲国造 名を闕せり。に命せて、神の宮を修厳はしむ。狐、於友郡の役丁の執れる葛の末を嚙ひ断ちて去ぬ。又、狗、死人の手臂を言屋社に嚙ひ置けり。天子の崩りまさむ兆なり。」とあり、斉明の政府は出雲国造に命じて神宮の修造を行わせたことがわかる。於友（意宇）郡における凶兆が記されていることからみて、本記事の「神の宮」とは熊野大社を指していると推定できるが、同時並行的に出雲大社の修営が出雲郡において推進されていたのではあるまいか。出雲国内で「神の宮」と称される神社は二つあり、これらの二社が修営の対象となったと推測することができるからである。そして、当該事業は斉明天皇が建皇子の行く末を案じ即位後直ちにとった計画と指図によるもので、建王の唖を回生させるための措置として執行されたと考えられるであろう。

『出雲国風土記』仁多郡三澤郷の条には、

大神大穴持命の御子、阿遅須枳高日子命、御須髪八握に生ふるまで、夜昼哭きまして、み辞通はざりき。その時、御祖の命、御子を船に乗せて、八十嶋を率て巡りてうらがし給へども、猶哭き止みまさざりき。大神、夢に願ぎ給ひしく、「御子の哭く由を告らせ」と夢に願ぎませば、その夜、御子み辞通ふと夢見ましき。則ち、寤めて問ひ給へば、その時、「御澤」と申したまひき。

と記す説話を載せている。筋書きの細部がきわめて類似していることから、この話の由来は宮廷伝承として知られていたホムツワケの物語であるとみなしてよく、出雲では三澤郷の地名由来譚として定着していたようであり、出雲大神たる大穴持命には建皇子のような病者を甦生させる霊験があると考えられたことから、女帝はそれに賭けてみようとして出雲における「神の宮」の修造を思い立ったのであろう。出雲国にはかねてより品遅部が設定されていただけではなく、鳥取部も数多く分布しており、六世紀以来ホムツワケの伝承を実体化する努力が払われていたことがわかる。

以上に述べてきたようにホムツワケとオホアナムチ神との間には緊要な関連性が認められ、ホムツワケが唖としてこの世に生を享けたのは実のところオホアナムチ神の祟りであるとする考えがあり、それを治すためには出雲大神の宮に参拝する必要があったのである。それではなぜホムツワケはオホアナムチ神の祟りを受けたのかと言えば、もはや事々しく理由を述べ立てる必要はないものと思う。すなわち、オホアナムチ神は女王を妻としてそれを加護する神であったからであり、女王制を廃止するためにヤマト王権が女王サホヒメに御子を身籠らせたことは神に対する裏切り行為になったからである。神は女王の生んだ御子に言語障害の祟りという形で怒りを現し、裏切り行為に対する贖罪を求めたのである。夢の教えによって天皇の御舎と等しい神宮を造営せよという神の指示こそは、天皇の贖罪のためにどうしても実現されなければならない事業であったと考えられるのである。

Ⅳ　始祖帝王ホムツワケ

ホムツワケの出雲入りは単なる大神参拝のための旅ではなく、ある意味ではホムツワケ自体の甦生をもたらす行為であったと言えるだろう。出雲国は黄泉国への入り口とされ、さらに言えば黄泉国そのものとも捉えられた幽冥界であった。オホアナムチ神は天孫に国譲りした後、「今我当に百足らず八十隈に、隠去れなむ」(『日本書紀』神代巻)と述べて退隠したとする。ホムツワケはその黄泉国で蘇りを果たして立派な成人となり、大和へ帰還していよいよ帝王の座に就く準備が整ったとされたのである。

大神参拝後のホムツワケはあたかも天皇のように扱われていることがわかる。肥河の中に造られた仮宮で出雲国造の祖が献上した食事は「大御食」と記され、御子がついに発した言葉は「詔言」とある。歓喜したお伴の王らは御子を「檳榔之長穂宮」に据えたが、檳榔で飾られ稲穂を象徴する名称の宮とは大嘗祭に使用される祭殿を彷彿とさせる。その後御子は肥長比売と一夜を過ごすが、国造が献呈した土地の女性との婚儀は御子の成年式であると同時に国造の服属儀礼としての性格を持っている。さらにお伴の王らによる復命の言辞の中に「大御子」という表現があるのは、御子がいよいよ次期帝王の資格を得た存在になった証であろう。ホムツワケは国ツ神の代表たるオホアナムチ神の祟りを脱しただけではなく、その祝福を得て帝王にふさわしい人間として立ち現れたのである。ホムツワケとは神によって祝福された、讃美されるべきという意味の王者の御名と言うべきであろう。

ここまで来れば誰でもホムツワケの即位は自然の成り行きであろうと考えることだろうが、不思議なことに『古事記』『日本書紀』はホムツワケのその後の動静をいっさい記し留めていないのである。父垂仁天皇にはなはだ愛され心配されて育ったと強調されているにもかかわらずである。むしろそれどころかホムツワケには子孫が無いとされた模様で、彼の後裔系譜は完全に途絶し遮断されてしまっている。その表面上の理由は垂仁天皇の后サホヒメとその兄サホヒコが謀反を起こしたからであろう。謀反人の子が帝王になることはあり得ないこととされたのである。しかるに、謀反人の子であるホムツワケには今見てきたようなはなはだ長編の興味深い説話が語られており、帝王になるべき資格を取得した重要人物として描かれているのである。これはまさしく何かを隠すための矛盾としか言いようのない状態なのであり、いずれかの筋書きが虚構なのだと考えるほかはない。

しかし、すでに述べてきたようにサホヒメとサホヒコによる天皇への謀反の話は事実を少しも反映していないフィクションの類であり、原伝承はヒコ・ヒメの共同統治を基盤とする女王制の廃止と、女王がある男性と結婚し御子を儲けた事実とを潜在させており、女王の身籠り生んだ御子こそが男王世襲制を基盤とする王統の原点たるべき始祖帝王となる宿命を担ってこの世に登場したのである。御子はあらゆる点において帝王として立ち現れるに十分な資格を得ていたが、問題はその後であり、彼は帝王として即位したことになっておらず、いわば尻切れトンボのまま歴史の闇の中に消え去ってしまったのである。ホムツワケがどうでもいいような人物であれば記・紀がわざわざこのような扱いをするとは到底考えられず、国文学者であった故吉井巌が初めてホムツワケ伝承の重要性に気がついたのも頷けるのである。

　しかし、吉井をはじめとする多くの研究者はホムツワケ伝承の重要性に気づきながらもその実在性にはきわめて懐疑的であり、この人物を古代史上のどの部面にいかなる形で位置づけるべきかについてこれまで深く討究することを怠ってきたと言わざるを得ない。筆者はホムツワケのその後を追跡できる素材が存在していると推考しているのだが、その復原作業に入る前にもういちど彼の親族関係を思い起こしてみよう。ここではこれまでの検討結果を考慮して復原系譜を提示することにしたい。

クメノイサチ
　┃
　┣━ホムツワケ王
　┃
┌女王サホヒメ（妹）
└サホヒコ王（兄）

　ホムツワケ王は実際に現任女王の御子として誕生した。女王の夫はクメノイサチという名の親衛軍司令官で女王の側近に仕える有力首長であったと推定される。ところが同様の筋書きで高貴なヒメの御子として生まれたと伝えられる重要な人物がもう一人いることをここで想起する必要がある。それはホムタワケこと応神天皇である。応神の生母は神功皇后であるが、書紀は『魏志』倭人伝の女王の記事を皇后の事績に充てようとしているのであり、なぜ書紀編者がわざわざ神功皇后を女王と対比しなければならなかったのかを考えた時、女王サホヒメとホムツワケの母子関係を秘匿し否定するために神功皇后・ホムタワケの母子を創作する必要があったのだと考えられるのである。すなわち神功皇后は女王サホヒメと二重写しの関係にあり、女王制の存在を否定するための措置として、サホヒメの伝承に依拠しながら神功皇后の伝承が造作されたと考えられ、皇后の伝承は逆説的に女王サホヒメの歴史的事績を映し出す役割を果たしていると考えられるのである。

さらに、従来から注意されてきた問題にホムツワケと応神天皇＝ホムタワケの異同をどのように解釈するかという難題がある。とりわけ、継体天皇の祖先系譜によれば現状では二つの異伝が併存している。

・品太天皇の五世の孫、袁本杼命を近淡海国より上り坐さしめて、手白髪命に合せて、天の下を授け奉りき。（『古事記』武烈段）

・品太王の五世の孫、袁本杼命、伊波礼の玉穂宮に坐しまして、天の下治らしめしき。（『古事記』継体段）

・男大迹天皇は、誉田天皇の五世の孫、彦主人王の子なり。母を振媛と曰す。（『日本書紀』継体即位前紀）

右に挙示したように、記・紀が主張し公定している帝紀の伝承によれば継体天皇は応神天皇の五世孫とされており、応神は実在の帝王とみなされている。ところが、記・紀よりもやや古い時期にまとめられた

『上宮記』一云（『釈日本紀』巻十三所収）の伝記には、応神天皇に相当する系譜的位置に「凡牟都和希王」なる人物の名が記されており、これを『上宮記』一云の伝記記事の字訓では決してホムタワケ王と訓読することはできず、ホムツワケ王と読解するのが正しいやり方なのであり、そうであれば継体天皇はホムツワケ王の子孫とみなすことができるのである。『上宮記』一云によると継体天皇の祖先系譜は次のようになっている。

凡牟都和希王——若野毛二俣王——大郎子——乎非王——汙斯王——乎富等大公王
（意富々等王）

右の系譜のうち若野毛二俣王と意富々等王の二人は『古事記』応神段の末尾に天皇の子孫として特別に加筆された人物である。そのために、『上宮記』一云系譜も記・紀が保存している帝紀と同類の史料によって潤色や改変を受けているとみなすことができる。ただし、先ほど指摘した凡牟都和希王と、継体の祖父とされる乎非王のみはいずれの文献にもみえず、特に後者はこの系譜の特質を探るための重要人物であると判断する。本書では乎非王に関して詳細な検討作業を省くことにし、旧著『継体天皇と王統譜』で独自の視点により論じた結果だけを記すことにしたい。

凡牟都和希王——大日下王——乎非王——汙斯王——乎富等大公王
（目弱王）

乎非王は大日下王の子目弱王（眉輪王）を指すとみられる。その出自伝承によれば目弱王は安康・雄略両天皇の甥に当たり、父の大日下王と同じく政争に巻き込まれ殺害された。その経緯は第六章で述べることにするが、乎非王の子汙斯王は幼年にして近江の坂田に配流の処分となり、そこで成長しやがて高島に移居して継体を儲けたようである。右の復原系譜では継体天皇は凡牟都和希王の四世孫となり、その先祖は明確にも凡牟都和希王・大日下王であったと判断されるのである。大日下王は母族が南九州の出身であったこと、王位継承問題に絡んで殺害されたことから陵墓を古市・百舌鳥古墳群中に造営できなかったらしい。茨木市にある太田茶臼山古墳がその陵墓と推定され、高槻市に所在する継体の陵墓今城塚古墳も父祖の陵墓を意識して造られたとみられる。

継体の出自に関し古代史学界ではなお定説が得られていない。応神の子孫だとする帝紀の記述にあくまで固執する研究者もおり、記・紀の皇統譜は信用できないとして継体は地方豪族だと主張する論者も多い。しかるに、『上宮記』一云の伝記に記されたホムツワケ王を真実の先祖とみなす者は少数派で、ホムツワケ王の実在性を承認する研究者は筆者を含めさらに少ない。本章で論じてきたホムツワケ伝承が神功・応神の伝承とは独立して語られていた特別の価値を有する帝王の伝承であるとするならば、これを王統譜のふさわしい位置に据える作業を行う必要があるのは当然であろう。

両王の名号は誉田（タ）と誉津（ツ）のわずかな違いだけであるので、安易に同一人物であるとみなす傾向もあるのであるが、ホムタは応神天皇の陵墓の所在地名で、これとは別に記・紀は腕の上に鞆（ホムタ）の形をした宍が生えていたのでホムタという名号になったと説明する。一方のホムツは地名ではなく、稲穂の貴人という名義と「祝福された・讃美される」という語義を同時に含み持つ人名であり、さらにこれまでみてきたように両者の出自伝承が明らかに相異していることは、ホムタワケとホムツワケを簡単に同一視できないことを示しており、いずれか一方が他方を否定し排除する目的のために新たに創作された人物像だと言わざるを得ないのであって、本章で詳細にその伝記を究明してきたように、筆者としてはホムツワケ王が実在の始祖帝王で、ホムタワケ王は造作された虚構の始祖帝王と判断せざるを得ないのである。そこで、章を改めて応神天皇の母とされる神功皇后の伝承を詳しく分析することにしたい。

第五章　神功皇后伝承とは何か

Ⅰ　倭・百済軍事同盟の締結

古代の歴史において対外関係が国内政治に大きな影響を及ぼした事例は枚挙にいとまがないが、ここでは四世紀後半期に倭と百済の両王権間に結ばれた軍事同盟の締結がそもそも何を契機としたのか、さらにその関係の形成がヤマト王権の成立過程にどのような影響を及ぼしたのかについて問題にしてみたいと思う。本章では当時朝鮮半島や国内で起きたと推察される一連の出来事を具体的に復元するよう努めてみたいと考えており、そこで明らかになった史実をもとにして神功皇后伝承の歴史的な意義を検討することにしたい。

さて、朝鮮半島西部の馬韓諸国に覇権を確立した百済がようやく国家としてまとまったのは四世紀前半の頃と考えられる。百済国の開祖とも目される肖古王（近肖古王）は三四六年に即位し在位三十年に及び三七五年に没したと伝えている。百済最初期の王都がどこにあったか不明であるが、三七一年に漢山（尉礼城）に遷都したと伝えており、北方の高句麗からの侵攻に備えるためであった。その肖古王代の末期に高句麗はいよいよ百済に対して大規模な軍事行動を仕掛けてくるのである。

半島北部にあった高句麗国は美川王代に玄菟郡・楽浪郡（三一三年）・帯方郡などを相次いで侵略・占領し領土を南方に拡大する動きをとり、次の故国原王（在位三四一～三七一年）の時に平壌城を増築した。ただ、故国原王は遼東の龍城に根拠地を置いた前燕・慕容煌の大規模な侵略を受け、丸都城は陥落し父美川王の廟墓を暴かれ母を人質に奪われる悲劇に見舞われた。そこで王は燕に入朝して服属の証をたて王母は三五五年にようやく帰国できたので、三六九年には二万の軍を投じて百済領に侵攻した。おそらく軍事行動の大義は百済による帯方郡方面への領土蚕食であったと考えられるが、百済側も戦備を整えて猛反撃に出、三七一年には百済が三万の大軍を平壌に派遣して報復戦を展開し、故国原王は流矢に当たって戦死したのである。高句麗は以後百済への怨恨・憎悪を激しくすることになる。

このように百済は北方の強国高句麗との戦いを強いられたので、中国の東晋王朝に初めて入貢し「鎮東将軍領楽浪太守」の官爵を得て高句麗に対抗しようとし（三七二年）、また半島東南部の新羅にも使者を送って友好関係を築こうとした。新羅の建国は百済に遅れた模様で、奈勿王（在位三五六～四〇二年）の時代にようやく辰韓諸国を統合し国家としての体裁を整えたようである。高句麗は新羅に対しても軍事的な圧力を加えており、三九二年には新羅王都を訪れた高句麗使が伊飡大西知の子実聖を質として本国に連れ帰っている。おそらく新羅は当時まだ百済以上に弱体な国家であったと考えられる。

このような混沌とした半島情勢はヤマト王権の政治的・軍事的な進出にとってきわめて好都合なものであったが、三六四年にその最初の契機が訪れたらしい。『日本書紀』神功摂政四十六年三月条には『百済記』の文章に改作を施した次のような外交記事を載せている。因みに神功四十六年は三六六年に相当する。

斯摩宿祢を卓淳国に遣す。斯摩宿祢は、何の姓の人といふことを知らず。是に、卓淳の王末錦旱岐、斯摩宿祢に告げて曰はく、「甲子の年の七月の中に、百済人久氐・弥州流・莫古の三人、我が土に到りて曰はく、『百済の王、東の方に日本の貴国有るを聞きて、臣等を遣して、其の貴国に朝でしむ。故、道路を求めて、斯の土に至りぬ。若し能く臣等に教へて、道路を通はしめば、我が王必ず深く君王を徳せむ』といふ。時に久氐等に謂りて曰はく、『本より東に貴国有ることを聞けり。然れども、未だ通ふこと有らざれば、其の道を知らず。唯海遠く浪嶮し。則ち大船に乗りて、僅に通ふこと得べし。若し路津有りと雖も、何を以てか達ること得む』といふ。是に、久氐等が曰はく、『然らば即ち当今は通ふこと得まじ。若かじ、更に還りて船舶を備ひて、後に通はむには』といふ。仍りて曰ひしく、『若し貴国の使人、来ること有らば、必ず吾が国に告げたまへ』といひき。如此いひて乃ち還りぬ」といふ。

ことの始まりは甲子（三六四）年に百済王の使節三人が伽耶の卓淳国（慶尚北道大邱）を訪れ、王命によって海東の貴国（日本）との通交を求めているので、もし貴国の使者がやって来た時には通報を願うというものである。この文章には明らかに書紀編纂に際しての大幅な修飾と造作があり、筋書きのどこまでを信用してよいかは定かではないが、百済が積極的に倭との交渉を望んでいたことが記されている。その積極性は右の文章の続きに現れていると思う。

爰に斯摩宿祢、即ち傔人爾波移と卓淳の人過古と二人を以て、百済国に遣して、其の王を慰労へしむ。時に百済の肖古王、深く歓喜びて、厚く遇ひたまふ。仍りて五色の綵絹各一匹、及び角弓箭、并せて鉄鋌四十枚を以て、爾波移に幣ふ。便に復宝の蔵を開きて、諸の珍異しきものを示しめて曰さく、「吾が国に多に是の珍宝有り。貴国に貢らむと欲ふとも、道路を知らず。志有りて従ふこと無し。然れども猶今使者に付けて、尋ぎて貢献らくのみ」とまうす。是に、爾波移、事を奉けて還りて、志摩宿祢に告ぐ。便ち卓淳より還れり。

二年後に卓淳国を訪れ百済側の事情を知った斯摩宿祢は傔人（従者）爾波移と卓淳人の過古の二人を百済王都に派遣したところ、肖古王の手厚い歓待を受け、「五色の綵絹各一匹、及び角弓箭、并せて鉄鋌四十枚」の贈物を得、さらに宝蔵を開いて「諸の珍異しきもの」を見せそれらを貴国に貢献しようとの意思を示したというのである。百済王は収蔵する宝物との交換条件に倭国との外交関係の締結を求めていたことがわかる。当時、倭国は鉄を弁辰から輸入していたようである。『魏志』弁辰伝には「国は鉄を出し、韓、濊、倭皆従いてこれを取る」と記すように、弁辰＝伽耶に倭人が進出していた事情はここにあり、百済王は倭国側の強い要望が何にあるかを知り尽くしていた。

それから三年後の三六九年には百済王と倭国王の使者との間で次のような盟約の儀礼が交わされたようである。『日本書紀』神功摂政四十九年三月条の後半部の文章を引用してみよう。因みに本条の前半部はこの時期の対百済外交とまったく無関係で内容的にかなり混乱した記事になっており、煩雑なのでここでは引用を控えることにする。

唯し千熊長彦と百済の王とのみ、百済国に至りて、辟支山に登りて盟ふ。復古沙山に登りて、共に磐石の上に居り。時に百済の王盟ひて曰さく、「若し草を敷きて坐とせば、恐るらくは火に焼かれむことを。且木を取りて坐とせば、恐るらくは水の為に流されむことを。故、磐石に居て盟ふことは、長遠にして朽つまじといふことを示す。是を以て、今より以後、千秋万歳に、絶ゆること無く窮ること無けむ。常に西蕃と称ひつつ、春秋に朝貢らむ」とまうす。則ち千熊長彦を将て、都下に至りて厚く礼遇を加ふ。亦久氐等を副へて送る。

千熊長彦と百済王は辟支山（全羅北道金堤）・古沙山（全羅北道古阜）に登攀し、山上の磐石において盟誓の儀礼を行い、永遠にわたる両国の同盟関係の堅持を約束したのである。書紀は百済が「西蕃」の立場で一方的に「朝貢」すると記し、また倭国使千熊長彦の言辞をまったく載せていないので、この記事にも造作の手が入っていることは確実であるが、実際には対等な友好同盟関係が結ばれたと解すべきであり、盟約の具体的な内容については倭が百済に軍事的な支援を行う代わりに、百済は倭が望んでいるさまざまな威信財や人的資源を提供するものであったと考えてよい。先ほど指摘したように「鉄」はヤマト王権が最も欲していた資財で、これを恒常的・独占的かつ大量に供給する相手を見出したことは、大規模な出兵の課題とともに王権への権力集中に重要な役割を果たす事態を意味した。

興味深いのは、この盟誓が当時の百済国の南西国境域と推定される辟支・古沙両山で執行されたことである。これらの山は萬項江河口付近に所在し、当時の百済領の辺境で伽耶諸国との境界域に当たる地域であったとみられる。当地はおそらく紀元前頃から倭人が楽浪郡や帯方郡に使節を派遣するルートの要津が所在したところで、倭人にはかなり知悉され所縁のある土地であったと推測され、千熊長彦は金官国から海路をたどって当地に至った可能性が考えられるのであり、儀式後には王都へ迎え入れられ歓待を受けたようである。三六九年は前述したように百済が前触れもなく侵攻してきた高句麗軍二万を雉壌において撃破した年に当たっている。そのような軍事的緊張と戦意の高揚が漲る時期に双方の同盟関係が結成されたことは、倭国が以後半島の政治情勢に深く関与していく上での歴史的な転機になったことは疑いがない。

因みに、五世紀代には倭の五王による南朝宋への外交が盛んに行われるが、その際の渡海基地が半島方面のどこに所在したのかがこれまであまり論じられてこなかった。『日本書紀』応神十六年是歳条によると、阿花王の死没（四〇五年）により倭に入質していた直支王が急遽帰国することになり、天皇は直支に「東韓の地を賜ひて遣す」という少し解釈に苦しむ記事があり、分註で「東韓は、甘羅城・高難城・爾林城、是なり」と記している。一方、『三国史記』百済本紀・腆支王即位前紀には、母国へ帰還しようとした腆支が「倭人を留めて自衛し、海島に依りて以て待つ」と伝えているように、一時いずれかの「海島」で倭の護衛兵とともに入国の機会を窺ったように記している。おそらくその場所こそが倭の拠点のあった「東韓」と推察され、半島西南部の全羅北道萬項・金堤・古阜・帯山など萬項江下流域が有力な候補地と考えているが、当地域に倭勢力の政治的軍事的根拠地が設けられていた由来は百済との盟約の際に保障されたものと思われ、倭人が常時屯居する土地が百済王の意向により指定されていた蓋然性があると考えている。

さて、書紀は引き続き神功摂政五十二年九月条に百済使久氏の来倭記事を載せており、三七二年に相当する。

久氏等、千熊長彦に従ひて詣り。則ち七枝刀一口・七子鏡一面、及び種種の重宝を献る。仍りて啓して曰さく、「臣が国の西に水有り。源は谷那の鉄山より出づ。其の邈きこと七日行きて及らず。当に是の水を飲み、便に是の山の鉄を取りて、永に聖朝に奉らむ」とまうす。

また、『古事記』応神段にも「亦百済の国主照古王、牡馬壹疋、牝馬壹疋を阿知吉師に付けて貢上りき。此の阿知吉師は阿直史等の祖。亦横刀及大鏡を貢上りき」とあり、肖古王の時に百済との間で画期的な交渉があったことや、交渉の中身が多様で人的・物的な双方の交流関係が急激に進展したことを示唆している。久氏らの来倭はおそらくこれが最初であろう。興味深いのは彼らの啓文が鉄の産地とその献上のみのことを特記していることである。百済は倭国の王権が鉄を欲していることを十分に知悉していた。前年の高句麗との戦役で臨津江・礼成江流域にまで領土を拡大した百済は、その地域に所在した谷那鉄山で産出する鉄を長く倭国に貢献しようと提案している。これこそがヤマト王権の主要な狙いであり、百済王からの贈与の品目中の「種種の重宝」は鉄が主要なものであったと考えてよく、久氏がもたらした「七枝刀一口」こそは両王権間の軍事同盟の象徴でもあり、また鉄の供給を約したことの証でもあった。

右の「七枝刀」は、奈良県天理市の石上神宮に所蔵する国宝の七支刀が該当することは通説のとおりである。七支刀には著名な金象嵌の銘文が刻まれており、吉田晶の解読を参照し読み下し文の形で引用しておく。

【表】泰和四年十一月十六日丙午正陽、百練の銕の七支刀を造る。出でては百兵を辟け、供供たる侯王に宜し。□□□□作なり。
【裏】先世以来、未だ此の刀有らず。百済王の世子、奇しくも聖音に生く。故に倭王の為に旨造す。後世に伝示せよ。

七支刀は倭王との永遠の友好関係の証のために百済で製作された。作成主体は百済王の世子（後継者）仇首であった。泰和四年は三六九年に当たり、対高句麗戦で戦争指揮を父王から命じられた仇首その人である。表の刻文にみえる泰和の年号は百済のものではなく中国東晋の年号太和とみられている。しかるに当時百済はまだ東晋との冊封関係を結んでいなかったのでおかしなことになる。おそらくこの儀刀を製作した者が楽浪・帯方両郡の故地に所縁のある中国系の工人であったので、当然のことながら母国の年号の一字を自己流に用いたのであろうと推定され、本刀の授受をもって東晋王朝を基軸とする百済・倭の蕃属関係まで想定することは行き過ぎで、百済と倭との同盟関係に限定すべきであると考える。

このようにして、三六四年から三七二年までの期間にヤマト王権は歴史上始めて百済王権と正式な外交同盟関係を結び、大規模な海外出兵の公式的な政治的契機をつかむとともに、百済から鉄などの資源や人的支援を得ることにも成功した。これ以後百済・伽耶系渡来人の来倭が系統的に活発化したと考えられる。問題はこの時期の倭王が誰であるのかという点であるが、七支刀には王名は記されておらず、筆者は当時の倭王は女王であったと推定している。三世紀以来続いた女王制がまだ継続しており、対百済軍事同盟の結成が女王制から世襲男王制への転換を促す最大の要因になったと考えている。

これまで北部九州の王権や邪馬台国（ヤマト王権）はしばしば外交使節を半島・中国に派遣することはあったが、戦闘目的のために大量の兵員を渡海させたことはなかった。高句麗との戦争を目的とする大規模な兵力の投入は、国内的には各地の首長層を対外戦争に動員する体制を整備する必要に迫られることになる。そのためには最高軍事司令官を男王とすること、さらに男王制を将来にわたり持続させることが望ましいとの考えが強まったに違いない。少なくとも大和の有力首長層の間にはそのような考えが固まったと思う。そこで発想されたのが女王の婚姻であろう。すでに述べておいたように女王（卑弥呼）は神妻であり世俗の婚儀はタブーとされていた。しかし、公然たる海外派兵というこれまでにない新たな事情が、王権の政治形態を大きく転換させる主要な契機・要因になったと思うのである。

Ⅱ　半島派兵の実相

肖古王は三七五年に死没し後継者となったのは仇首王（貴須王）である。同王は三七五年から三八四年まで在位したが、その間に倭国との交渉がどのように推移したかは不明であり、『日本書紀』神功摂政紀にも簡略な王の即位記事（五十六年条「百済の王子貴須、立ちて王と為る」）と死没記事（六十四年条「百済国の貴須王薨りぬ。王子枕流王、立ちて王と為る」）とが併載されているだけで、倭との積極的な交渉は進展しなかったのではなかろうか。先ほど指摘したように貴須王は百済王の世子として倭国との同盟を推進した立役者であるが、治世中倭国に派兵を要請しなければならない緊急の事態は起きなかったようである。

次の枕流王はわずか二年で没したが、王子阿莘は幼弱であったので叔父の辰斯王（在位三八五〜三九二年）が即位するに至った。書紀・神功摂政紀六十五年条はこのことを次のように記す。

百済の枕流王薨りぬ。王子阿花年少し。叔父辰斯、奪ひて立ちて王と為る。

『三国史記』は枕流王の突然死の原因を何も書いていない。また辰斯王の即位は阿花が幼少であるためと記している。書紀も同じであるが、辰斯の即位に関しては王位の「奪立」と特筆している。おそらく辰斯は百済王廷内部で権力闘争を引き起こし、枕流王を殺害して強引に貴須王の後嗣となったのではなかろうか。後で述べるように、彼が三九二年にきわめて不可解な死に方をしているのは、枕流王の子阿莘一派に暗殺されたことを示唆するであろう。

辰斯王は即位直後から人民を徴発し青木嶺・八坤城・黄海を結ぶ線に「関防」を構築するという大規模な土木工事を施しながら、三八九年と翌九〇年には高句麗を攻撃して一定の戦果を挙げたらしい。さらに三九一年には王宮を改修して王権の威信を強化しようとした。しかし、三九二年五月に即位直後の高句麗広開土王（談徳）の遠征を受け北方の十城を奪われ「漢水北諸部落多没」するという事態を招き、さらに同年十月には北境の要鎮であった関弥城を攻陥され致命的な敗北を喫した。にもかかわらず狗原の狩猟に出かけ、十一月には行宮で不審な死を遂げたと記されている。辰斯王は反対派に暗殺されたと言わざるを得ないのであるが、この事件には何らかの形で倭勢力が絡んでいた節がある。『日本書紀』応神三年是歳条には次のような記事が載せられている。

是歳、百済の辰斯王立ちて、貴国の天皇のみために失礼し。故、紀角宿祢・羽田矢代宿祢・石川宿祢・木菟宿祢を遣して、其の礼无き状を嘖譲はしむ。是に由りて、百済国、辰斯王を殺して謝ひにき。紀角宿祢等、便に阿花を立てて王として帰れり。

本文の由来は『百済記』であろうとみられている。さらには書紀編纂段階でもかなりの改作を受けたことが推定され、辰斯王の弑殺と阿花王の即位がともに日本天皇の直接の指図と意図によるものという文意は事実関係としては全面的に否定してよく、事件はあくまでも百済王廷内部の権力闘争によって引き起こされたとみなすべきである。

しかし、一面でこの事件は百済内部の親倭派と反倭勢力との対立という性格をも帯びていた可能性があると考えられる。というのも辰斯王は「天皇のみために失礼し」とあり、派遣将軍らは王の「礼无き状」を詰問したと記している。おそらくこれは肖古王・貴須王らと倭国が結んだ軍事同盟の約束に違反し、辰斯王が対倭政策を懈怠したことが「失礼」とみなされたのではあるまいか。王の即位事情に問題があったことは先に述べたが、さらに反倭派の指導者であった王は倭国との同盟関係を軽視し、そうした情報を得た王権はこれを好機として大規模な派兵に踏み切ったと推測されるのである。高句麗が圧倒的優位にことを進めることができた背景には、百済王廷に政治的混乱が引き起こされていたことによるものであることはまず疑いがないと思う。

問題とすべきは、倭国が派遣した将軍らがいつどのような形で百済王都に入ったのかということであろうが、この疑問を解決するための素材が別に存在している。それは『高句麗好太王碑文』にみえる次の文章である。周知のようにこの文章の読み方については内外の多くの研究者の間で一致した見解は得られていないが、ここでは武田幸男の釈読を参照していることをお断りしておきたい。

百残・新羅は旧より是れ属民にして、由来朝貢せり。而るに倭、以て辛卯の年よりこのかた、□を渡りて百残を破り、新羅を□□して、以て臣民と為せり。

右文は広開土王（在位三九一～四一二年）がその治世の最初に敢行したとされる永楽五（三九五）年の対稗麗戦の記述の次に登場する。翌六年丙申の対百済戦の直前にこのような唐突な記述が現れるのであり、高句麗は倭の半島への出兵と干渉をきわめて問題視し、倭勢力の掃討と半島秩序の回復を自己の使命であり、そのための正当な征討戦であることを陳弁する目的でこのような「前置き文」（濱田耕策説）を挿入したものと考えられるのである。すなわち、百残・新羅が倭の臣民となっている状態を高句麗の属民に復旧するということである。しかし、少なくとも百済が高句麗に朝貢した事実はこれ以前には確認できず、碑文にはその性質上多くの大言壮語や誇張が含まれている可能性があり、倭が百済・新羅を臣民としたというのもその類であるが、倭寇・倭賊というような辛辣な言葉を用いて倭勢力を批難していることからもわかるように、高句麗が倭の半島進出を由々しい事態とみなしていることは重要であると考える。

辛卯の年は三九一年に当たる。この年以来倭が□（海の字が入るであろう）を渡り百済・新羅に何らかの交渉・干渉を開始したとする記述は看過できない。と言うのも、書紀応神三年是歳条が三九二年の百済王廷における政変を伝えており、先ほど述べたようにこの事件に倭王の派遣将軍らが一定の影響力を及ぼした蓋然性があるからである。将軍らが渡海して百済に至ったのは碑文が記す三九一年であったとみなしてよく、高句麗は倭勢力が三九二年の戦闘に参戦していたことを具体的に把握したと推測できるからである。しかもその渡海はこれまでのような単なる外交使節団の到来ではなく大規模な軍団の派遣という内容であったために、即位直後の広開土王をいたく刺激したものと考えられる。すなわち三七二年の例の盟約以後初めて倭国は半島への公式派兵を行ったと推測されるのであり、この事件は後世にも伝承されるほどの規模と内実を備えた画期的なものであったとみることができる。

ところで、広開土王碑文はさらに次のような戦績を記している。永楽十（四〇〇）年庚子の新羅救援戦と同十四（四〇四）年甲辰の対倭戦である。まず前者については、碑文に次のような前置き文があることに注意される。

九年の己亥、百残誓ひに違き、倭と和通す。王、平穣に巡下す。而ち新羅、使を遣して王に白して云く、「倭人其の国境に満ち、城池を潰破し、奴客を以て民と為せり。王に帰して命を請う」と。太王、恩慈もて其の忠誠を称ふ。□に使を遣し、還りて告げしむるに□計を以てす。

永楽九（三九九）年に百済が高句麗との誓約を破毀して倭と和通したというのは、『三国史記』百済阿莘王六（三九七）年夏五月条にみえる「王と倭国と好みを結ぶ。太子腆支を以て質と為す」とする記事と関連していると考えられる。永楽六（三九六）年の対百済戦は高句麗の大勝利に終わった。この戦役で百済王は高句麗王に跪ずいて自ら「永く奴客と為らん」と誓約させられたにもかかわらず、翌年には早くもその誓いを破り秘かに倭国との友好関係を回復しようとしたのである。そのため広開土王は親征を敢行すべく平壌城に出陣し攻撃の機を窺ったわけである。

ところがその時にわかに新羅の使者がやって来て、倭人が国境にあふれ城池を破壊しており、「奴客を以て民と為せり」と陳弁したという。奴客とは百済人のことであるから、おそらくこの文章の趣旨は百済人と倭人とが共同戦線を張って新羅国境付近での侵略をたくましくしているということで、倭人が単独で新羅への侵攻を企てたということではないと考えられる。そこで王は翌十（四〇〇）年に出師し半島南部の伽耶まで派遣軍を攻め込ませたというのである。碑文には次のように記す。

十年庚子、教して歩騎五万を遣し、往きて新羅を救わしむ。男居城より、新羅城に至るまで、倭は其の中に満つ。官軍、方に至らんとするに、倭賊、退□す。背を侵して急追し、任那加羅の従抜城に至るや、城は即ち帰服す。安羅人の戍兵、新羅城・□城を□す。倭□し、倭潰ゆ。

この戦役に登場する男居城・新羅城・従抜城・□城などの所在地を特定することはできない。従抜城と□城が伽耶地域の城であることは推察できるが、男居城・新羅城の位置は不明である。だが前置き文との関連で言えばこれらの城が新羅の西方国境付近にあり、倭人が城内に駐屯・居住していたことを虚構として疑うことはできない。ただし、実体として「倭は其の中に満つ」という状態を倭軍の単独の行動とは想定せず百済軍の誘因とみた方が無難と思うが、これより以前から武装倭兵集団が洛東江の上流地域に進出していたことは事実とみなす必要があると考えられ、新羅がその動向に神経を尖らせ危機感を募らせていたことは間違いがないであろう。そのことが高句麗の出師につながったのであり、半島における倭のこうした活発な動きはおそらく「辛卯（三九一）年」の派兵から開始されたことと推察されるのである。

「任那加羅」の倭人は碑文が記すようにこの掃討作戦で一掃されたとみることはできない。なぜなら、新羅は実聖尼師今（在位四〇二～四一七年）の即位とともに「奈勿王子未斯欣」を質として倭に送り込んできた（四〇二年）からである。これは新羅自身が積極的に倭と友好関係を結ぶ意志があってのことではなく、国力が弱体なので倭の侵略をにぶらせる意図があってのことと考えられる。と言うより、この入質政策は高句麗の教令に従った可能性が高いようにも思われるのであり、実聖自身が四〇一年に高句麗質子の状態を解かれ帰国したばかりだったからである。このようにみてくると、三九一年における倭国からの派兵はその後の半島情勢に多大の影響を与える性格のものだったことが理解されるであろう。

最後に永楽十四（四〇四）年甲辰の対倭戦について自分なりの解釈を施しておこう。碑文は次のような文章になっている。

十四年甲辰、而ち倭は不軌にして、帯方の界に侵入し、□□□□□石城□連船□□□せり。王、躬ら率ゐて□□し、平穣従り□□□鋒、相ひに王幢に遇ひ、要截して盪刺す。倭寇は潰敗し、斬殺せらるるもの無数なり。

この戦闘には百済が関与しておらず、倭の単独行動であったようである。半島西側における倭勢力の拠点が「東韓」にあったらしいことをすでに指摘しておいた。これ以前の高句麗との戦役で倭は著しい戦果を挙げ得ていなかったことも明らかである。そうした情況を打開するために、倭は「東韓」に扶植していた戦力を活用して旧帯方郡の高句麗領に兵力を投入したのではないかと推測できる。碑文に「連船」とあるように水軍を派遣して上陸作戦を行ったようであるが、大敗を喫した模様である。「斬殺無数」という言辞は例の碑文に特有の誇張であろうが、仮に戦果を挙げていれば何らかの形で日本側に伝承が遺されたと思われるのであり、そうした記録がまったく見当たらないのはやはりさしたる戦績が得られず惨敗したからと言えるだろう。おそらくこうした不利な局面の打開を図るべく進められたのがこの後に開始される倭の五王の対宋外交とみられるのである。

対百済同盟の結成事情から始まる倭の朝鮮半島への派兵の実相を詳しく検討してきた。四世紀後半から五世紀初頭にかけて倭は対百済軍事同盟をテコとして数度にわたる派兵を繰り返し、百済北辺と洛東江流域の新羅国境付近・伽耶方面で高句麗軍との戦闘を実際に経験し敗北を重ねたことは確実である。とりわけ『三国史記』『高句麗好太王碑文』『日本書紀』の記事から、その具体的な規模は不明であるが、三九一年に初めて倭が大規模な「渡海」派兵を行ったことは史実であると考えられ、私見では、その辛卯年の渡海という画期的な史実に基づき伝承化を図ったものが神功皇后の新羅征討伝説であると思う。そこで、節を改めて神功皇后伝承を詳しく分析することにしたい。

Ⅲ　虚像としての神功皇后

周知のように、神功皇后という女性は『古事記』『日本書紀』の皇統譜の中では際立って異例の存在である。皇后にまつわる長編の伝記が歴代天皇の治績と並んで掲載されているのだが、皇后は応神天皇を出誕した女性とされており、その出生の由緒を描くためにどうしても皇后の伝記を載せる必要があったと考えられるのである。しからばなぜ応神誕生の経緯というあまりにも特異な記述をしなければならなかったのかと言えば、応神天皇こそが皇統譜における始祖帝王なのだとする歴史認識がかつて存在したからであろう。神武や崇神といった天皇は後から政策的に架上され喧伝されようとした虚構の始祖王なのであって、応神こそが皇統譜上の初代天皇であったのだとする認識が潜在していたのではなかろうか。換言するならば皇統譜の事実上の始まりが応神天皇であるという問題がそこから浮かび上がってくるのではないだろうか。そこで本節以下では神功皇后と応神天皇の母子の物語を詳しく検討してみたいと思う。

『古事記』『日本書紀』によると神功皇后は自ら新羅征討という大事業を行った人物として描かれている。しかも皇后はすでに産み月に当たる胎児を身籠ったままで遠征を行い、帰国してから筑紫の地で御子を産んだと伝えている。こうした筋書きは荒唐無稽でありもしない説話の類であって、歴史的な事実ではないとみるのが戦後以来現在までの通説であるが、この点に関し筆者は少し異なる見解を懐いている。すなわち、既存の伝承自体は新しく構想され造作された物語であるにしても、このような話が作られた背景には何らかの史実に基づく伝承があったのではなかろうか。話の主役である神功皇后それ自体は架空・虚構の存在であるが、皇后を造型するための別のある女王にまつわる原伝承が存在しており、それを元にして今あるような皇后伝承に作り替えられたと考えるのである。問題はその原話がいかなる内容と性格を有する伝承であったのかということであろう。

神功皇后伝承をまとめた作者たちの手元には、古くから宮廷・地方氏族・瀬戸内・北九州地域の港津・神社など各地各所に伝えられた豊富な口頭伝承や成書化された文書、『百済記』・中国文献などの外国史料が集められており、それらを元にして都合のよい建国史の一齣としてまとめあげられたのが神功皇后伝承なる説話であると考えている。問題は、この伝承の背景に潜んでいる史実がどのようなものであり、それをいかにして復原するかということでなければならないであろうが、これまでにそのような復原作業が何らかの形で具体的に試みられたことはほとんどなかった。なぜならば、先学は本伝承をあくまでも新羅征討の視点で捉えることにこだわっており、また王統譜上における応神天皇の実在性をも認めるという考え方を基本としてきたので、原伝承がどうあったのかを明らかにするという視点や発想が乏しかったからである。原伝承は本当に新羅征討を描いていたのか、ヤマト王権が新羅を征討するという大義名分は何だったのか、さらに当時の新羅が半島諸国の中で金銀財宝の国として倭国の首長層に知れわたっていたのか、いずれも疑わしいことばかりなのであり、さらに津田左右吉が明らかにしているように皇后率いる軍団の渡海や戦闘などの記述に現実感がまるで窺えないのである。

現実感という点で言えば、むしろ福岡県宗像市の宗像大社沖ノ島の学術調査で明らかにされた島神祭祀の様相の方が目を引くであろう。玄界灘に浮かぶ沖ノ島は宗像三女神のうち沖津宮（多紀理毘売命・田心姫神）を祀る聖地であるが、調査の結果この島の祭祀は四世紀後半の巨岩上の祭儀から開始されたことが判明した。宗像神の奉祭氏族は当地の豪族胸形氏であるが、遺跡から検出された豊富な遺品はヤマト王権による親祭の性格を帯びており、対外関係が大きく転換した四世紀後半に王権祭祀の起源を求めることができる。

『日本書紀』神代巻には宗像三女神は天照大神の御子として生まれ、「汝三の神、道の中に降り居して、天孫を助け奉りて、天孫の為に祭られよ」と記し、また別の伝では、「即ち日神の生れませる三の女神を以ては、葦原中国の宇佐嶋に降り居さしむ。今、海の北の道の中に在す。号けて道主貴と曰す」とあって、島神が王権の対外関係を守護し、朝鮮半島への航路上に鎮座する導きの貴神としての役割を持っていたことを示している。神に捧げられた大量の鏡類・碧玉製石訓・車輪石・勾玉・管玉・鉄剣・鉄刀・鉄挺などは畿内の前期古墳から出土する副葬品と同質のもので、九州滞在中の中央勢力の手で奉献された一級の威信財であった。神の島の祭儀はヤマト王権の対外政策を成功裏に導く意図をもって行われた画期的な王権祭儀であったと考えられる。

ところで、周知のように、神功皇后の新羅征討伝承は新羅に対する征服戦争という性格を前面に押し出し、その過程で「胎中天皇」と伝承された聖帝応神天皇の誕生を描くという筋書きから成っている。対外遠征という突発的な事件が聖なる御子・始祖帝王の誕生に連動しているわけであるが、「新羅征討」やいわゆる「三韓征伐」という事績なるものは記・紀編者らの対外思想を呪縛していた虚構であったことは明らかで、歴史的な面から言えば倭・百済同盟の結成こそが日本における古代王統の創成に重大な要因を成したと考えられるのであり、その意味では書紀の神功皇后関係記事はきわめて不可解な構成になっていることが明らかである。『日本書紀』仲哀・神功両紀によって神功皇后の事績の要点を一覧すると次のような配列になっていることがわかる。

A仲哀二年正月―気長足姫尊を皇后とする
B仲哀二年二月―天皇・皇后は角鹿の笥飯宮に行幸する
C仲哀二年三月―天皇はひとり紀伊国の徳勒津宮に巡狩する。この時熊襲国が反逆したので征討のた

め穴門に行幸する
D仲哀二年六月─天皇は豊浦津に泊る。皇后は角鹿を発して渟田門に至る
E仲哀二年七月─皇后、豊浦津に泊り、海中に如意珠を得る
F仲哀二年九月─穴門豊浦宮を造営する
G仲哀八年正月─筑紫の灘県に至り橿日宮に滞在する
H仲哀八年九月─天皇が熊襲を討とうとすると皇后に神がかりし、新羅征討を指示するが神の言を信用しない天皇は熊襲と戦い敗北する
I仲哀九年二月─天皇が橿日宮にて突然没し、遺体を穴門に移し豊浦宮で密かに无火殯斂を行う
J仲哀九年三月─皇后は自ら神主となって小山田邑の斎宮に籠り神憑る。神々の託宣を得て祭を行い、臣下に命じて熊襲国を討たせる。
K仲哀九年四月─肥前の松浦県に至り河で祈祝を行う。橿日浦に還り新羅征討の準備をする
L仲哀九年九月─師船を集め西海を望み神の託宣を得る。石で腰を挟み開胎をおさえる
M仲哀九年十月─対馬を発ち新羅に至り国王を服属させる
N仲哀九年十二月─新羅より帰還して筑紫の宇瀰で誉田天皇を産む
O神功元年二月─穴門豊浦宮に移り、京へ帰還する。麛坂・忍熊両王が反逆の兵を挙げるが、麛坂王は死ぬ
P神功元年三月─武内宿祢は忍熊王の軍勢を近江に撃滅する
Q神功元年十月─皇后を尊び皇太后と称す

R神功二年十一月―仲哀天皇を河内の長野陵に葬る
S神功三年正月―誉田別皇子を皇太子とし、都を磐余に造る
T神功五年三月―新羅が朝貢する。質の微叱許智伐旱が本国に逃げ帰る
U神功十三年二月―皇太子が角鹿の笥飯大神を参拝し成年式を行う
a神功三十九年―「魏志に云はく、明帝の景初の三年の六月、倭の女王、大夫難斗米等を遣して、郡に詣りて、天子に詣らむことを求めて朝献す。太守鄧夏、吏を遣して将て送りて、京都に詣らしむ」
b神功四十年―「魏志に云はく、正始の元年に、建忠校尉梯携等を遣して、詔書印綬を奉りて、倭国に詣らしむ」
c神功四十三年―「魏志に云はく、正始の四年、倭王、復使大夫伊声者掖耶約等八人を遣して上献す」
d神功四十六年―百済王と倭使との交渉を記す
e神功四十七年四月―新羅・百済両調使の争いを調停する
f神功四十九年三月―荒田別・鹿我別を派遣して新羅を攻める
g神功五十年二月―荒田別帰還する
h神功五十一年三月―百済使久弖ら来朝、千熊長彦を百済へ派遣する
i神功五十二年九月―百済使久弖ら来朝し七枝刀など種々重宝を献上する
j神功五十五年―百済肖古王薨ず
k神功五十六年―百済王子貴須即位する
l神功六十二年―新羅が朝貢しないので葛城襲津彦を派遣して討たせる

m神功六十四年―百済貴須王薨じ、枕流王立つ
n神功六十五年―百済枕流王薨じ、辰斯王立つ
o神功六十六年―「是年、晋の武帝の泰初の二年なり。晋の起居の注に云はく、武帝の泰初の二年の十月に、倭の女王、訳を重ねて貢献せしむといふ」
p神功六十九年四月―皇太后崩ず
q神功六十九年十月―狭城盾列陵に葬る

右の諸事項のうちAからUまでの記事が『古事記』仲哀段に掲載されている旧辞部分、すなわち神功皇后の新羅征討伝承に対応する内容になっている。仲哀記は『日本書紀』が記載する神功皇后の治世の前半部を描くだけであり、太子（応神）の気比宮参拝をもって仲哀天皇の治世が終わり、直ちに応神天皇の治世（応神記）に接続している。『古事記』は編纂を主導した天武天皇の意思に沿って神功皇后の治世をいっさい認めておらず、仲哀天皇の死没から応神天皇の即位に至る全期間を事実上の空位の状態として扱い、皇后の執政を認めない方針であったことがわかる。

これとは違い書紀は新羅征討伝承のうちAからNまでを仲哀紀に、OからUまでを独立の巻別編成に仕立てて神功紀に配当し、さらに『古事記』にはみえないaからqまでの事項を記載して皇后摂政の具体化・実体化を図ろうと努めていることがわかる。しかるにUとaの間は二十六年もの長期間にわたる空白があり、AからUまでと、a以下qまでの書紀の構成には明白な断層が横たわっていると言わなければならない。すなわち、神功紀の後半部分は皇后の歴史的存在意義とその治世上の事績を充実させる目的で新

規に書き足された部分だと推定しなければならない。そこでまず書紀編者らがa以後の記事を神功紀として配列した根本の意図を究明することにしたい。

Ⅳ　神功皇后とは何か

すでにこれまで多くの先学が着目してきたように神功皇后は女王卑弥呼に擬せられていたとの指摘がある。筆者はこうした指摘や見方は明白な誤りであって、神功皇后は卑弥呼でも女王であったのでもなく、あくまでもそれらとはまったく異なる虚構の女皇であるとみなす必要があると考えている。書紀編者はいわば便宜的な措置として皇后を女王にまつわる中国文献の記事と対比しようとしただけであり、彼女を独立した人格を持った古代の王后として造型しようとしたのだと言わなければならないであろう。なぜならば、先ほど指摘しておいたようにAからUまでの本来の皇后伝承には中国史料や『百済記』など外国史料からの引用はいっさい認められないのであり、神功皇后はもともと独自の構想に従って造型された女皇であるとみなされるからである。

周知のように、神功紀のa・b・c・oの四項目にわたり中国史料からの引用文があり、書紀の編者は手元に『魏志』倭人伝と『晋起居注』とを所持・閲覧し、それらを神功皇后の治世と対照させているのであるから、皇后の治世を女王のそれに比定しようとしたことは間違いがないであろう。a神功三十九年は『魏志』倭人伝の景初三（二三九）年に推当され、b神功四十年は正始元（二四〇）年に、c神功四十三年は正始四（二四三）年に、o神功六十六年は西晋の泰始二（二六六）年に当たるのであるから、皇后の治世は三世紀初めの二〇一年から二六九年までの期間に配当されていたことがわかる。こうした操作によって神功皇后がほぼ三世紀前半から中葉頃の人物であることが示され、日本の建国の歴史がこれより一層古い時代に遡るという紀年の問題が画定される根拠とされたのである。

重要なのは、右の四項目の記述には紀年にひとつも誤りがないにもかかわらず、引用文においては明らかな誤字や誤脱が平気で放置されていることで、とりわけ皇后を「倭の女王」「女王」「倭王」と記しているにもかかわらず、一度たりとも「卑弥呼」という語を引用せずむしろこの語を意図的に省いているのである。それは書紀編者らが神功皇后を卑弥呼に擬定しようとする意志がもとよりなかったこと、換言するならば皇后を天皇の后妃として扱い、卑弥呼すなわち世俗の婚儀を禁止された神妻と認めることが決してできなかったことを意味しており、さらにはoにみえる「倭の女王」は明らかに二代目の女王台与であった。つまり書紀編者らは神功皇后を女王卑弥呼や台与とは別人格の実在の皇后であるとみなし、独自に描こうとした建国史の構想にとって都合のよい紀年を策定するための拠り所にしたことが推察されるのである。

書紀編者らのそうした巧妙な工作は百済関係史料の引用からも明らかになる。a・b・c・oに挟まれたdからnまでの一連の半島関係記事のうち、j・k・m・nの四つの記事は『三国史記』百済本紀の内容とすべて合致しており、jは三七五年、kは三七六年、mは三八四年、nは三八五年の出来事とそれぞれが整合している。書紀編者らは亡命百済人らが提出した『百済記』を参照し、干支二巡＝百二十年を遡らせる操作を行ってこれらの記事を神功皇后の治世記事としてくり込んだのであり、すでに前節でも引用検討したd・iの記事も三六四年（甲子年七月の史実）・三六六年（倭使爾波移の百済王都への訪問）・三七二年（百済使久弖の来朝と七枝刀の贈与）という倭・百済交渉の事実を素材とし干支二巡を遡って構成されているのである。

その他、lは『百済記』に記載された壬午年の沙至比垝の新羅・加羅侵略を記すが、壬午年は四四二年と推定でき、この場合はわざわざ干支三巡を遡り二六二年の出来事を捏造するという手の込んだ操作が行われていることが明らかになる。このような性格の記事は書紀紀年の二〇五年に相当するT神功五年三月の新羅質・微叱許智伐旱をめぐる物語にも窺われ、微叱許智の本国への逃亡事件に葛城襲津彦の草羅城侵略のことが絡められて筋書きが複雑化しているのであるが、微叱許智の倭国から故国への逃去は四一八年のことで神功皇后の治世とはおよそ無関係であり、襲津彦の加羅遠征も四四五年の出来事で、干支四巡を強引に遡らせることによって新羅の朝貢という絵空事を皇后伝承に利用したことが明らかである。井上光貞の著名な研究以来葛城襲津彦は四世紀後半頃に活躍した将軍というイメージが定着しているが、実際には襲津彦は五世紀前半から中葉頃に活躍した人で、これまたその事績が書紀編者の手で巧妙に活用されていることが明らかなのである。

このようにみてくると、神功紀の後段は中国文献と『百済記』の記事とを取り交ぜて巧妙に構成されていることがわかり、とりわけ『百済記』から引用されたいくつかの伝承は四世紀後半に生起した史実をベースにしており、書紀編者らもそのことを十分に認識し知悉した上で干支の操作を行い神功紀の完成に利用したのだと言わなければならない。したがって、神功紀後段を構成するa以下oまでの記述は書紀紀年の策定と神功皇后の実体化という政治的目的のために配列された記事群とみなす必要があり、神功皇后伝承の検討対象としては除外してかからなければならず、結果的には『古事記』仲哀段と書紀のAからUまでの記事群、つまり神功皇后の新羅征討伝承に相当する部分こそが、宮廷の内外に伝えられていたある女王にまつわる原伝承に基づく造作記述であったと評価することができるのである。

結論から言うと、神功皇后の新羅征討伝承の原本は女王サホヒメとその御子ホムツワケ王にまつわる古い宮廷伝承と考えられ、その伝承に語られていた女王と御子の事績を神功皇后と御子応神の説話に書き換えて史実を消去し、改めて神武天皇から応神天皇に連なる一系の天皇系譜を歴史的な実体とする目的のために虚構の説話が造作されたのであり、書き換えられた話には数多くの齟齬や矛盾が含まれているにもかかわらず、記・紀への記定によって皇后の事績が伝承ではなく史実であるとみなされてきたのである。

神功皇后と二重写しにされている女王サホヒメこそが伝承の真実の主人公なのであり、女王サホヒメが男子を生み男王の系譜を創り出すという重大な政策を実行したのは、ヤマト王権が朝鮮半島の百済王権との軍事同盟を史上初めて締結したことと連動する出来事であった。対百済外交の本格的な開始という画期的な状況が国内政治において女王制の終焉と世襲男王制の形成を促す根本の動因になったと考えられ、以後倭国は朝鮮半島に対して国際的に大規模な出兵を行う正当性を獲得すると同時に、大量の鉄資源を彼の地において入手する契機を掴むことになったのである。

神功皇后の伝承では皇后が仲哀天皇とともに筑紫に行幸し、熊襲との戦争にこだわり神の託宣を無視した天皇の急死後に、一転して神託を信じた皇后が戦備を整え渡海して新羅を侵略したことになっている。しかし、実際に筑紫へ行幸したのは女王サホヒメとその夫のクメノイサチであり、女王らは渡海する遠征軍の集結と見送りのために筑紫へ旅立ったのであり、女王自らが遠征軍を引率指揮して海を渡り半島へ向ったのではなかろう。そして滞在中の筑紫の地においてホムツワケ王が誕生したのは虚構ではなく事実であると考えられるのである。三九一（辛卯）年から翌三九二（壬辰）年にかけての史実こそがまさにこれであろう。

神功皇后の外征に関しては斉明（皇極）天皇の筑紫行幸をヒントにして構想された物語ではないかと指摘される向きもある。斉明女帝は唐・新羅連合軍との戦役を督励・指揮すべく筑紫の地に動座した実績がある。確かに女帝の事績は神功皇后の伝承とも、さらには女王サホヒメの事績とも共通するところが乏しいのであるが、対新羅戦争を筑紫の地において遂行した元皇后で現任の女帝という点では歴史上随一の人物なのである。さらにこの戦役は百済の滅亡を契機としているのであるが、百済義慈王の質子である余豊璋をその帰国に際して「天皇、豊璋を立てて王とし」（斉明紀六年十月条）と記すごとく、百済王を天皇の蕃臣に位置づける宣勅を与えているのである。同盟国百済がこの時初めて倭国の支配下に置かれた事実も皇后伝承の形成に大きく関係し寄与しているのではなかろうか。

もうひとつ、女帝に関して留意すべき点は、何よりも斉明（皇極）天皇の諡号が「天豊財重日足姫」とされており、「息長足日広額」の諡号を持つ夫舒明天皇と同じ「足」、すなわち「帯（タラシ）」の概念を共有していることである。神功皇后の御名は「息長帯日売命」（記）・「気長足姫尊」（紀）でこれまた「帯・足」の概念を共有するので、女帝で筑紫に遠征した斉明天皇の事績が神功皇后の伝承に反映していると推測するのも領ける面があり、神功皇后伝承の構想が最終的に完成の域に達した時期が斉明朝の頃であることを示唆するものと言わねばならない。

Ⅴ　住吉大神の託宣

仲哀天皇・神功皇后の西征の原因とされているのは南九州の熊曽（襲）国の反逆であると言い、すでに冒頭の強引な筋書きから伝承が破綻に瀕していると言える。『古事記』はその発端を次のように記している。

其の大后息長帯日売命は、当時神を帰せたまひき。故、天皇筑紫の訶志比宮に坐しまして、熊曽国を撃たむとしたまひし時、天皇御琴を控かして、建内宿祢大臣沙庭に居て、神の命を請ひき。

右の記述によると、『古事記』は天皇がなぜ西征したのか、またクマソ国を撃つことの原因については詳しく事情を書き記していないことがわかる。景行記にはクマソ国がヤマトタケル命の征伐を受け服属したことを記しているので、仲哀天皇の治世において再び反抗をくり返したため、天皇自らがクマソ国の征討を目的として筑紫に行幸したという論理であるとみることができる。熊曽国というのは神代記のイザナキ命・イザナミ命による国生み神話にでる国名で、「身一つにして面四つ有」る筑紫島（九州島）の筑紫国・豊国・肥国と並ぶ国であった。おそらく後の日向・大隅・薩摩の地域を大きく包括する国を指すとみてよいであろう。

一方、書紀は西征の原因を次のように記している。

紀伊国に至りまして、徳勒津宮に居します。是の時に当りて、熊襲、叛きて朝貢らず。天皇、是に、熊襲国を討たむとす。則ち徳勒津より発ちて、浮海よりして穴門に幸す。

（仲哀紀二年三月）

右の文脈からすると、天皇がクマソ国を征伐しようとしたのは朝貢の礼を欠いたからであることがわかる。そのために自ら征討を行うというわけである。

群臣に詔して、熊襲を討たむことを議らしめたまふ。時に、神有して、皇后に託りて誨へまつりて曰はく、「天皇、何ぞ熊襲の服はざることを憂へたまふ。是、膂宍の空国ぞ。豈、兵を挙げて伐つに足らむや。茲の国に愈りて宝有る国、喩へば処女の眉の如くにして、津に向へる国有り。眼炎く金・銀・彩色、多に其の国に在り。是を栲衾新羅国と謂ふ。若し能く吾を祭りたまはば、曾て刃に血らずして、其の国必ず自づから服ひなむ。復、熊襲も為服ひなむ。其の祭りたまはむには、天皇の御船、及び穴門直踐立の献れる水田、名づけて大田といふ、是等の物を以て幣ひたまへ」とのたまふ。天皇、神の言を聞しめして、疑の情有します。

（仲哀紀八年九月）

事態が動いたのは天皇・皇后が西征の旅に出てから六年も経過していることがわかる。ようやくにして神が託宣しクマソ国を討つよりも新羅を征伐するようにと諭したが、天皇は神言を不審に思い信用しなかったとする。書紀は翌年二月に神託を信じようとしない天皇が急死したとし、別伝では天皇がクマソを親征し戦死したとも記す。神功摂政前紀には、「然して後に、吉備臣の祖鴨別を遣して、熊襲国を撃たしむ。未だ浹辰も経ずして、自づからに服ひぬ」とあり、託宣通りになったとする。

このように、クマソ国の征討はあたかも天皇・皇后の西征の旅を導き出し、神慮を一向に信用しない不敬の天皇を殺すための口実のように描かれているのだが、実際にはクマソ国の反逆などはなく、最初から海外派兵が目的の遠征という趣旨であったとみるのが穏当であろう。もともと女王が主役となっていた原伝承の本旨を活かすためには、天皇・皇后のペアのうち皇后を新羅征討と御子出生の主人公に祭り上げなければならなかったので、邪魔な存在となった天皇を何らかの形で殺害するという矛盾に充ちたストーリーを無理やりに捏造する必要があったのであり、クマソ征討はそのために思いつかれた虚構の話であろう。

クマソ征討の件について筆者は次のように考える。すなわち、遠征軍の筑紫滞在中にはおそらく筑紫各地の首長層に対して出兵命令が下され、それに呼応して多くの首長層が参集したであろう。ヤマトの女王がわざわざ筑紫にまでおもむいた理由の一つは、畿内や西日本地域の広範な首長層を筑紫に結集し半島への派兵に参加させ鼓舞することであり、さらには兵員・兵器を確保し軍船の建造・食糧の調達など派兵の実を挙げるためであったと推定される。これには消極的な動きもあっただろうが、『日本書紀』は王権の命令に従わなかった勢力の動向について具体的な事例をひとつも挙げておらず、抽象的にクマソ国が朝貢を怠ったと記すだけで、現実には反乱や反逆らしい動きは何もなかった。

むしろ、クマソ国の一部とみられる日向の諸県君などはこの遠征に積極的に参画した可能性が高く、「牛諸之女、髪長比売」（仁徳記）・「名髪長媛、即牛諸井之女」（応神紀十一年）が仁徳天皇の妃となったと伝え、大草香皇子を生んで王統譜に名を連ねており、五世紀初め頃日向や大隅に大型の前方後円墳（男狭穂塚古墳・女狭穂塚古墳・唐仁大塚一号墳）が相次いで出現しているのは、熊曽国の首長層がヤマト王権の対外政策にきわめて積極的であったことを証するものではなかろうか。

ところで、神功皇后伝承の根本を規定しているのは住吉大神の託宣と神意とである。伝承には熊曽国の反逆のこと、天皇の変死と殯のこと、天照大神のこと、穴門直踐立のこと、忍熊・香坂両王の反乱のことなど雑多な要素の付加・潤色が含まれているのであるが、ストーリー自体は迂余曲折を経ながらも全体的には大神の祭儀・託宣・神意に従って進行・展開している。つまり伝承の本義・本質は住吉大神の神話と規定できるものであり、それ故に神功皇后伝承は住吉大神の祭儀伝承を基軸にして編成・構想されたものと言えるであろう。そこで大神の託宣の内容を検討することによって伝承の本旨・原型を推定する作業を行いたいと思う。まずは『古事記』の託宣文の引用から始める。

A　西の方に国有り。金銀を本と為て、目の炎耀く種種の珍しき宝、多に**其の国**に在り。吾今**其の国**を帰せ賜はむ。

B　凡そ茲の天の下は、汝の知らすべき国に非ず。汝は一道に向ひたまへ。

C　凡そ此の国は、汝命の御腹に坐す御子の知らさむ国なり。

D　男子ぞ。

E　是は天照大神の御心ぞ。亦底筒男、中筒男、上筒男の三柱の大神ぞ。此の時に其の三柱の大神の御名は顕れき。今寔に**其の国**を求めむと思ほさば、天神地祇、亦山神及河海の諸の神に、悉に幣帛を奉り、我が御魂を船の上に坐せて、真木の灰を瓠に納れ、亦箸及比羅伝を多に作りて、皆皆大海に散らし浮かべて度りますべし。

次に書紀本文から大神の託宣部分を引用掲記する。

a　天皇、何ぞ熊襲の服はざることを憂へたまふ。是、膂宍の空国ぞ。豈、兵を挙げて伐つに足らむや。茲の国に愈りて宝有る国、譬へば処女の睩の如くにして、津に向へる国有り。眼炎く金・銀・彩色、多に**其の国**に在り。是を栲衾新羅国と謂ふ。若し能く吾を祭りたまはば、曽て刃に血らずして、**其の国**必ず自づから服ひなむ。其の祭りたまはむには、天皇の御船、及び穴門直践立の献れる水田、名けて大田といふ、是等の物を以て幣ひたまへ。

b　天津水影の如く、押し伏せて我が見る国を、何ぞ国無しと謂ひて、我が言を誹謗りたまふ。其れ汝王、如此言ひて、遂に信けたまはずは、汝、**其の国**を得たまはじ。唯し、今、皇后始めて有胎みませり。其の子獲たまふこと有らむ。

c　神風の伊勢国の百伝ふ度逢県の拆鈴五十鈴宮に所居す神、名は撞賢木厳之御魂天疎向津媛命。
幡荻穂に出し吾や、尾田の吾田節の淡郡に所居る神有り。
天事代虚事代玉籤入彦厳之事代神有り。
有ること無きこと知らず。
日向国の橘小門の水底に所居て、水葉も稚に出で居る神、名は表筒男・中筒男・底筒男の神有す。
有ることとも無きこととも知らず。

d　和魂は王身に服ひて寿命を守らむ。荒魂は先鋒として師船を導かむ。

e　我が荒魂をば、穴門の山田邑に祭はしめよ。

f　吾が和魂をば大津の渟中倉の長峡に居さしむべし。便ち因りて往来ふ船を看さむ。

引き続いて書紀本文に引用する一異伝から関係文を拾うことにする。

ア　御孫尊、若し宝の国を得まく欲さば、現に授けまつらむ。琴将ち来て皇后に進れ。

イ　今、御孫尊の所望の国は、譬へば鹿の角の如し。無実たる国なり。其れ今御孫尊の所御へる船、及び穴戸直踐立が所貢れる水田、名は大田を幣にして、能く我を祭はば、美女の睩の如くして、金・銀多なる、眼炎く国を以て御孫尊に授けむ。

ウ　表筒雄・中筒雄・底筒雄。吾が名は、向匱男聞襲大歴五御魂速狭騰尊なり。汝王、如是信けたまはずは、必ず**其の国**を得じ。唯し今皇后の懐妊みませる子、蓋し獲たまふこと有らむ。

右に引用したそれぞれ三種類の託宣文の骨子を分類してみると、①宝の国の獲得を宣言している、②倭国の統治権者を予言している、③神名を示現している、④祭儀の方法を教えている、の四項目にまとめることができる。書紀本文は煩雑なほどに分量が多いものの、住吉大神はこれ以外のことは何も宣示していないことを明確に認識する必要がある。以上の分類に従ってそれぞれ時間軸に沿って別々に発せられた託宣文を右の分類項目にあてはめてみると左表のようになるだろう。

まず託宣神の名を宣示する③の項目からみていきたい。③のEとcでは住吉三神以外に天照大神やその

第４表　住吉大神の託宣

	託宣の内容	古事記	書紀本文	書紀異伝
①	宝の国の獲得	A	a　b	ア　イ　ウ
②	国の統治権者	B　C　D	*	*
③	神名の示現	E	c	ウ
④	祭儀の方法	E	a　d　e　f	イ

他の雑多な神々が登場しているが、書紀異伝のウには住吉三神の名号しか記されていない。向匱男聞襲大歴五御魂速狭騰命なる不思議な神名も文意からは住吉神の別名と解することができ、住吉大神の祭儀の場に他の土地に根付く神が顕現すること自体がおかしいので、住吉大神だけが名乗りをあげるというのが伝承のもとの姿であろう。Eに「天照大神の御心ぞ」とあるのは『古事記』の編纂を主導した天武天皇の強い意向の反映と考えられ、本来の託宣文への余計な付加・潤色と判定せざるを得ない。周知のように伊勢神宮は皇祖神として天武朝に整備されるのであって、もとより四世紀に遡る神格ではなかった。書紀本文cが他の伝承より一層複雑で難解な文章となっているのは、そうした余計な潤色をさらに敷衍し拡大しようとしたからであると言える。

次に④の項目については、Eが船団の渡海の際に住吉大津で執り行うべき祭儀のきわめて素朴な文意と内容であるのに対し、書紀本文や異伝の記述は住吉大社の祠官家である津守氏が保持していた家伝や、穴門直践立すなわち長門国豊浦郡に鎮座する住吉坐荒御魂神社の神官家が伝えていた家記などが所伝の原拠となっていると推定でき、それらをもとにして書紀編者が文章を造作し整備したものと思われる。

さて、表に現れた注意すべき最も著しい現象は、②の項目の記載が『古事記』にのみみえることで、書紀にはｂ・ウに皇后の子が「其の国」を獲るとはあるが、ゴチック体で明示しているように託宣文の中で「其の国」と指定しているのはすべて例外なしに新羅国のことであって、Bの「茲の天の下」「汝の知らすべき国」と、Cの「此の国」だけが倭の本国を意味しているのである。

つまり『古事記』の託宣文だけが皇后の御子が将来統治すべき国（「此の国」）のことを明記し、皇位の正当な継承者が御子であることを明確に述べており、しかもDでわざわざ「男子」であることを宣示して、皇位継承者となる男子が大神の意思で誕生すると予言されている。書紀本文と一書の伝記にはそのような記述がいっさい見当たらず、いずれも新羅国の領有が強調されているだけなのであり、『古事記』の託宣文だけが伝承の古い内実をとどめていると判断できる。

さらに、いま一つの重要な問題を託宣文から看取できると思う。それは、『古事記』A・Eと書紀異伝ア・イ・ウでは「其の国」の名称を明記していないことで、金銀などの宝がある国とは記しているが、どこを探しても大神が新羅国を名指ししていないことである。書紀本文のaに「栲衾新羅国」と書かれていることや、神功皇后伝承は新羅国の征討が主要なテーマであるとする思いこみから、宝の国とは当然新羅であると考えがちであるが、二つの託宣文中ではどこの国を指示しているのかは明確ではなく、金銀など多くの宝のある国は百済国でもよいのであり、むしろ筆者としては軍事同盟を締結する主要な契機となった史実を想起するなら、大神が宣示している「其の国」とは現実には百済国ではなかったかと考える。すなわち伝承の背景となった史実は新羅遠征・新羅王の服属などというありもしない空想上の出来事ではなく、百済との公式の軍事同盟に基づく派兵とその見返りの財宝の獲得にあったと言えるのではなかろうか。

住吉大神が「西の方に国有り」と宣し、「吾今其の国を帰せ賜はむ」と保障している国とは百済のことであると判断できる。大神はその百済国を「帰せ賜はむ」つまり帰服するように致しましょうと述べている。書紀本文のBでは「自づから服ひなむ」とあり支配の観念を示す語調がより厳しく強められている。倭・百済同盟は六六〇年の百済滅亡に至るまで基本的に対等友好関係にあったとみるのが妥当であるが、託宣文ではいずれも支配・従属の観念が色濃く出ている。これは倭・百済両者の関係が倭国からの渡海派兵という一方的な軍事行動になっていること、百済への軍事的支援が派遣軍の内政干渉による財宝の獲得に結びつく性質を潜在させたものであることを示すもので、形式は対等であったとしても、倭国側には百済を従属・臣属させているという優越意識が派兵を機に噴出したことは否定できないであろう。

以上の検討から次のような結論を導き出せるであろう。すなわち、神功皇后伝承の原型は『古事記』に記載する住吉大神の託宣文の中に凝縮されているとみられること、伝承の骨子をなす住吉大神の祭儀は、ヤマト王権の百済への派兵という重大な出来事を歴史的な背景として執り行われたもので、ヤマト王権の百済派兵と男王が主導する軍事王制への画期的な転換を正当化する目的、つまり渡海する首長層に彼の地での行動の意欲と名分とを与える意義を担うものであったと言える。そして大神の具体的な託宣の要旨は、

一、百済国から金銀珍宝の類を必ず獲得できるようにすること
二、大神を祭る女王が孕んだ男子がこの国を統治する帝王になるという予言
三、託宣を下すのは住吉の大神であること
四、無事に渡海するための祭儀の方法

この四点であった。住吉大神の託宣通り女王サホヒメは筑紫の地において御子を誕生させた。この御子こそが古代王統譜（皇統譜）における最初の「男子」つまり始祖帝王であると推測され、実際にはホムツワケ王のことであると考えるのである。『古事記』の大神の託宣が「男子ぞ」という異例の短文を挿入しているのは、女王の懐妊した男子誕生がいかに待望されていたかを物語るきわめて枢要な言辞であると解されるであろう。そしてこれらの出来事は三九一年から翌年にかけての史実であろうと考えられるのであって、皇統譜上の本物の始祖は三九二年にこの世に生誕したと推定できるのである。

第六章　倭国王統の成立

Ⅰ　世襲王制の創成

多くの紙幅を割いて論じてきたように、三世紀代から四世紀後半までのヤマト王権の政治形態は女王制であった。七人七代の女王の時代が続いたとみられる。しかも歴代の女王卑弥呼は邪馬台国内部から選定されておらず、また卑弥呼は神妻として世俗の婚姻が厳重に禁止されていたため後嗣がなく、世襲制を意図的に排除した王制を形成していた。したがって女王制の段階には王制が施行されていたにもかかわらず王統が存在していなかったことは明白である。初期ヤマト王権の政治形態は世襲制を排除した女王制であったと考える。

このような特異な政治体制を一転して男王制に転換しようとするならば、何よりもまず女王が後嗣となるべき男子を出生する必要がある。やがて成長して即位した男王は婚姻関係を通じて次代の男子を儲けることになり、これがくり返されて王位が順次世襲されていくようになるであろう。ヤマト王権はこのようにして史上初めて世襲王制に転換し男系の王統を創成することが可能となったのである。ただし、この場合予め重大な問題が発生することが予見できたと思われる。それは女王サホヒメに期待された男子が得られない場合にどう対処するのかという予測不能の問題であり、その危険を分散するための予防的措置がとられる必要があった。

　首長層が案出した方法は、女王制の社会的基盤となっていた「ヒコ・ヒメ」制をそのまま活用することであったと考えられるのである。すなわち、女王サホヒメには輔政者として兄のサホヒコがいたが、女王の親族にしてその下での輔政者としての実績を重視し、王としての待遇を与えたサホヒコにも婚姻政策を推し進め、特別に選定された女性との間に出生した男子に潜在的な王位継承候補者としての資格を認めるということ、すなわち安全弁を設けておくということであったと推考される。これには紛争の火種を抱え込む危険性があり現実にそのような事態が起きてしまうのであるが、こうしておけば男王位の世襲制を安定的に維持し続けることが可能になるのである。

　このような推論に基づき、女王サホヒメを基軸とする姻戚関係の具体的な相関図を示すと次のようになる。

復原系譜Ⅰ

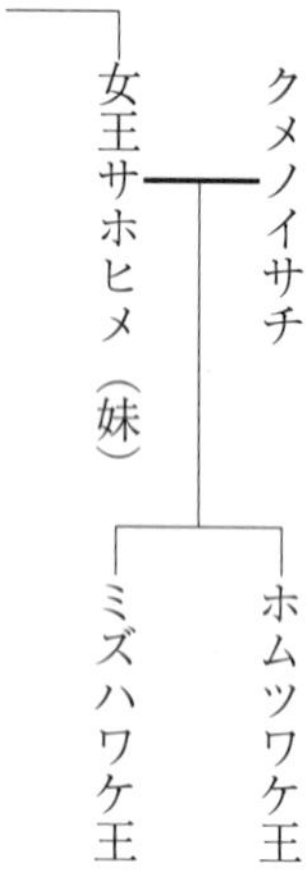

┌サホヒコ王（兄）
│　　├──ヲアサヅマワクゴスクネ王
イワノヒメ

右の復原系譜を導きだすためには、本書でこれまで論じてきた大胆な発想に基づく女王制論を骨格とするとともに、『古事記』『日本書紀』に記載された皇統譜をも参照し踏まえていることは言うまでもない。そこで以下に詳しく復原系譜作成の理由を解説する必要上、ホムツワケ王との重層的な関係にあると推考される応神天皇を起点とする天皇系譜を左に掲示しておくことにする。

応神・仁徳系譜

応神天皇─仁徳天皇
　├履中天皇─市辺押歯王
　├反正天皇
　└允恭天皇
　　├木梨之軽王
　　├安康天皇
　　└雄略天皇

直木孝次郎は津田左右吉の所論を是として応神天皇の実在性を認めながらも、独自の見識に基づく応神・仁徳同体分化説を新たに唱え、二人の帝王像は起源を同じくする別個の聖帝像から分化・分離したものと推論した。筆者は学生時代に直木説の存在を知って驚愕するとともに大いに啓発され強烈な学問的衝撃を受け、斬新な内容を持つ河内政権論にも魅力を懐いたものの、後に応神天皇とホムツワケ王とが二重写しの存在になっていることに気付いたので、新たに応神・仁徳両帝王はホムツワケ王像から創り出され二極化された虚構の帝王であり、さらにホムツワケ王は大和の磐余に初めて宮都を構えた王者であるので河内政権論は成立しないと考えるに至った。直木説で指摘されたある聖帝像とは吉井巌が最初に着目した垂仁天皇皇子のホムツワケ王のことであると解するのが筆者である。ただし、直木や吉井らをはじめ古代史学界のレベルでも、全体としてホムツワケ王の実在性には未だきわめて懐疑的な状態にあることはすでに指摘しておいた通りである。

さらに自分なりに考察の歩を進めていくと、すでに第四章で詳細に述べておいたように履中天皇の伝承が重要な部面でホムツワケ王の伝承と重複する関係にあることに気付いたので、履中天皇像もホムツワケ王の伝承に由来すると推測するようになり、結局応神・仁徳・履中の三天皇は実在したホムツワケ王の伝承とその事績に基づいて造作捏造された虚像の天皇群であるという結論に至り、さらなる思索を重ねた結果、本来は履中天皇の系譜的位置にホムツワケ王が席を占めるのではないかという考えを懐くようになった。

次に直木らとは別に新たな視点から川口勝康が提唱した仁徳天皇＝二俣王説がある。川口は後述する『宋書』倭国伝に記す倭の五王の系譜と続柄を検討し、五世紀の王統譜には血統を異にする二つの王系があり、それらを一系主義の立場から一つの系譜に統合して応神・仁徳系譜が造作されたとみた。川口によると、仁徳だけではなく応神もまた継体天皇の五世の先祖に位置づけるために案出された二俣王であり、継体の系譜にも造作の手が入っているとみている。継体天皇の祖先系譜架上においては、水野祐がかつて唱えた仁徳王朝以前の王朝に起源するという血筋の聖化・正統化の主張が図られているのである。

ところで、『古事記』『日本書紀』の所伝では履中・反正・允恭三天皇の生母はいずれも葛城襲津彦の娘磐之媛ということになっているが、川口の論を推し進めると、履中・反正の兄弟と允恭とは二俣王たる父仁徳天皇と母磐之媛の夫婦によって一系に統合されており、元来は異母兄弟であったと推考することができる。とりわけ允恭天皇はその即位に関しかなり困難な事情があったらしく、その要因は允恭の家系が現実には履中・反正の兄弟とは異なっていたからであると考えられ、允恭の生母こそが実のところ磐之媛であったと推定されるのである。

すでに述べておいたように女王サホヒメは結果的には二人の男子を生み育てたらしい。兄子こそがホムツワケ王であり、弟王は反正天皇ことミズハワケ王である。この兄弟はいずれも筑紫・淡路と畿外の地で出生したという伝承を持ち、御名にワケ号を帯びるという共通点があり、実際にも同母の兄弟であったとみなしてよい。しかも彼らが養育を受けた宮室は父方のクメノイサチの本拠地に設定された「来目高宮」であったらしい。前に指摘しておいたように女王サホヒメの宮室がこの来目高宮であったと考えられるからである。一方の允恭天皇ことヲアサヅマワクゴスクネ王は諡号にスクネ号を自称しており、この点でも異質な王系の出自であったことが窺われるが、彼の生育地は御名のアサヅマ（朝妻）から推測して生母イワノヒメの故郷たる「葛城高宮」であったとみてよいであろう。

このようにして形成された二つの王系は先ほど指摘しておいたように対等・並列の関係にはなく、副次的・次善的な性格を帯びた允恭の王系は即位の可能性を保証されてはいなかった。統治の経験を踏んだ女王サホヒメの子どもが始祖帝王になる資格を持っており、現にホムツワケとミズハワケが相次いで王位に就いた事実がそれを物語っており、ミズハワケの次の王位はホムツワケの子であるイチベオシハワケ王に継承されるはずであった。允恭が生まれつきの病弱者で即位を自ら固辞し続けたとか、父仁徳から不徳の行為をなじられたとか、あるいは二人の兄から愚弄されたとかいう謎多い伝承があるのは、允恭のそのような困難な政治的・身分的な地位を裏書きし暗示しているのである。

以上のような経緯によって筆者が独自に推論した倭国の始祖帝王の系譜は、中国の史書『宋書』倭国伝に記述のみえる倭の五王の続柄記載と整合的に対応していると判断できる。倭国伝には南朝の宋に相次いで遣使した五人の倭王の名号と続柄が記されているが、それは左のような関係になっているのである（数字は即位順を表す）。

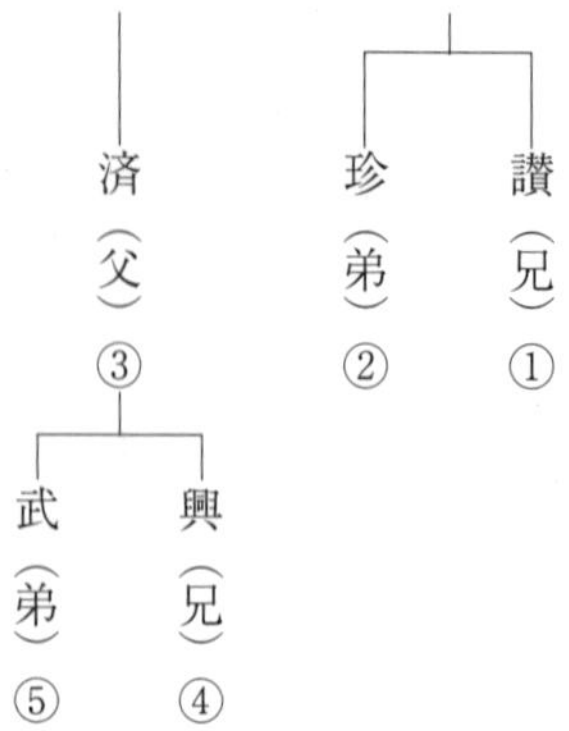

右の図からもわかるように『宋書』倭国伝は讃・珍と済との続柄を明記していない。そのために讃・珍と済とは血筋の異なる別の王統であろうと推測する藤間生大以来の見方があるのだが、藤間説は遺憾ながら具体的な王統復原案を伴わない単なる憶測に過ぎなかったのであり、これまでに倭の五王に関し歴史的な事実を含む説得力のある王系譜を復原した先学はまだいないのである。

筆者の復原案では讃・珍と済とは従兄弟で同族なのであり、王位に強く執着した済は即位後に自分こそが本来の始祖帝王であることを強く主張した可能性があり、そのために倭国王権の内部事情を知らない中国側は混乱し敢えて続柄を伏せた形にしたものと考えられるのである。允恭天皇すなわち倭王済は首長層、とりわけ母族であるカツラギ一族の反対論を抑え込んで強引に即位したのではなかろうか。かつて論じたように、允恭の生母磐之媛の伝承にみられるきわめて激しい人格像もこの問題と密接な関連があるとみられるのである。

そこで、以上の説明に基づいた復原系譜Ⅰと倭の五王の系譜を統合した形の王統譜復原案を次ページに再現してみよう。

倭の五王に関する従来の説では倭王讃が履中天皇に当たるとみる考えが有力視されているが、応神天皇や仁徳天皇を讃とみなす説も根強く存在する。しかし応神が実在しない以上讃を応神に比定する説には賛同できず、さらに讃を仁徳に擬定する論者は、履中は治世が短かったためにいちども中国への遣使をしなかったというような苦肉の策を弄して自説の合理化を図ろうとする。しかるに筆者はすでに述べてきたように応神・仁徳・履中三天皇像はホムツワケ王像から導き出された虚構の天皇群と考えているので、これまで学問的に見逃されてきたホムツワケ王こそが讃の実体であり、真実の始祖帝王とはホムツワケ王＝倭王讃であると判定する。書紀はホムツワケの御名を「誉津別」と書き表していて、「讃美されるべき・祝福された」という御名の意味が讃の名号に直接反映していると思われ、弟のミズハワケ（瑞歯別）の名号とも類似する点があり、この場合は「めでたい歯を持つお方」という名義が倭王珍の名号に結びついているであろう。

復原系譜Ⅱ

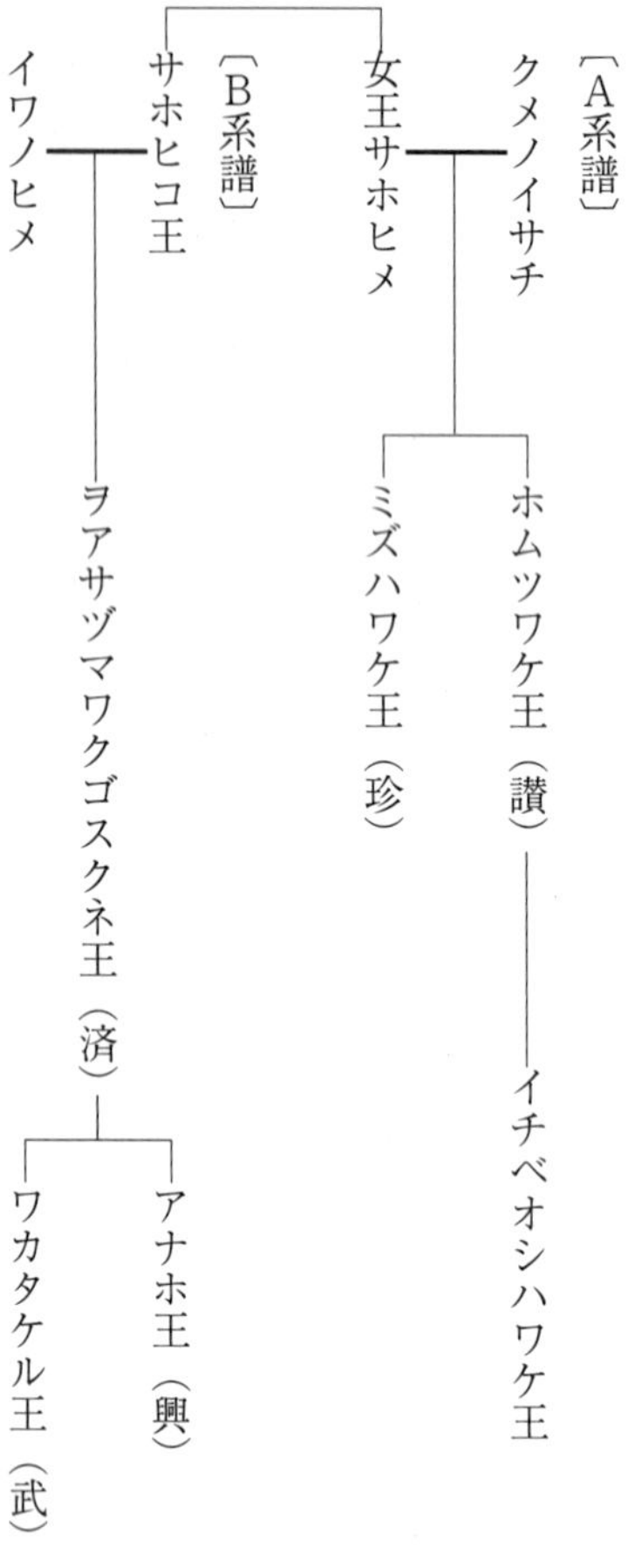

右の系譜ではなおもう一ヶ所問題とすべき部分がある。『宋書』倭国伝にみえる倭王世子興は通常では

安康天皇（穴穂天皇）の実名に由来すると解釈され、安康を実在の王者とみることに疑問を呈した研究者はこれまでほとんどおらず、日本史の教科書などでも安康天皇は倭王興のことであるという説が定着している。だが、筆者はこの説にも落とし穴があることに気付いたので後節において詳しく論議をしたいと思っている。

さて、前章で詳しく述べたように、四世紀末から五世紀初頭にかけて起きたいくつかの対高句麗戦で倭の半島派遣軍はことごとく敗北をなめるという無残な結果に終わった。百済との同盟関係は維持されたものの、半島における倭の活動には大義名分が失われた状態が続き、現地での行動にさまざまな支障が生じたことが推測できる。そのような状況を打開するための方策として、後で詳しく述べるように、ヤマト王権は対外的には積極的な中国（南朝）外交を通じて半島における軍政権を獲得する政策を展開し、内政においては西日本地域の支配体制を強化する方策を打ち出した。

ホムツワケ・ミズハワケ両王の時期に県・県主の制が畿内をはじめ西日本の各地に対して一斉に施行され、王の内廷に直結する領地として服属の証となる各種の貢進物が県から収取される体制が整備されたらしい。県・県主の制がいつどのような契機で始まったのかはこれまで明確な形で論証されていない。『古事記』では景行天皇の時に「其れより余の七十七王は、悉に国国の国造、亦和気、及稲置、県主に別け賜ひき」とあり、次の成務天皇の朝に「建内宿祢を大臣と為て、大国小国の国造を定め賜ひ、亦国国の堺、及大県小県の県主を定め賜ひき」とあり、国造制と県制が同時期に施行され、和気なる称号・職号も一緒に整備されたように記されている。しかし、国造制は六世紀以後の地方制度で、県制・和気号の問題とは厳密に区別する必要がある。

佐伯有清の研究によると、和気・別などの文字で表される地方首長の称号の起源は五世紀以前のものとされる。しかし、東国の首長層に和気・別を名乗る者がほとんどいないということは、この称号が弥生時代以来の慣習によるものではなく制度的・画一的な性格を帯びたものであることを示している。天皇の名号で和気を有するのは景行（大帯日子淤斯呂和気）・応神（品陀和気）・履中（伊邪本和気）・反正（水歯別）・顕宗（袁祁之石巣別）・天智（天命開別）しかなく、有力王族ではホムツワケ・市辺押歯別が知られ、ワケ号が五世紀の政治制度として定められたものであることを窺わせる。調査してみると、典型的な事例として吉備国では県の経営・管理を委任された首長がワケ号を名乗るというような支配組織が出現したようである。『日本書紀』応神二十二年九月条の伝承を参照してまとめると左表のようになる。

御友別（父）
- 川嶋県―（長子）稲速別……下道臣の始祖
- 上道県―（中子）仲彦……上道臣・香屋臣の始祖
- 三野県―弟彦……三野臣の始祖
- 波区芸県―（弟）鴨別……笠臣の始祖
- 苑県―（兄）浦凝別……苑臣の始祖
- 織部―兄媛

御友別以下の吉備国の首長らは父子兄弟関係で捉えられているが、この関係をそのままでは事実と認めることはできない。右の整理によると、吉備国を代表して天皇に伺候し奉献した御友別の支配地が明記されていないが、おそらく備中東部の窪屋郡・都宇郡一帯に相当する吉備勢力の源拠・中枢とも言うべき土地であり、狗奴国の故地であったためにヤマト王権はこの地域には県制の施行を回避したものと考えられる。著名な造山古墳・作山古墳という巨大古墳が当地域に相次いで造営されているのも頷けるであろう。造山古墳は石津丘古墳（履中天皇陵）と同規模・同規格の前方後円墳とされており、御友別に象徴される吉備の最高首長の領地には県が設置されなかった公算が高い。なお筆者は百舌鳥古墳群中最古の王陵である石津丘古墳こそが始祖帝王ホムツワケの陵墓であると推考していることを付記しておきたい。

右の伝承では応神天皇が足守川上流の「葉田葦守宮」にまで行幸したと伝えているが、そのような言辞は当地域で六世紀以後に勢力を扶植した香屋（賀陽）氏の造作であるにしても、吉備国に五つの県が設置されたこと、それぞれの県の支配と管理を命じられた首長たちが王権の画一的な統制に服し、王の御名の一部になっているワケ号を名乗るという関係がおそらくホムツワケ王の治世下に創始されたとみて間違いあるまい。

王号の一部を共有するという関係は王の霊威を地方勢力が王から分与されることを意味し、王の尊称を分与された地方勢力が王権への服属をより強めるという機能・効果を狙うものであったことを示しており、ミズハワケ王も兄王の政策を踏襲したと思われるのであって、ワケ号が西日本地域に広く分布しているのはホムツワケ・ミズハワケ両王の治世下にヤマト王権の支配が当該地域に広く浸透したことを示唆している。県は大和・山城・河内を始め畿内の各地にも設置されたが、畿内の県は主に古い王領や中小首長層の領地に指定されたらしく、県主には飛びぬけて有力な首長層が見当たらない。王に近侍する有力首長層はワケ号の分与とは無関係のままであり、この段階では王が超越的な権力を行使できる地位にはなかったと言えるであろう。

Ⅱ　首長層の役割

復原系譜Ⅱを再度ご覧いただきたい。A系譜とB系譜の冒頭部分を点検すれば明らかなように、四世紀後半から五世紀初頭にかけての倭国における世襲王統の創成にはクメ・ワニ・カツラギという三つの有力な首長層が深く絡んでいることが推定できるであろう。これらの族団は初期ヤマト王権を創成した奈良盆地内の主要な首長層であったと推考されるのである。

ここでの王権を創成するという意味は、王族あるいは王家を自分たちの手で計画的に創り出すということであり、有力首長らがそれぞれの合意の上で女王兄妹と婚姻関係を形成して王の血筋に参与するということである。すなわち、彼らこそがヤマト王権の世襲王制を創成した主軸の勢力であるだけではなく、王制を護持し女王制から世襲男王制への移行を果たすのに重要な働きをした勢力であったとみられるのである。因みに、初代女王卑弥呼没後に男王制を主張して早くに没落したトミ勢力も元来はそうした有力首長層のひとつであったと言えるだろう。

邪馬台国段階の女王制は王位の世襲制を認めない策をとっていた。これはすでに述べておいたように邪馬台国の首長層全体の合意によってであったと考えてよい。女王に憑依し託宣を下す国家的人格神大己貴の威力と意思が王権の正当化と国々の統合には必要であったからであり、女王制が一世紀以上にわたって維持された理由も神と女王との一体的関係を崩すことができなかったからであると思う。その彼らが四世紀後半には世襲男王制を創成したと推定することができる。倭国の王制は一貫して首長層の計画と総意に基づいて創り出されたのだと言わなければならず、王を輩出する特殊な族団が古くからどこかに存在していたとする想定にはまったく根拠がなく誤解・妄想であろう。

大和の有力首長層のうちクメ一族は盆地南部の畝傍山麓地方の来目邑を本拠とした勢力で、すでに指摘しておいたように歴代女王の親衛軍として軍事的に卓越した機能を担い、またすでに触れた大久米命の伝承からも推定できるように、代々のクメの族長は三輪山神の意に適う女王を選抜する役割をも果たしたようである。なかでも最後の女王サホヒメの夫となったクメノイサチは親衛軍最高司令官を兼務する政界の大立者であったと考えられ、女王サホヒメと婚姻して始祖帝王ホムツワケを儲け日本王統の開祖に位置づけられるべき重要人物と判定してよいのではなかろうか。

女王制を廃止し世襲男王制創出への急激な政治的転換は、ヤマト王権が奉祭する主要な国家神の位置付けにも大きな影響と変動を引き起こしたと考えられる。それは女王制を加護する役割を担った三輪山の大己貴神から、男王制の創出に決定的な役割を果たした住吉大神の拝祭への転換と整合的に連動するものであったと推定される。

五世紀以後、三輪山の神に対しては女王制の廃止に伴い未婚の王女が神域に派遣され祭儀を執行する慣例が定着したらしく、記・紀の伝承に登場する倭迹迹日百襲姫や倭姫命・豊鍬入姫命・渟名城入姫命らの王女による大物主大神・天照大神・倭大国魂神などの祭祀は集中的に三輪山麓の聖地（倭笠縫邑・磯城厳橿之本・磯堅城神籬・大市長岡岬）で行われているように、三輪山の根源神たる大己貴神の総体的神霊を機能別に分化させた祭儀が王女らの手で執り行われるようになったと考えられる。三輪山の神が疫病によって崇りを示現する畏怖すべき性格を発揮するようになった理由は、女王を神妻とする神婚祭儀の廃止を要因とするものであろう。

他方では、始祖帝王誕生に深く関与した住吉大神への拝祭がクローズアップされ、とりわけ住吉大社の著名な年中行事のうち「埴使」の神事と呼ばれている祭儀こそが、墨江と呼ばれた大阪湾岸の入江に住吉大神の鎮座を促した原初的・本質的な要因であると考えられる。ヤマト王権が世襲男王制への移行に踏み切ったのは百済王権との軍事同盟の結成によるもので、住吉大津は対百済外交と半島への派兵のための主要な基地とされた。その大津と神域における「埴使」の祭儀の原型を創祀しこれに深く関与した最古の勢力がクメ集団であったと推定されるのである。

「埴使」の神事は「来目邑」近傍の大和畝傍山で採取される特殊な埴土を住吉の神域で土師器に焼成して祭儀を行うもので、住吉神の神域・神領をはるかに超えた土地から幣帛を調達する形態をとっている点できわめて特殊な様相を呈した神事であり、さらに神事自体が何を祈願し目的としての祭儀なのかはこれまで確然とはしていなかったのであるが、畝傍山麓に本拠地を置いていたクメ集団は「難波の来目邑」(清寧即位前紀)にも軍事的政治的拠点を置いて住吉大津を管理し、また大和からもたらした埴土の焼成をこの地において行っていた可能性が高い。推測するに始源の祭儀は女王サホヒメとクメノイサチの婚儀に際して執行されたもので、『住吉大社神代記』がこれを神功皇后の祭儀伝承として記しているのは、すでに論じておいたように、女王サホヒメと神功皇后とが二重写しの存在で、女王制の過去を建国の歴史から全面的に消し去る必要から、神功皇后の伝承への書き換えが行われたと推定され、その後祭儀の本旨が忘れ去られてしまったと考えられるのである。

クメは五世紀中葉頃に王権護持勢力の一角から早くも脱落する。B系譜の始祖帝王ヲアサヅマワクゴスクネ王が即位すると、王は新たに大伴連の一族を自己の親衛軍として登用し、これにおされてクメの軍事力が低下する。大伴氏は大和の来目邑に隣接する築坂邑に本拠地を設置すると同時に畿内各地に一族を配置し、クメ集団を久米部として自己の従属下に統制するようになったらしい。住吉大神の「埴使」神事も同じ頃に大伴氏が執行主体となる変容を遂げたと考えられ、六世紀以後には住吉神主津守氏の専職となり、文字通り大社から神官を大和へ派遣する「埴使」の慣例が成立し現代にまで及んでいるのである。

次に、ワニ一族は盆地北東部の天理市和邇町付近を本拠とした首長勢力で、すでに述べておいたように四世紀代には政権内で最も卓越した実権を握り、王都を纏向から春日・佐保地域に移動させるほどの権勢を持つようになった可能性が高い。後漢中平年銘の大刀を副葬した東大寺山古墳の被葬者はそのようなワニ一族の中でも優勢な権力を誇った首長と推考され、歴代女王の陵墓は五代目以後には山辺道沿線部から盆地北西部の佐紀丘陵（佐紀楯列古墳群西群）に造営されるようになるが、これはヤマト王権護持勢力のなかでワニ一族の勢威と発言権が著しく高まったことと関係があるものとみられる。

従来、佐紀楯列古墳群（西群・東群を含めて）はワニ氏の墓域であるとみる推論も出されてきているが、筆者はそうみるべきではなく代々の王族の陵墓域として指定された地域であり、後にワニ氏の本宗である春日氏やその隷属民であるワニ部などが当地域に広く居住するようになったために、あたかもワニ一族が古くからこの地域を支配していたかのような錯覚を与えたに過ぎないものと思う。

サホヒコ王の妃となったイワノヒメの墓（平城坂上墓）が当地に造られたのは、サホヒコ王の居館と領地が佐保・佐紀地域にあったからであると推定され、その妹である女王サホヒメの諱は奈良盆地北東端の地名佐保に由来し、『古事記』開化段には次の図のような系譜が記されている。

開化天皇
　┃
意祁都比売命（丸邇臣之祖日子国意祁都命之妹）
　┃
日子坐王 ━━ 春日建国勝戸辨―沙本之大闇見戸売
　├ 沙本毘古王
　├ 袁邪本王
　├ 沙本毘売命（佐波遅比売）
　└ 室毘古王

サホヒコ・サホヒメらの父と伝える日子坐王は『古事記』『日本書紀』が記定する王族の系譜では最も注意すべきものの一つで、王は母方の出自をワニ氏としているだけではなく、伝えられる多くの妃や子女は大和・山城・近江・若狭・丹波・丹後を出身地・居地とし、全体としてワニ氏の勢力圏を包摂する範囲であるかのような様相を呈している。日子坐王は「彦でいらっしゃる王」というはなはだ抽象的な名を帯びた人物とみられ、その実在性には大いに疑問がある。母方をワニ系とする日子坐王がサホヒメ・サホヒコの父とされているのは、女王の出自を強引にワニ氏の系譜に結びつけようとする政治的操作の所産と言わざるを得ず、サホヒメの母系こそが史実を反映した本物の首長系譜であろう。すなわち春日建国勝戸辨―沙本之大闇見戸売―サホヒメとつながる三代にわたる女性首長の系譜は、春日・佐保・佐紀一帯の地域を支配領域とした勢力であり、元来ワニ氏とは別系統の族団であったが、ヤマト王権の王制の政策転換に際してサホヒメに白羽の矢が立てられ女王に擁立されたと推測されるのであって、サホヒメの擁立を強力に推し進めたのがワニ一族であったと考えられるのである。

次に、筆者の復原系譜でサホヒコ王の妃に迎えられたと推定したイワノヒメは、朝鮮派遣将軍として著名な葛城襲津彦の娘または妹と伝承された女性である。おそらくこの婚姻関係もまたクメ・ワニ・カツラギの共同の政略によるもので、カツラギ一族は邪馬台国の時代から女王制を護持する有力な族団として勢力を増長し、四世紀後半から五世紀中葉頃の時期に全盛期を迎えたものと考えてよい。

これまで葛城地域には四世紀後半以前に遡る有力な遺跡が存在しなかったのであるが、鴨都波遺跡で発見調査された四世紀中葉の鴨都波一号墳（東西十四㍍、南北十九㍍の方墳）には三角縁神獣鏡四面が副葬されており、有力な首長の存在が想定される状態となっていたが、近年御所市の秋津遺跡の発掘調査により、三世紀後半から四世紀前半期にわたる時期の三つの祭祀遺構が見つかり、調査範囲を広げた現時点では時期を異にする計画性の高い六つの方形区画施設が並列する形で検出されている。

最初にみつかった方形区画施設2は部分的にしか発掘されていないのでこれを除外すると、方形区画施設1は東西方向三十㍍・南北方向十四㍍の長方形の区画になっており、区画内部の中央南辺に掘立柱建物が一棟建てられていた。区画外の北辺では並行する溝が二本とほぼ直線の流路がみつかっているが、半島系の韓式土器や東海・北陸・山陰・東部瀬戸内地域などの国内各地から搬入された土器が多数投入されており、葛城の首長層の広範な交流関係の様相を示しており、さらに鍛冶関連の遺物や鉄滓・銅鏃などの金属製品や車輪石・勾玉・管玉などの装身具も同時に出土している。

本遺跡の中心的な遺構と目されていた方形区画施設3は、東西方向四十メートル以上、南北方向十八メートルを計る最も大きな施設であり、区画内の中央部に五間の目隠し塀（柵）を伴う掘立柱建物二棟がみつかっている。区画施設はどれも方形に巡らされた二本の柱穴に挟まれた溝に囲繞されており、溝の部分には高く堅固な板材が横木で固定され密接して並べられていたようで、施設内部の様子を外からみえないようにする工夫が施されていた。

問題はこれらの区画施設がどのような機能を持つ施設であったのかということになるが、祭儀空間または首長居館などの見解が出されまだ結論は得られていない。構造的にきわめて類似した建物の埴輪が河内の心合寺山古墳（八尾市楽音寺）の造り出しでみつかっており、「水の祭祀場を表した埴輪」（囲形埴輪）と名づけられている（**第6図**）。当の埴輪を調べてみると、建物は三角形の突起を有する豪荘な板塀によって囲まれる構造になっていて、施設への出入り口は秋津遺跡のものと同じ部分に一ヶ所設けられ、埴輪建物は大型の切妻造の家形で、その内部中心部分に木槽樋を表現し、囲形板塀の中央下辺部には取水口・導水管の設置を窺わせる穴が開けられており、この建物が水の祭儀に関わる施設であったことがわかる。

同様な構造を持つ囲形埴輪は古市古墳群に含まれる古墳時代中期の狼塚古墳でも検出されており、心合寺山古墳も五世紀前半頃の大型古墳であるが、生駒山西麓付近では同じ時期の神並・西ノ辻遺跡や鬼塚遺跡（東大阪市）などで実際に大規模な導水施設がみつかっており、さらに周知のように葛城山東麓の南郷大東遺跡（御所市）でも古墳時代中期から後期初頭頃までの幅をもつ水の祭祀遺構が出土している。しかし、秋津遺跡は纒向遺跡（奈良県桜井市）・服部遺跡（滋賀県守山市）・浅後谷南遺跡（京都府京丹後市網野町）・瓦谷遺跡（京都府相楽郡木津町）と並び古墳時代前期に遡るもので、しかも水の祭儀空間という

第６図　導水施設を備えた囲形家形埴輪
心合寺山古墳（八尾市楽音寺）の造り出しから出土。平成 16 年度特別展『生駒山西麓の王と水』（東大阪市立郷土博物館、2004 年）より引用。

性格・機能の面では確実な手がかりが得られておらず、その実体はなお不明であると言わざるを得ない。

留意すべき点としては、遺跡の南西方向至近距離に葛城地方で最大の規模を誇る室宮山古墳が望まれ、東方の玉手丘陵には掖上灌子塚古墳がある。室宮山古墳は所伝によると武内宿祢の墓と伝えるものであるが、造営年代からすればイワノヒメの父または兄とされる葛城襲津彦の墓とみるのが妥当のようである。文献の上では襲津彦以前のカツラギ一族の実像が明確ではなく、カツラギ一族は四世紀後半頃から急速に勢力を拡大させたとみるのがこれまでの一般的な見方であったが、すでに論じてきたように葛城の首長層はすでに邪馬台国段階においてヤマト王権の主要な構成メンバーの一つであったと推定されるので、秋津遺跡以外にも今後四世紀以前に形成された大規模な集落や首長の居館などが葛城地方の各地で相次いで発見される可能性が高いとみられる。

伝承によると、葛城襲津彦の子葦田宿祢はその娘クロヒメを履中天皇に入嫁させてイチベオシハワケ王を儲けたとされており、さらに葦田宿祢の子蟻臣はその娘ハエヒメをイチベオシハワケ王に与え顕宗・仁賢両天皇を生んだと伝えている。これまでに筆者は履中天皇の実在性についてくり返し疑義を呈しておいたが、もしこの考えが正しいとすると、ホムツワケ王こそがイチベオシハワケの本当の父親ということになり、イワノヒメの婚姻関係と合わせると、カツラギ一族は五世紀初めに創成された王統譜のA・B両系譜双方の成立に最も重要な役割を果たした勢力であったと言うことになるだろう。

以上の検討によると、邪馬台国以後の時期にヤマト王権の護持と王統創成に関与した主要な首長勢力は早期に没落したトミを含めてクメ・ワニ・カツラギであったと考えてよいが、これらの首長層にもそれなりに盛衰があった模様で、三世紀の邪馬台国段階ではクメとトミが、四世紀にはワニが、そして四世紀後半から五世紀中葉頃まではカツラギがヤマト王権の中心的な主導勢力であったと推定される。女王制の最終段階で倭・百済軍事同盟が結成された四世紀後半期はこれらの首長勢力の権勢がほぼ拮抗する状況であり、世襲王統の創成には彼らの共同の意思や利害関係が絡んでいたことは間違いがないと考えられ、王都や王陵の所在地に関しても首長層の合議による決定が大きく作用したと推定される。

Ⅲ　允恭天皇と大王号

允恭天皇ことヲアサヅマワクゴスクネ王は『宋書』倭国伝にその名がみえる倭国王済であろう。先ほど述べたようにB系譜の允恭には即位の望みがほとんどない立場にあったが、前王の没後強引に即位し自分こそが倭国の始祖帝王であることを中国側に強く主張したと考えられる。『宋書』によると、允恭は倭王珍の没後元嘉二十（四四三）年に遣使して安東将軍・倭国王に叙授されたが、これは前王珍の称号と同じであったのでこの除正には大いに不満を持ち、二度目の遣使を行った元嘉二十八（四五一）年にようやく次のような称号を得た。

使持節・都督倭新羅任那加羅秦韓慕韓六国諸軍事・安東将軍・倭国王

前王珍は元嘉二（四二五）年に自称号の叙爵を宋に要求していたが、おそらく朝鮮半島における政治的軍事的実績を証することができなかったために、宋は国際戦略上倭王の要求を直ちに認めるわけにはいかなかった。倭王珍の自称号とは次のようなものである。

使持節・都督倭百済新羅任那秦韓慕韓六国諸軍事・安東将軍・倭国王

倭王が執拗に要求した百済に対する軍政権は宋としては絶対に承服できないものであり、倭王済の場合にも百済は明確に除外されている。しかるに、元嘉二十八年に倭国王としては初めて朝鮮半島南部諸国に対する軍政権を獲得した倭王済は、これによって国内的には自己の権力と権威を格段に高めるための拠り所を得たに違いない。しかも『宋書』文帝紀には「元嘉二十八年秋七月、安東将軍倭国王倭済、号を安東大将軍に進む」とあり、大将軍の称号を得たことも知られ、さらに宋は同時に「并びに上る所の二十三人を軍郡に叙す」とあるように、部下の有力首長ら二十三人に将軍号・郡太守号を差配する権限を与えているのであり、倭王済の王権が中国王朝の叙爵によって著しく強化されたことを窺うことができる。済が対外的にこのような強硬な態度に出ることができたのは、半島における派遣将軍の軍事活動に一定の成果がみられたことと、内政における次のような治績によるものと考えられる。

允恭天皇の治績について著名なものの一つは、飛鳥の甘樫丘において盟神探湯を行い首長層の氏姓を初めて定めたということが挙げられる。これは記・紀や『新撰姓氏録』が記しているような「氏・姓」(ウジ・カバネ)の制定ではなく、実体としては弥生時代以来全国的な慣習となっていた首長層の称号・敬称を整理し直して統一しようと策したものであり、中央・地方の区分に従って首長層を政治的に序列づけようとする形で、スクネ・オホミ・ムラジ・ワケなどの画一的な称号が王から個々の臣下に授与されたのである。

授与の原則は身分や功績に応じて「地名+名+称号」という形で授けられたようで、スクネ号が王の臣下でも「軍郡」に叙せられた高位の首長らに、それ以下の中央首長層にオホミ号が授けられ、また王の家政機関に従属する有力な廷臣らにはムラジ号が与えられ、ワケ号は地方の首長層がすでに先代の王から授与されていたもので、自分が新たに名乗ったスクネ号をワケ号と明確に区別することによって、允恭はB系譜の王統の権威を高めるように配慮したものと考えられる。

允恭の定姓策の歴史的意義は、第一に、授与する称号を区別することによって畿内と地方の首長層の身分秩序を厳格に区分したこと、第二に、スクネ号を初めて中央の有力首長層にも個別的に授与し、場合によってはそれを剥奪する権限をも行使することにより、大王の霊威を側近の首長層らと共にして人格的な支配隷属関係を強化しようとし、王権の超越化を図ったものであると言える。とりわけ後者の行為によって王が外戚関係にある首長層から政治的に自立した存在となった意義は大きい。

允恭天皇のこうした強硬な政策に反発したのが王の外戚であるカツラギの玉田宿祢であった。玉田宿祢はミズハワケ王の葬儀を主催する殯宮大夫に任じられていたが、それをサボタージュしたのを天皇に知られ誅殺されるという話が書紀に出ている。玉田の横暴な態度は允恭天皇の強権的な政治姿勢への反逆に由来するものと考えられ、外戚のカツラギ一族の干渉や制約を許さない王の独自な政治姿勢がここで明確に顕在化していることが看取される。玉田宿祢の子である円使主はスクネ号ではなく使主（オホミ）号を名乗っており、身分上の格下げの措置を被ったと言えるであろう。カツラギ一族は王統護持勢力の雄として世襲王制を創成した有力首長の一つであるが、いったん王制が成立すると王の自立的・自主的な思想や行動が表面化するようになり、王と首長とのそれぞれの思惑や利害関係に亀裂を生ずる場合が起こるようになるのである。玉田宿祢の事件はその最初期の事例であろう。

このように考えてくると、允恭の時期に大王号が生まれたのではないかと推測される。先年の調査で明らかになったように、千葉県市原市稲荷台一号墳（直径二十八メートルの円墳）から出土した鉄剣の銀象嵌銘文には「王賜」の文字を読み取ることができ、鉄剣の製作年代が五世紀中葉を遡ると判断されていることからすると、允恭以前のホムツワケ王・ミズハワケ王の時期に王権の東国政策が活発化したこと、この時期に関東地方の中流以下の首長層とも個別の支配・隷属関係を結ぶようになったことがわかるが、双方の政治的関係を象徴するものが銘文を刻んだ鉄剣の授受である。そしてこの銘文には「王賜」と記されていることから、五世紀前半にはまだ大王号は登場していなかったことが明確であり、筆者は允恭の治世に大王号が出現するとみなしている。

その契機の一つは右に述べてきたような内政における王権の飛躍的強化とその広域支配の達成を指摘することができると思うが、もう一つの重要な因子は元嘉二十八（四五一）年における倭王済への安東大将軍号の除正にあると考えられる。大将軍号に関しては高句麗王高璉・百済王余映が宋の永初元（四二〇）年にそれぞれ征東大将軍・鎮東大将軍を授けられており、安東大将軍はこれらより格下であることが坂元義種の綿密な研究で明らかにされている。しかし、倭国王に対するこの叙爵は中国王朝の意図を越えて極東アジア地域の国々における新たな政治的相関関係を生みだす契機になったと考えてよく、倭王済は敵対国である高句麗の太王制を意識しつつ大王号を自称するようになったと考えてよく、それは国内的にもB系譜の王統の地位を著しく高める役割を果したであろう。このようなことから、現在宮内庁が仁徳天皇陵に治定している世界最大の前方後円墳の被葬者こそがヲアサヅマワクゴスクネ王＝允恭天皇の陵墓であると考えることができる。

Ⅳ　安康天皇と木梨之軽王

大王を自称し治世への自信を深めたことから、允恭天皇は生前中に王位を自己の子息に継がせようと目論んだようである。問題は允恭の嗣子が誰であるのかという点にあるが、『宋書』倭国伝によると、

済死す。世子興、使を遣して貢献す。世祖の大明六年、詔して曰わく、倭王世子興、奕世載ち忠、藩

を外海に作し、化を稟け境を寧んじ、恭しく貢職を修め、新たに辺業を嗣ぐ。宜しく爵号を授くべく、安東将軍・倭国王とすべしと。

倭王済の後継者となったのは「世子興」であった。大明六（四六二）年に遣使したのは「倭王世子興」すなわちまだ正式な即位式を挙げていない人物であったが、宋王朝側はこの人物が次期の王位継承者と判断して安東将軍・倭国王号を除正したのである。従来、この人物は記・紀の天皇系譜上に名を載せる穴穂天皇つまり安康天皇のことであると考えられてきており、これまでその実在性についてほとんど疑われたことがなかった。しかし、筆者は最近安康天皇の実在性に関し疑問と考えられる問題に当面することになったので、以下には詳しく検討した結果を再論してみようと思う。ただし説明をわかりやすくするために記・紀に記載する安康天皇の系譜を次ページに図示しておくことにする。

安康天皇を虚構の王者だと考えるに至った問題の一つは、その王宮伝承と陵墓伝承に認められる不審である。まず王宮伝承であるが、安康天皇の宮は記・紀ともに「石上之穴穂宮」とし、「穴穂天皇」と通称されたこの天皇の御名がそのまま宮号と一致している。ただ、王宮名は通常の場合「地名＋嘉称」となるのが慣例であったようであるが、穴穂は地名なのか嘉称なのかがはっきりせず、むしろ地名とみるべきであるかも知れない。なぜなら、天理市田町に遺跡をとどめる寺院遺跡が穴穂寺（『日本霊異記』中巻第四十二話）とも通称されており、穴穂宮がその近辺に所在したと伝えられているからである。

ところで『帝王編年記』の安康天皇の項には、石上穴穂宮の場所について「大和国山辺郡、石上左大臣家西南、古川南地是也」とあり、わざわざ左大臣石上朝臣麻呂の居宅を引き合いに出して布留川南岸の地にあったと説明している。石上朝臣は物部氏の本宗を名乗る氏族で、通説では石上神宮付近の石上地域が古くから彼らの本拠地であったとされているが、右の伝承は奈良時代初期の石上麻呂の居宅に引きつけて穴穂宮の所在地を説明しているだけであり、この伝承そのものは左大臣麻呂が自己の政治的意図に合わせて造作した疑いが濃く、記・紀の編纂に際して麻呂の家に保持されていた伝記が採用された可能性が高い。そのように推測する理由は後ほど明らかにしたい。

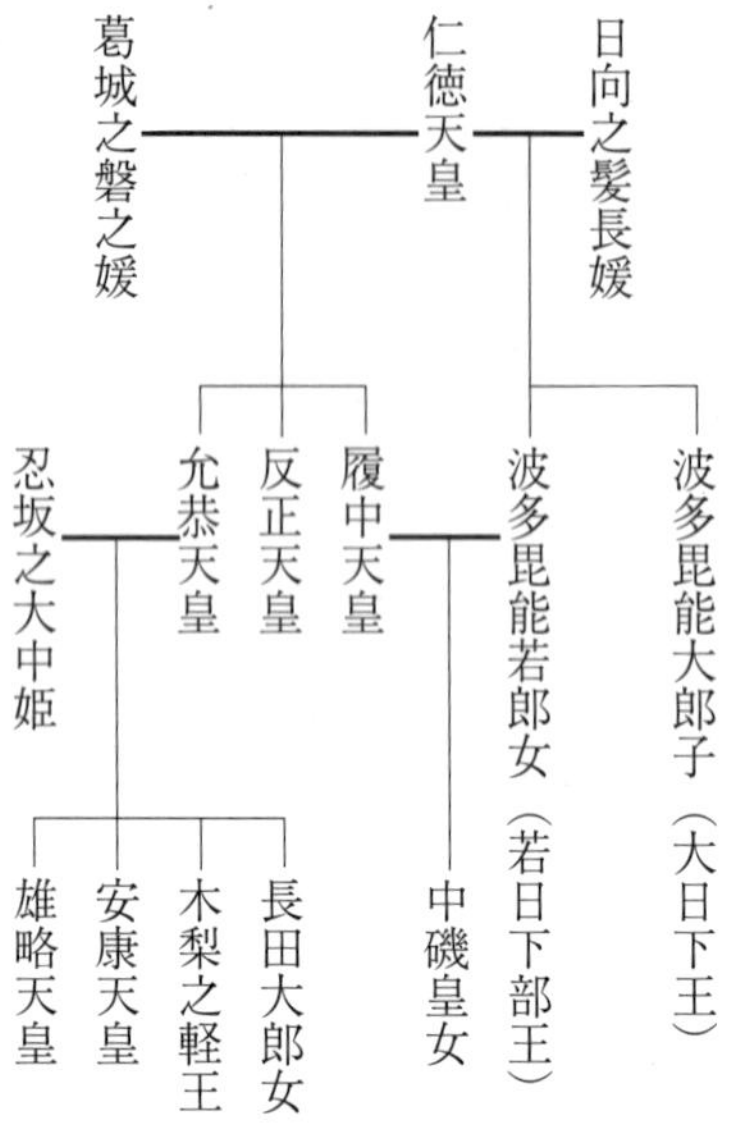

次に陵墓の伝承についてであるが、『古事記』は「御陵は菅原之伏見岡に在り」とし、『日本書紀』安康三年八月条に「菅原伏見陵」に葬ると記している。『延喜式』諸陵寮の項では「菅原伏見西陵（石上穴穂宮御宇安康天皇。在大和国添下郡。兆域東西二町、南北三町。守戸三烟）」とあり、現在奈良市宝来町古

城に所在する中世の城跡が天皇陵に治定されていて、それはとても五世紀の巨大古墳と認められる代物ではないのである。さらに『続日本紀』の霊亀元（七一五）年四月九日条によると、平城右京の条坊内に位置する垂仁天皇の櫛見山陵と安康天皇の伏見山陵にそれぞれ守戸が設けられたが、兆域において後者は前者より面積が広い。にもかかわらず安康の陵墓に比定できる王陵級の古墳が右京の菅原付近にはまったく見当たらないのである。天皇陵の治定は陵墓の管理に携わった土師氏の家伝などをもとに行われたと考えられるが、安康陵の治定には誤解が含まれ、記紀の編纂に際して強引な政治的操作が行われたと想定される。

筆者は旧著『倭の五王と二つの王家』で安康の菅原伏見陵は大和ではなく河内（摂津・河内・和泉三国に分割される以前の河内）に造営されたと推定した。陵墓名の「菅原伏見」は大和国内の地名であるとは明記されておらず、河内の土師氏の本拠地付近にも同様の地名があったとしてもおかしくないからである。そして五世紀後半でも前葉に築かれたとみられる巨大古墳を調べてみると、堺市中区百舌鳥西之町にある土師ニサンザイ古墳（墳丘全長二九六メートル）が時期・規模ともに大王陵としてふさわしいのではないかと考えた。本墳は記・紀のみならず延喜式にも帝王陵としての記載がないという不思議な状態になっていたからでもある。ただし、旧著を執筆した時点ではまだ安康天皇の実在性に疑いをかけていなかったので、本墳を安康陵と想定して考えを進めた次第であるが、この想定は現在では誤りであったと思われるのでここに訂正したい。それでは土師ニサンザイ古墳の真の被葬者は一体誰とみなすべきであろうか。

そのことを明らかにする前に安康天皇に関するもう一つの疑念を述べておくことにしたい。それは『宋書』倭国伝にみえる「倭王世子興」の名号の問題である。中国王朝は高句麗・百済・新羅・倭など朝貢する蕃夷の国王名を高璉・余映・倭済のように「姓＋名」で表す慣例を踏襲していた。とりわけ王号に関しては御名の意味にうまく適合するめでたい漢字一語で表わそうとしたようで、倭の五王の名号である讃・珍・済・興・武はそれぞれの王諱が帯びる本質的な意味を踏まえた漢字が用いられていると解することができ、倭王興の場合には安康天皇の実名と考えられている倭語の「穴穂（アナホ）」と漢語の「興（コウ・キョウ）」とが何らかの形で対応していると想定されてきたのであるが、二つの語義・音価の間には残念ながら共通項を見出すことができないのである。むしろ漢字「興」の由来は木梨之軽王の御名である「軽（キョウ）」ではなかろうか。中国側は倭国の使者が提出した表文に記されていた倭王の名号を参照し、「奮い立つ・盛んにする」などのめでたい意味を含む同音の「興」字を充てたのではないだろうか。

木梨之軽王の存在に着目した最初の研究者は原勝郎であるが、遺憾ながら原はこの興味深い着想に関し議論を何も展開していない。次いで木梨軽太子を王朝交替史の観点から実在の人物だと指摘した研究者は水野祐である。水野は安康の実在性を認めず木梨軽太子を允恭天皇の後嗣とみたが、遺憾ながら単なる推論を記述しているだけなのでここでは筆者の考えを詳しく論じてみようと思う。文献上の典拠はいずれも『古事記』・『日本書紀』であり、いずれの所伝の場合も筋書きには大きな差異が見当たらないので一括して論述していくことにする。

周知のごとく安康天皇と木梨之軽王をめぐる両者の所伝にはきわめて類似し重複する点がある。いずれもが同様・同性質の女性問題をめぐってひと悶着を起こし、そのことを直接の引き金として両者とも若年のうちに変死したと伝えられているのである。まず木梨之軽王の場合からみていくことにしよう。

木梨之軽王は允恭天皇の長子として生まれ、記・紀いずれもが「太子」の肩書をきわめて強調しているように天皇の後継者と目された人物であり、これは『宋書』倭国伝の「世子興」の記述と対応し整合している。その軽王は同母の妹である軽之大郎女と近親相姦の事件を起こした張本人であるというのが物語の本旨になっており、そのために王位を継承することなくこの世を去ってしまうのである。興味深いのは、軽王の事件が起こるとにわかにクローズアップされた後継候補者が穴穂こと安康天皇であり、軽王のいわば自滅によって同母弟の安康が允恭の後嗣に選ばれたとするのである。

ところが、所伝によると安康も同類の女性問題を引き起こしているのである。その筋書きはこうである。安康は自分の弟である大長谷王（雄略天皇）のために妃を選ぼうとし、大日下王の妹に白羽の矢を立てた。大日下王はこれを大いに喜んで婚儀の準備を進めたが、婚姻の媒人となった人物の讒言により激怒した安康は軍勢を派遣して大日下王を攻め滅ぼし、その上に王の妃であった長田大郎女をも奪い取って自分の后にするという暴虐無道な行為に走ったのである。長田大郎女は允恭の娘で安康の同母姉だったのであり、安康がもし話の通りのことをやっていれば近親相姦の疑いがかけられるのである。

悲劇はなお続く。大日下王と長田大郎女との間には目弱王という子どもがいたが、目弱王は安康に引き取られ育てられているうちに父の死の原因が義父にあることを知り、隙を狙った目弱王は安康の寝首を掻いて暗殺するのである。兄の不慮の死を知った大長谷王は直ちに目弱王とその庇護者であるカツラギの円使主とを攻めて撃滅したというのである。

それぞれの事件の筋書きを簡単に要約してみたが、木梨之軽王と安康天皇はいずれもが社会的に許されない重大な近親相姦の禁忌を犯して身を滅ぼしたとされる点に共通性があることがわかる。しかも、いずれかと言うと安康をめぐる話の方が実話性に富んでいるので、こちらの方が事実で木梨之軽王の事件が荒唐無稽な作り話なのだとする見方が強いように思われるのであるが、筆者はこれら一連の事件の本当の主人公は木梨之軽王で、事件の根本の原因はA系譜とB系譜の王位継承争いにあったと考えている。すなわち允恭は生前中から後継者を木梨之軽王に決めようとしたのであるが、A系譜の二人の王族のうち大日下王が強硬に異を唱え允恭没後に王統同士の内紛が起きたと推測され、これにカツラギの円使主が一枚噛んだと考えられるのである。円使主は玉田宿祢の子と伝えられており、允恭王家には怨みを懐いていた可能性が高い。

大日下王は記・紀の伝えるところでは仁徳天皇の子どもということになっている。王の母は「日向之諸県君牛諸之女、髪長比売」とされ、波多毘能大郎子（亦名は大日下王）・波多毘能若郎女（亦名は長日比売・若日下部王）の兄妹を儲けたとされる。こうした系譜関係が仮に事実であったとすると、大日下王は履中・反正・允恭の兄弟とは異母兄弟となり、木梨之軽王や安康・雄略らとは世代が違うことになって、双方の王家の間での婚姻関係に世代的なずれが生じ、安康が弟のために若日下部王との婚儀を求めたとすること、また大日下王の妻長田大郎女を王から奪い取ったとするのはおかしな話になるのであって、書紀では若日下部王は履中天皇の次妃で中磯皇女の母であると記されていて、安康はこの中蒂（中磯）姫を皇后に策立したと伝え、安康が近親相姦を行ったとする所伝をごまかそうとする役割を果たしている。

長田大郎女と中蒂姫の関係がまったく不明であるが、筆者は中磯皇女こそが造作された女性とみており、若日下部王が履中妃であるとする書紀の所伝も『古事記』には記載がなく虚偽であると考えている。こうした系譜関係の矛盾の根源はひとえに大日下王が仁徳天皇の子どもと伝えられている点にあって、仁徳天皇が実在しない天皇であったとすると、筆者の復原系譜Ⅱから推考して大日下王の実父はA系譜の始祖帝王ホムツワケであったと考えざるを得ない。そのように解釈すると大日下王兄妹の世代関係の矛盾が一気に解消するのである。

大日下王は生母が日向の出身であり王位継承候補としての立場は断然低かったと考えられる。彼は河内の日下宮（東大阪市日下町）に住んでいたようで、大和国内に宮居を構えていたことを示唆する史料がない。しかし、イチベオシハワケ王と並んで始祖帝王の子種ということには変わりがなく、A系譜の王族として王位を狙える立場にあったことは間違いがないであろう。それが証拠に允恭は自分の長女長田大郎女を大日下王に娶らせていたのであり、二人の間にはすでに目弱王が生まれていた。目弱王は系譜的にはA・B両王統の血を受けた最初の王族であり、大日下王は木梨之軽王に先んじて次世代の王位継承候補者を保持することになった。おそらくこのことが大日下王と木梨之軽王の反目・対立を生み、允恭の死没を契機として軽王が先手を打つ形で大日下王を殲滅し、姉とその連れ子である目弱王を自家に取り込もうとしたのである。

木梨之軽王が実妹の軽大郎女と近親相姦事件を引き起こしたとする所伝、さらに安康天皇が実姉の長田大郎女を后としたとする伝えは、両者ともに説話の類で事実であるとは認められない。史実として想定されるのは、即位以前の「世子」木梨之軽王が自己の王位を盤石なものにするために、王位の奪還を策した大日下王を攻め滅ぼし、長田大郎女とその連れ子を自家に引き取ったが、実父を叔父に殺された目弱王が今度はチャンスを窺って叔父を暗殺し、目弱王を支持したカツラギの円使主とともに大長谷王によって攻め滅ぼされたという次第なのであろう。

問題はなぜよりにもよって木梨之軽王と安康天皇の二人にこのような近親相姦の禁忌に触れる忌まわし

く手の込んだ物語が作られたのかという点にあるが、結論から言うと、木梨之軽王の不道徳きわまりない行為をあげつらうことによって王族としての存在を蔑如し嘲笑の種にするだけではなく、王には後裔の子孫が存在しないことを強調するための政治的操作であると考えられる。さらに安康天皇という虚像を造作してわざわざこの物語に登場させたことについては、安康の帝王像を確からしくみせかけることで木梨之軽王の系譜的価値を貶めようとする意図によるものと考えられるのである。

木梨之軽王事件には物部大前小前宿祢之大臣（書紀は物部大前宿祢）が登場するが、彼は木梨之軽王を庇護するとみせかけておいてとどのつまりは王を説得して自死させるという手管を弄している。そうすることにより安康が正当に王位を得るというストーリーが展開しているのである。安康を即位に導いたのはまさしく物部大前小前宿祢の忠義なのだということを伝記の作者は言いたいようであり、おそらく虚像の安康天皇を造作したのも同じその人物であろうと考えられ、それはずばり左大臣石上朝臣麻呂であったと思われる。彼の究極の目的は木梨之軽王の王統譜上における地位を完全否定し、その存在を侮蔑することにあったのである。それはなぜかと言えば、すでに旧著『蘇我氏とは何か』において詳細に説明しておいたように、木梨之軽王の子孫こそが蘇我大臣の一族であったからであろう。

蘇我氏は一般に典型的な在地豪族だと考えられている。その出自や本拠地については謎が多くこれまでさまざまな論説が出され帰一するところがない。とくに蘇我氏に属する最古の人物で実在性が確実だとされる稲目の素性がはっきりしていないのである。また稲目には兄弟や同族もおらず、蘇我氏を名乗る族員が出現するのは六世紀後半以降のことで、稲目の時期には氏族としての実体があったことを窺わせる証拠がなく、さらに書紀によると何らの前提も前触れもなく稲目は宣化朝に突然大臣に抜擢されたということになっている。大王の側近にあって王政を補佐する大臣が何らの目覚ましい功績もないのに選任されたということなのであり、しかも史上最初の大臣（オホマヘツキミ）こそが稲目なのである。不可解きわまりない現象なのであるが、稲目の祖先が木梨之軽王につながる王族であったため、臣籍に降下した上で王位を補佐する地位に就任したのではないかと推測する次第で、詳細は右に記した拙著をご参照願いたいと思う。

V　ワカタケル大王

木梨之軽王こと倭王世子興が目弱王に暗殺されたのは丁未（四六七）年と推定され、その弟に当たる雄略天皇が軽王の後継者となって即位したのは翌戊申（四六八）年と考えることができる。詳細は旧著『継体天皇と王統譜』で論じているのでご参照をお願いしたい。『古事記』の崩年干支によれば雄略は己巳（四八九）年に死没したと伝えているので、筆者はこの没伝を信頼し在位期間は四六八年から四八九年までのおよそ二十二年間にわたると考えている。

伝記によると、雄略は兄を暗殺した目弱王とその庇護者であるカツラギの円使主を撃殺した直後に、A系譜のイチベオシハワケ王・御馬皇子をも暗殺してA系譜の対立候補を根絶やしにした。目弱王とイチベオシハワケ王にはそれぞれ男子（ウシ王・オホシ王）が遺されたが、彼らは配流処分を受けて地方に追放・逼塞させられたらしい。こうした事件の流れをみてくると、允恭天皇没後の一連の相次ぐ政変の真の仕掛人は雄略であったのではないか、さらにその背後には老獪な大連大伴室屋が控え雄略に対しさまざまな献策と裏工作を施していたのではないかと憶測されてくるのである。大伴室屋は和泉地方ないしは紀伊の出身で允恭天皇に見出され中央政界の大立者にのし上がった人物である。允恭の片腕として大王親衛軍を組織し統率したが、允恭没後には金村・談・御物らの子息たちを統率して雄略を支え、右記したさまざまな事件に関与し有力な王統護持勢力に昇格した模様である。A系譜の二王（ウシ王・オホシ王）を抹殺せず地方に逼塞させたのも室屋の深謀によるものと考えられる。

雄略天皇が画期的な歴史的位置を占める王者であることはすでに岸俊男が著名な論考で先鞭を着けている。『万葉集』巻頭の歌謡や『日本霊異記』の説話などから分析して、奈良・平安時代に生きた宮廷貴族らの意識では雄略天皇が自分たちの生きる時空を創始した王者だとする歴史認識があったとするもので、『古事記』『日本書紀』に記されている雄略にまつわるさまざまな治績は勇猛無比の暴君としての「大悪天皇」と、開明的な政策を推進する「有徳天皇」という典型的な古代の専制君主像を彷彿させるものと言えるが、古代貴族の描いた歴史像がそのまま現代のわれわれの歴史認識にも通用するとは限らない。例えば雄略の婚姻関係をみてみると父允恭の場合とはまったく異質な婚姻政策を展開したことが明らかになる。

允恭天皇の王后を検討してみたところ、皇后忍坂大中姫については息長氏が後世に創りあげ帝紀に架上した虚構の女性とみるのが妥当であり、事実上正妃は藤原琴節郎女一人のみで、しかもこの女性の素姓は有力首長層の系譜とはまったく無関係な人物であったことがわかり、記・紀は郎女への允恭の入れ込みようが尋常なものではなかったことを描いている。しかも允恭は即位とともに郎女の生家と推定される「遠飛鳥藤原宮」を正宮としたのである。允恭が履中・反正らの兄弟たちから嘲弄を受け、父の仁徳天皇に疎んじられたとする伝承の由緒はまさしくこの点に由来し、カツラギ玉田宿祢の天皇に対する反逆の一因もこの点にあったと考えられるが、筆者はむしろ允恭の王者としての強い自主性がここに顕在化しているものと考えている。

しかるに、雄略は父親とはまったく正反対の性格を帯びる婚姻政策を推進したように思われるのであって、伝統的な有力首長一族の女性五人を標的に后妃を選定し、自己の政治的基盤を安定化させることに腐心したことが理解される。それらをわかりやすく図解すると次（図Ⅰ〜Ⅲ）のようになる。

ａは先ほど述べた大日下王の妹で正妃の扱いを受けている。ａが正妃とされた理由は妃の実父が始祖帝王ホムツワケだったからと考えられ、Ａ系譜の血を自己の王統にとりいれる必要があったとみられる。雄略の日下行幸伝承（雄略記）からも知られるように、実際には大日下王の滅亡事件より以前に双方の婚儀が執り行われていた可能性が高く、ａとの婚姻は先ほどのストーリーにあったような略奪婚とはみなし難い。ただ、皇女にひとりも子どもが授からなかったのは大日下王滅亡事件の生々しい影響が尾を引いたからであるに違いない。

〔図Ⅰ〕

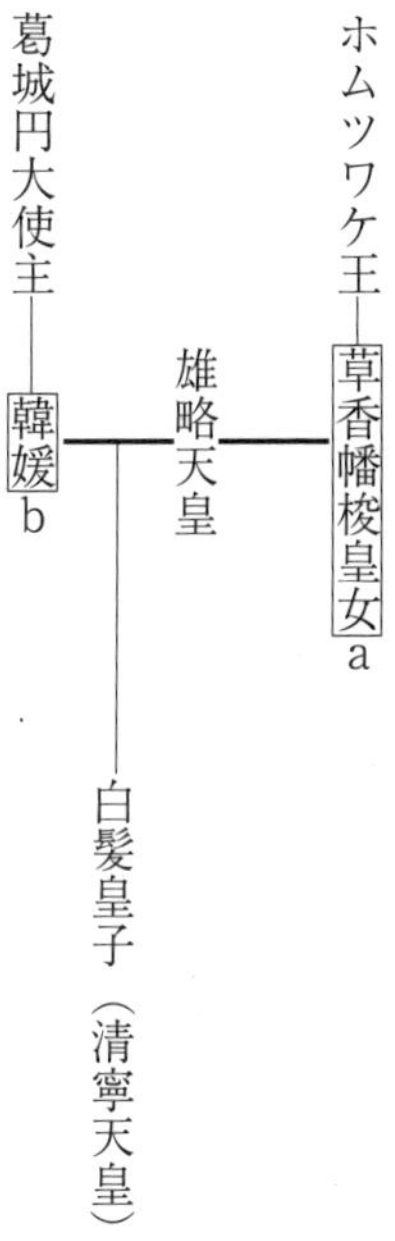

〔図Ⅱ〕

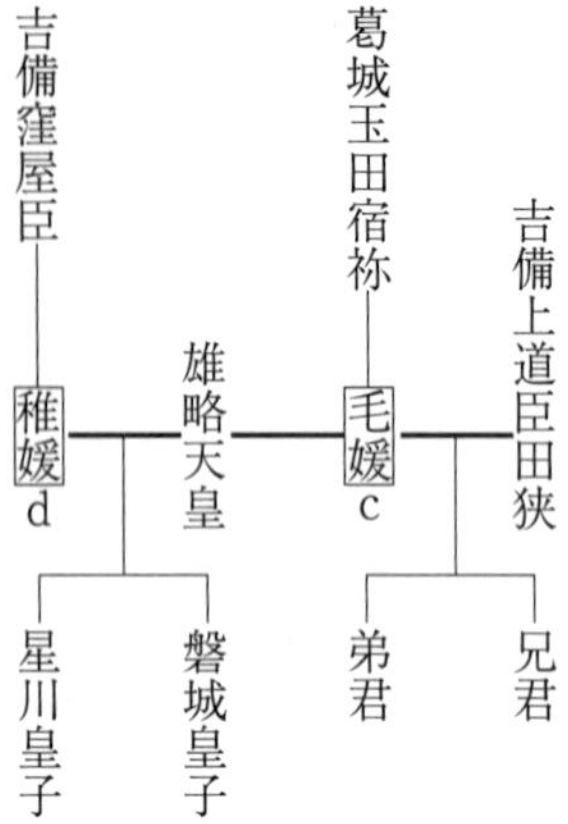

〔図Ⅲ〕

bとcは明確な略奪婚とみられ、いずれの女性も葛城系であることが共通している。雄略にとってこれ

らの婚儀は葛城一族を自己に平服させる重要な手段になったことが窺われる。cとdの父と夫については伝記の情報がかなり乱れており、自分なりに整理した結果をここに図示しているので了解を得たい。cは葛城・吉備両勢力を結合する政略結婚を示唆するものであるが、玉田宿祢亡きあと雄略は田狭を謀殺してこの関係を破壊したらしい。dは吉備の最有力首長との婚儀であり、吉備勢力の支持と統制には欠かせないものとなったであろう。ただし、雄略死没後に星川皇子の変が起きており、大伴室屋らの手で吉備勢力は宮廷世界から最終的に排斥される運命をたどることになる。

eは伝記によると采女の扱いを受けていたことになっているが、伝記が最後に「女子を以て皇女として、母を以て妃とす」（雄略紀元年三月条）と記すように、本来の宮廷身分はかなり高いものであったらしい。みてきたようにワニ一族は古くからの王統護持勢力であり、岸俊男の研究によってワニ氏は代々王妃をくり返し内廷に入れる伝統を築いた勢力であった。

雄略をめぐる王妃の伝承を検討してみたが、カツラギ・キビ・ワニなどの有力首長層に出自する女性を多数身辺に置こうとしたことは、父とは違って逆に自己の権力基盤を彼らの上に据えて畿内勢力全体の統制と政治的安定化を図り、地方支配の拡大と強化を目指したことを意味すると考えられる。著名な葛城行幸伝承は雄略が葛城の一言主大神を親祭することによりその霊威を王権の下に統制しようと図ったことを物語るもので、葛城氏に対する懐柔と抑圧の意図を含む行為とみることができる。こうした政策はおそらく大伴室屋の献策に沿うもので、韓媛との間に儲けた白髪皇子が健在であるならば雄略こそが新たな王統の開祖になるはずであった。しかるに、皇子は即位したかどうかさえ疑われる形で夭逝したらしく、B系譜断絶の事態を招いてしまうのである。

ところで、雄略天皇の治績で最も重視されるのは、紀元前後の時期から始まった国々の統合という列島社会の歴史的な運動がようやく終焉に近づき、倭国という統一的な古代国家の領域と地方統治のシステムが名実ともに成立したことであろう。言うまでもなくこの運動は雄略の父允恭天皇＝倭王済の治世においてほぼ完成の域に達していたと考えられるもので、前に指摘しておいたように倭王済は大王を国内的に自称した最初の王であると推定され、雄略よりもむしろ允恭こそが画期的な王者であったと判断しなければならない。したがって、雄略天皇は父王が提起した政策課題を継承し執行する立場に立ったのであり、対外的にそれが次のような事象として顕在化している。

興死して弟武立ち、自ら使持節都督倭・百済・新羅・任那・加羅・秦韓・慕韓七国諸軍事・安東大将軍・倭国王と称す。順帝の昇明二年、使を遣わして表を上る。曰く、「封国は偏遠にして、藩を外に作す。昔より祖禰躬ら甲冑を擐き、山川を跋渉し、寧處に遑あらず。東は毛人を征すること五十五国、西は衆夷を服すること六十六国、渡りて海北を平ぐること九十五国。王道融泰にして、土を廓き畿を遐にす。累葉朝宗して歳に愆らず。臣、下愚なりと雖も、忝なくも先緒を胤ぎ、統ぶる所を駆率し、天極に帰崇し、道百済を遥て、船舫を装治す。而るに句驪無道にして、図りて見呑を欲し、邊隷を掠抄し、虔劉して已まず。毎に稽滞を致し、以って良風を失い、路に進むと曰うと雖も、或は通じ或は不らず。臣が亡考済、実に寇讐の天路を壅塞するを忿り、控弦百萬、義声に感激し、方に大挙せんと欲せしも、奄かに父兄を喪い、垂成の功をして一簣を獲ざらしむ。居りて諒闇に在り、兵甲を動かさず。是を以って、偃息して未だ捷たざりき。今に至りて、甲を練り兵を治め、父兄の志を申べんと欲す。義士虎賁文武功を効し、白刃前に交わるとも亦顧みざる所なり。若し帝徳の覆載を以って、此の彊敵を摧き克く方難を靖んぜば、前功を替えること無けん。窃かに自ら開府儀同三司を假し、其の余は咸假授して、以って忠節を勧む」と。詔して武を使持節都督倭・新羅・任那・加羅・秦韓・慕韓六国諸軍事・安東大将軍・倭王に除す。

（『宋書』倭国伝）

右の文章中にみえる順帝の昇明二年は四七八年に当たる。倭王武が雄略天皇を指していることは先ほど述べた雄略の在位期間に収まることからみて誤りがないものと思う。雄略は兄王の死没直後から安東大将軍・倭国王を自称していたようで、治世の安定を図り順帝の即位（四七七年）を慶賀する使節を即位十年後の四七八年に初めて送った模様である。

この時には長文の上表を奉呈しているが、自らの祖先らが武装して国土の統一に多忙であったこと、王畿を中心とする東西合わせて百二十一ヶ国の統合と海北九十五ヶ国の平定を達成したこと、今は亡き父王済の高句麗征討計画は父・兄の相次ぐ服喪のために中止の止む無きに至ったが、いよいよそれを実行すべき準備が整ったので自身に相応しい爵号を賜りたいと要請し、皇帝もそれに応える形で武を使持節都督倭新羅任那加羅秦韓慕韓六国諸軍事安東大将軍倭王に除したのである。使節派遣の本当の目的は、四七五年に起きた高句麗による百済首都漢城の陥落と王の捕殺という半島の重大事件への対処にあると考えてよいが、高句麗王に対抗する高い権威と軍政権の獲得が必要になったためとみてよい。

一九七八年に発見された埼玉県稲荷山古墳出土の鉄剣銘文は、辛亥年＝四七一年が斯鬼宮に君臨する獲加多支鹵（ワカタケル）大王の治世にあったことを初めて明らかに示した。本銘文の解読作業の結果、熊本県江田船山古墳出土の大刀銘文にみえる獲□□□鹵大王も反正天皇のことではなくワカタケル大王（雄略天皇）のことであることが明確になった。東国と九州の地方首長がそれぞれ杖刀人・典曹人という王権の画一的官制組織の一員＝伴（トモ）となり、雄略の宮に奉仕する状況が明らかになった意義は大きい。

後者の場合典曹人の名は牟利弖と記されており、この人物が船山古墳の被葬者であると考えられる。一方、稲荷山鉄剣銘文には「吾佐治天下」の語句がみえているが、「吾」とは杖刀人首として大王に仕えた乎獲居（ヲワケ）臣のことであり、乎獲居臣は東国武蔵から王宮護衛の任務に出仕していた杖刀人某の上司たる中央の有力首長で、六世紀以後膳臣として現れる氏族の系譜上の先祖とみなすことができる。杖刀人首（中央首長）―杖刀人（地方首長の子弟）で示される大王親衛軍の機構が明確になり、しかも背景には何らかの形式の服属儀礼を媒介とする首長同士の擬制的な同族関係の形成を示唆しているのである。

これらの銘文によって五世紀後半にはまだ氏・姓の制度が整備されていなかったことが判明した。首長層は「名」または「名＋称号」を帯びているだけであり、ヲワケ臣の「臣」は姓ではなく「意富美（オホミ）」と訓読できる称号の一種であったと推定され、雄略への奉仕に基づく功績によりヲワケ個人に授与されたものであったとみることができる。こうした称号による首長層の身分序列の体系はすでに允恭天皇の治世において創出されていたことは前に述べた通りで、雄略はその果実を拾い上げながら統治体制の整備を進めて行ったとみることができる。それゆえに五世紀史上の画期的王者とは倭王済＝允恭天皇であったとみなしてよいと思われる。

Ⅵ　五世紀の王統譜と大王陵

本章の最後に、これまでの所論の総まとめとして倭の五王の復原系譜を掲示しておく。さらに推定され

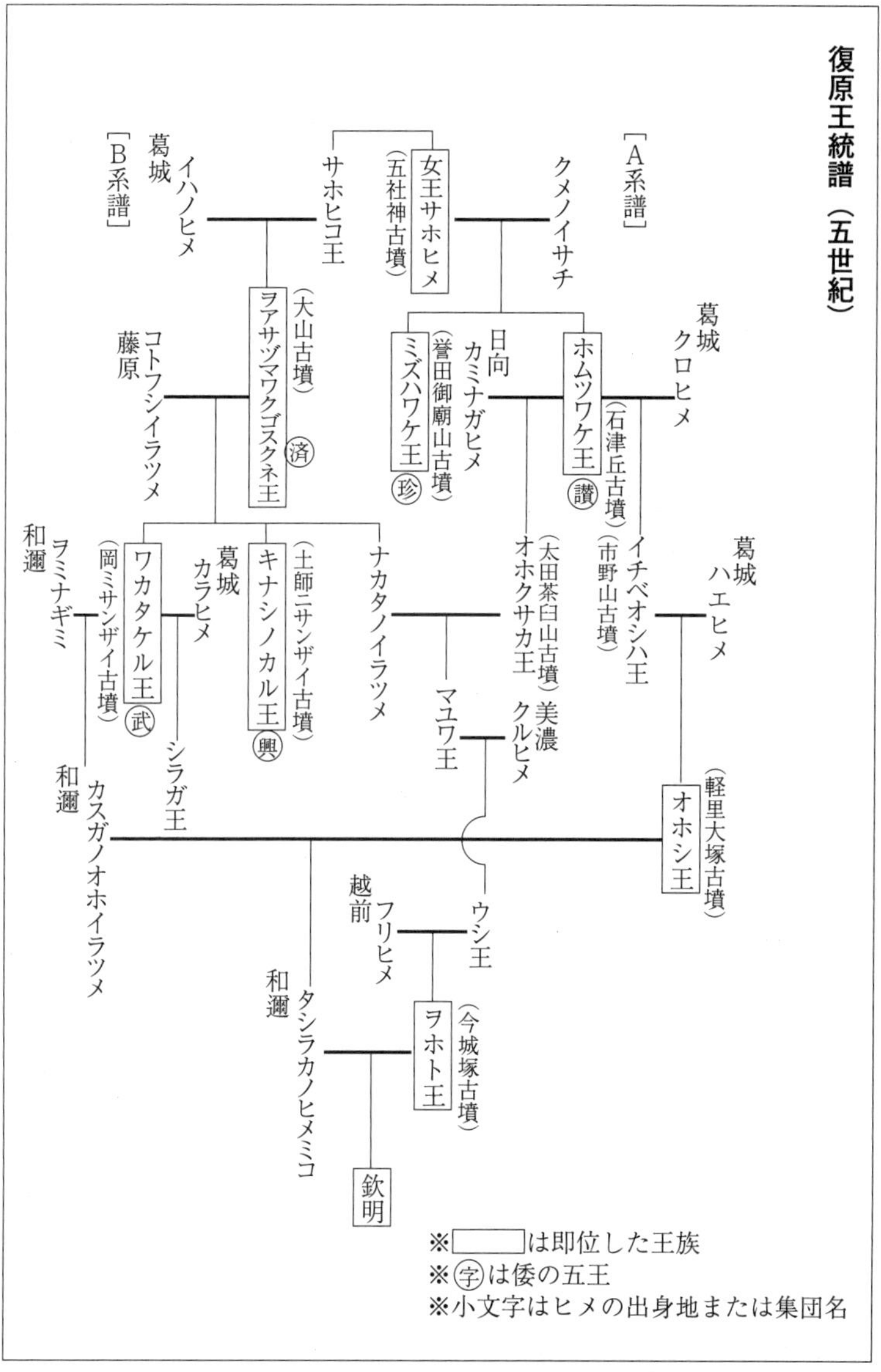
復原王統譜（五世紀）
［A系譜］
［B系譜］
クメノイサチ
女王サホヒメ
（五社神古墳）
サホヒコ王
葛城
イハノヒメ
葛城
クロヒメ
ホムツワケ王
讃
（石津丘古墳）
日向
カミナガヒメ
ミズハワケ王
珍
（誉田御廟山古墳）
ヲアサヅマワクゴスクネ王
済
（大山古墳）
藤原
コトフシイラツメ
イチベオシハ王
（市野山古墳）
葛城
ハエヒメ
オホクサカ王
（太田茶臼山古墳）
ナカタノイラツメ
キナシノカル王
興
（土師ニサンザイ古墳）
葛城
カラヒメ
ワカタケル王
武
（岡ミサンザイ古墳）
和邇
ヲミナギミ
美濃
クルヒメ
マユワ王
シラガ王
和邇
カスガノオホイラツメ
オホシ王
（軽里大塚古墳）
ウシ王
越前
フリヒメ
和邇
タシラカノヒメミコ
ヲホト王
（今城塚古墳）
欽明
※□は即位した王族
※㊫は倭の五王
※小文字はヒメの出身地または集団名

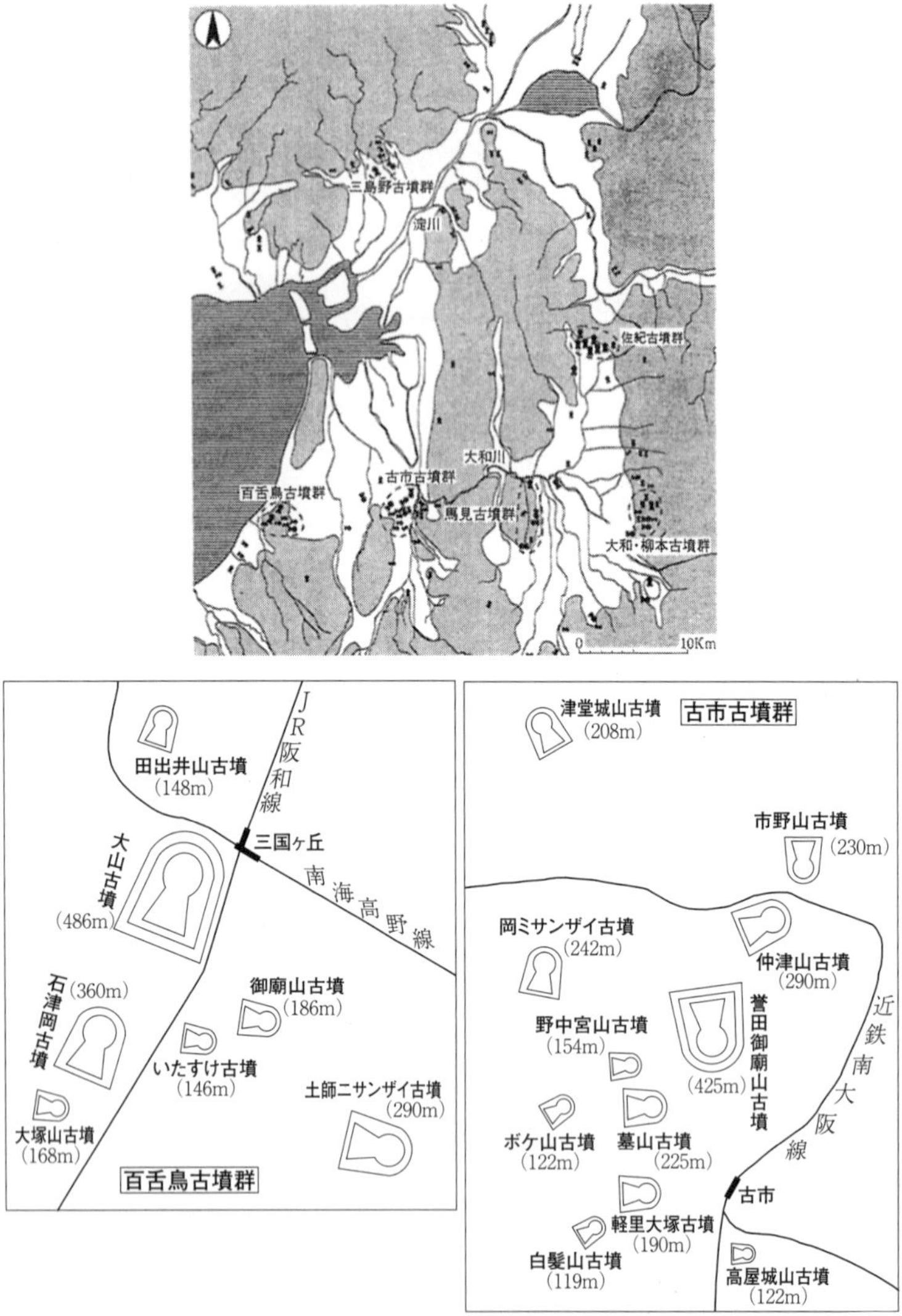

第７図　近畿中央部の大型古墳の分布（上、白石 2007 より）と百舌鳥（左下）・古市古墳群（右下）の略図

る五王の陵墓（**第7図**）をも付記しておくことにする。四世紀末ないし五世紀初葉以後の時期に大阪平野南部丘陵地域に築造された古市・百舌鳥古墳群を世界歴史遺産に登録しようとする動きが活発になっているが、古墳群中のどの古墳がどの王の陵墓であるのかがまだいっさい判明しておらず、今後の議論のたたき台のひとつとして筆者の考えを示しておきたい。

〔参考文献〕

・日本古典文学大系『日本書紀』上（岩波書店、一九六七年）。
・日本古典文学大系『日本書紀』下（岩波書店、一九六五年）。
・日本古典文学大系『古事記祝詞』（岩波書店、一九五八年）。
・日本思想大系『古事記』（岩波書店、一九八二年）。
・日本古典文学大系『風土記』（岩波書店、一九五八年）。
・和田清・石原道博編訳『魏志倭人伝他三篇』（岩波書店、一九五一年）。
・朝鮮史学会編『三国史記』（国書刊行会、一九七一年）。
・武田幸男編著『広開土王碑原石拓本集成』（東京大学出版会、一九八八年）。
・『釈日本紀』（『新訂増補国史大系』第八巻、吉川弘文館、一九六五年）。
・西宮一民校注『古語拾遺』（岩波書店、一九八五年）。
・中河與一訳註『竹取物語』（角川書店、一九五六年）。
・佐伯有清・高嶋弘志編『国造・県主関係史料集』（近藤出版社、一九八二年）。

＊

・足利健亮『日本古代地理研究』（大明堂、一九八五年）。
・荒木敏夫『可能性としての女帝』（青木書店、一九九九年）。
・池内宏『日本上代史の一研究』（中央公論美術出版、一九七〇年）。
・池田温『東アジアの文化交流史』（吉川弘文館、二〇〇二年）。

・石野博信『邪馬台国の考古学』（吉川弘文館、二〇〇一年）。
・石母田正『日本の古代国家』（岩波書店、一九七一年）。
・市原市教育委員会・㈶市原市文化財センター編集『「王賜」銘鉄剣概報』（吉川弘文館、一九八八年）。
・井上秀雄・旗田巍編『古代日本と朝鮮の基本問題』（学生社、一九七四年）。
・井上光貞『日本国家の起源』（岩波書店、一九六〇年）。
・井上光貞『日本古代国家の研究』（岩波書店、一九六五年）。
・井上光貞『日本古代史の諸問題』（思索社、一九七一年）。
・井上光貞「雄略朝における王権と東アジア」（『東アジア世界における日本古代史講座』4、学生社、一九八〇年）。
・井上光貞『日本古代の王権と祭祀』（東京大学出版会、一九八四年）。
・揖保郡御津町教育委員会『綾部山39号墓発掘調査報告書』（二〇〇五年）。
・今西龍『朝鮮史の栞』（国書刊行会、一九七〇年）。
・今西龍『新羅史研究』（国書刊行会、一九七〇年）。
・今西龍『百済史研究』（国書刊行会、一九七〇年）。
・今西龍『朝鮮古史の研究』（国書刊行会、一九七〇年）。
・上田純一編『丹後地域史へのいざない』（思文閣出版、二〇〇七年）。
・上田正昭『日本古代国家成立史の研究』（青木書店、一九五九年）。
・上田正昭『日本古代国家論究』（塙書房、一九六八年）。
・上田正昭『日本神話』（岩波書店、一九七〇年）。
・上田正昭『女帝』（講談社、一九七一年）。
・上田正昭『大和朝廷』（角川書店、一九七二年）。

・上田正昭『日本の歴史②大王の世紀』(小学館、一九七三年)。
・上田正昭『三輪の王者』(『ゼミナール日本古代史・下』光文社、一九八〇年)。
・上田正昭『古代伝承史の研究』(塙書房、一九九一年)。
・上田正昭編『論集日本文化の起源2』(平凡社、一九七一年)。
・上田正昭・井上秀雄編『古代の日本と朝鮮』(学生社、一九七四年)。
・江上波夫『騎馬民族国家』(中央公論社、一九六七年)。
・江上波夫・佐原真『騎馬民族は来た・来ない』(小学館、一九九〇年)。
・榎英一「推古朝の「国記」について」(『日本史論叢』5、一九七五年)。
・王仲殊・樋口隆康・西谷正『三角縁神獣鏡と邪馬台国』(梓書房、一九九七年)。
・大阪歴史学会企画委員会「五社神古墳(現・神功皇后陵)の立ち入り見学」(『ヒストリア』二一〇、二〇〇八年)。
・大野晋『上代仮名遣の研究』(岩波書店、一九五三年)。
・大橋信弥『日本古代国家の成立と息長氏』(吉川弘文館、一九八四年)。
・大橋信弥『日本古代の王権と氏族』(吉川弘文館、一九九六年)。
・大橋信弥『古代豪族と渡来人』(吉川弘文館、二〇〇四年)。
・大橋信弥『継体天皇と即位の謎』(吉川弘文館、二〇〇七年)。
・大庭脩『親魏倭王』(学生社、一九七一年)。
・大林太良『日本神話の構造』(弘文堂、一九七五年)。
・大林太良『邪馬台国』(中央公論社、一九七七年)。
・大林太良「卑弥呼と神功皇后」(『日本の古代⑫女性の力』中央公論社、一九八七年)。
・大平聡「「オホエノイザホワケ」論」(笹山晴生編『日本律令制の構造』吉川弘文館、二〇〇三年)。

・大山誠一『日本古代の外交と地方行政』（吉川弘文館、二〇〇九年）。
・沖浦和光『竹の民俗誌』（岩波書店、一九九一年）。
・小田富士雄編『古代を考える　沖ノ島と古代祭祀』（吉川弘文館、一九八八年）。
・岡正雄他『日本民族の起源』（平凡社、一九五八年）。
・岡田精司『古代王権の祭祀と神話』（塙書房、一九七〇年）。
・岡田精司「継体天皇の出自とその背景」（『日本史研究』一二八、一九七二年）。
・岡田精司「古代の王朝交替」（『古代の地方史』三、朝倉書店、一九七八年）。
・岡田精司『神社の古代史』（大阪書籍、一九八五年）。
・岡田精司『古代祭祀の史的研究』（塙書房、一九九二年）。
・岡本健一『邪馬台国論争』（講談社、一九九五年）。
・奥田尚『記紀の王者像』（松籟社、一九九二年）。
・笠井倭人「記紀系譜の成立過程について」（『史林』四〇―二、一九五七年）。
・笠井倭人『研究史・倭の五王』（吉川弘文館、一九七三年）。
・香芝市二上山博物館『ふたかみ邪馬台国シンポジウム6・邪馬台国時代の阿波・讃岐・播磨と大和』（香芝市教育委員会、二〇〇七年）。
・春日市教育委員会編『奴国の首都　須玖岡本遺跡』（吉川弘文館、一九九四年）。
・加藤謙吉「応神王朝の衰亡」（佐伯有清編『古代を考える　雄略天皇とその時代』吉川弘文館、一九八八年）。
・加藤謙吉『吉士と西漢氏』（白水社、二〇〇一年）。
・加藤謙吉『大和政権とフミヒト制』（吉川弘文館、二〇〇二年）。
・加藤謙吉『大和の豪族と渡来人』（吉川弘文館、二〇〇二年）。

・門脇禎二『日本古代政治史論』（塙書房、一九八一年）。
・門脇禎二『葛城と古代国家　河内王朝論批判』（教育社、一九八四年）。
・門脇禎二『再検討「河内王朝」論』（六興出版、一九八八年）。
・鎌田元一編『古代の人物1日出づる国の誕生』（清文堂出版、二〇〇九年）。
・鴨都波遺跡現地説明会資料『鴨都波遺跡第十五次調査―鴨都波一号墳―』二〇〇〇年。
・川上順子『古事記と女性祭祀伝承』（高科書店、一九九五年）。
・川口勝康「在地首長制と日本古代国家―帝紀批判と部民史論」（歴史学研究会『歴史における民族の形成』青木書店、一九七五年）。
・川口勝康「五世紀の大王と王統譜を探る」（原島礼二編『巨大古墳と倭の五王』青木書店、一九八一年）。
・河内祥輔『古代政治史における天皇制の論理』（吉川弘文館、一九八六年）。
・岸俊男『日本古代政治史研究』（塙書房、一九六六年）。
・岸俊男『日本古代宮都の研究』（岩波書店、一九八八年）。
・岸俊男『日本古代文物の研究』（塙書房、一九八八年）。
・岸俊男『日本の古代宮都』（岩波書店、一九九三年）。
・岸本直文「前方後円墳の二系列と王権構造」（『ヒストリア』二〇八、二〇〇八年）。
・鬼頭清明『日本古代国家の形成と東アジア』（校倉書房、一九七六年）。
・鬼頭清明『大和朝廷と東アジア』（吉川弘文館、一九九四年）。
・鬼頭清明「六世紀までの日本列島」（岩波講座『日本通史』第2巻・古代I、一九九三年）。
・京都大学文学部考古学研究室『椿井大塚山古墳と三角縁神獣鏡』（思文閣出版、一九八九年）。
・金鉉球『大和政権の対外関係研究』（吉川弘文館、一九八五年）。

・金錫亨『古代朝日関係史』（勁草書房、一九六九年）。
・金廷鶴『日本の歴史 別巻I　任那と日本』（小学館、一九七七年）。
・熊谷公男『日本の歴史・大王から天皇へ』（講談社、二〇〇一年）。
・栗原朋信『上代日本対外関係の研究』（吉川弘文館、一九七八年）。
・黒田達也『古代の天皇と系譜』（校倉書房、一九九〇年）。
・黒沢幸三『日本古代伝承文学の研究』（塙書房、一九七六年）。
・御所市教育委員会編『古代葛城とヤマト政権』（学生社、二〇〇三年）。
・河野勝行『古代天皇制への接近』（文理閣、一九九〇年）。
・神野志隆光『古事記の世界観』（吉川弘文館、一九八六年）。
・神野志隆光『古事記 天皇の世界の物語』（日本放送出版協会、一九九五年）。
・小林敏男『古代女帝の時代』（校倉書房、一九八七年）。
・小林敏男『古代王権と県・県主制の研究』（吉川弘文館、一九九四年）。
・小林敏男『日本古代国家形成史考』（校倉書房、二〇〇六年）。
・小林行雄『古墳の話』（岩波書店、一九五九年）。
・小林行雄『古墳時代の研究』（青木書店、一九六一年）。
・小林行雄編『論集 日本文化の起源1考古学』（平凡社、一九七一年）。
・権現山51号墳発掘調査団『権現山51号墳』（権現山51号墳刊行会、一九九一年）。
・近藤義郎『前方後円墳の時代』（岩波書店、一九八三年）。
・近藤義郎『前方後円墳と弥生墳丘墓』（青木書店、一九九五年）。
・近藤義郎『前方後円墳の成立』（岩波書店、一九九八年）。

・埼玉県教育委員会『稲荷山古墳出土鉄剣金象嵌銘概報』（一九七九年）。
・斎藤忠『日本全史1原始』（東京大学出版会、一九五八年）。
・佐伯有清『新撰姓氏録の研究』本文篇（吉川弘文館、一九六二年）。
・佐伯有清『日本古代の政治と社会』（吉川弘文館、一九七〇年）。
・佐伯有清『研究史広開土王碑』（吉川弘文館、一九七四年）。
・佐伯有清『広開土王碑と参謀本部』（吉川弘文館、一九七六年）。
・佐伯有清『七支刀と広開土王碑』（吉川弘文館、一九七七年）。
・佐伯有清『古代東アジア金石文論考』（吉川弘文館、一九七八年）。
・佐伯有清『新撰姓氏録の研究』考証篇第一（吉川弘文館、一九八一年）。
・佐伯有清『新撰姓氏録の研究』考証篇第二（吉川弘文館、一九八二年）。
・佐伯有清『日本古代氏族の研究』（吉川弘文館、一九八五年）。
・佐伯有清『日本の古代国家と東アジア』（雄山閣、一九八六年）。
・佐伯有清編『邪馬台国基本論文集Ⅰ』（創元社、一九八一年）。
・佐伯有清編『邪馬台国基本論文集Ⅱ』（創元社、一九八一年）。
・佐伯有清編『邪馬台国基本論文集Ⅲ』（創元社、一九八二年）。
・佐伯有清編『古代を考える　雄略天皇とその時代』（吉川弘文館、一九八八年）。
・堺市博物館『平成二十一年度秋季特別展　仁徳陵古墳築造』（二〇〇九年）。
・栄原永遠男『紀伊古代史研究』（思文閣出版、二〇〇四年）。
・佐賀県教育委員会編『環濠集落　吉野ヶ里遺跡概報』（吉川弘文館、一九九〇年）。
・佐賀県教育委員会編『吉野ケ里遺跡と古代国家』（吉川弘文館、一九九五年）。

・坂本太郎『日本全史』（東京大学出版会、一九六〇年）。
・坂本太郎『日本古代史の基礎的研究』上（東京大学出版会、一九六四年）。
・坂本太郎『日本古代史叢考』（吉川弘文館、一九八三年）。
・坂元義種『古代東アジアの日本と朝鮮』（吉川弘文館、一九七八年）。
・坂元義種『倭の五王　空白の五世紀』（教育社、一九八一年）。
・桜井市文化財協会『東田大塚古墳―奈良盆地東南部における纒向型前方後円墳の調査』（桜井市内埋蔵文化財一九九八年度発掘調査報告書Ⅰ、二〇〇六年）。
・塩沢君夫『古代専制国家の構造』（御茶の水書房、一九五八年）。
・重松明久『邪馬台国の研究』（白陵社、一九六九年）。
・志田諄一『古代氏族の性格と伝承』（雄山閣、一九七二年）。
・篠川賢『日本古代国造制の研究』（吉川弘文館、一九九六年）。
・篠川賢『大王と地方豪族』（山川出版社、二〇〇一年）。
・篠川賢『飛鳥の朝廷と王統譜』（吉川弘文館、二〇〇一年）。
・篠川賢『日本古代の王権と王統』（吉川弘文館、二〇〇一年）。
・篠川賢『物部氏の研究』（雄山閣、二〇〇九年）。
・篠原幸久「応神天皇の始祖王像について」（『続日本紀研究』二五五、一九八八年）。
・篠原幸久「継体王系と息長氏の伝承について」（『学習院史学』二〇、一九八八年）。
・篠原幸久「王権構想史における顕宗・仁賢の位置をめぐって」（『続日本紀研究』二五七、一九八八年）。
・篠原幸久「上宮記逸文の「凡牟都和希」と記紀の応神天皇」（『続日本紀研究』二七四、一九九一年）。
・篠原幸久「欠史八代王統譜について」（『ヒストリア』一三九、一九九三年）。

・篠原幸久「崇神系王統譜について」(『続日本紀研究』二八六、一九九三年)。
・篠原幸久「応神天皇における異伝の発生」(『続日本紀研究』二九二、一九九四年)。
・志水正司『日本古代史の検証』(東京堂出版、一九九四年)。
・女性史総合研究会編『日本女性史第1巻原始・古代』(東京大学出版会、一九八二年)。
・女性史総合研究会編『日本女性生活史①原始・古代』(東京大学出版会、一九九〇年)。
・白石太一郎『古墳の語る古代史』(岩波書店、二〇〇〇年)。
・白石太一郎『古墳と古墳群の研究』(塙書房、二〇〇〇年)。
・白石太一郎『近畿の古墳と古代史』(学生社、二〇〇七年)。
・白石太一郎編『古代を考える　古墳』(吉川弘文館、一九八九年)。
・白石太一郎編『天皇陵古墳を考える』(学生社、二〇一二年)。
・白石太一郎・吉村武彦編集『争点日本の歴史2古代篇Ⅰ』(新人物往来社、一九九〇年)。
・白鳥庫吉「倭女王卑弥呼考」(『白鳥庫吉全集』第一巻、岩波書店、一九六九年)。
・末永雅雄『和泉黄金塚古墳』(日本考古学報告第五冊、一九五四年)。
・末松保和『任那興亡史』(吉川弘文館、一九四九年)。
・末松保和『新羅の政治と社会』上(吉川弘文館、一九九五年)。
・末松保和『新羅の政治と社会』下(吉川弘文館、一九九六年)。
・末松保和『高句麗と朝鮮古代史』(吉川弘文館、一九九七年)。
・鈴木靖民編『日本の時代史2倭国と東アジア』(吉川弘文館、二〇〇二年)。
・鈴木英夫『古代の倭国と朝鮮諸国』(青木書店、一九九六年)。
・関和彦『邪馬台国論』(校倉書房、一九八三年)。

・関和彦『卑弥呼』(三省堂、一九九七年)。
・瀬間正之「沙本毘売物語と漢訳仏典」(『古事記年報』三〇、一九八八年)。
・瀬間正之「石山寺蔵・院政期写『経律異相』と古事記」(『季刊ぐんしょ』再刊六号、一九八九年)。
・瀬間正之「漢訳仏典と古事記」(『国文学』三六―八、一九九一年)。
・瀬間正之「出生の神話」(『古代文学講座4人生と恋』勉誠出版、一九九四年)。
・前近代女性史研究会編『家・社会・女性』(吉川弘文館、一九九七年)。
・千田稔『鬼神への鎮魂歌』(学習研究社、一九九〇年)。
・千田稔『古代日本の歴史地理学的研究』(岩波書店、一九九一年)。
・千田稔『王権の海』(角川書店、一九九八年)。
・総合女性史研究会編『日本女性の歴史・女のはたらき』(角川書店、一九九三年)。
・薗田香融『日本古代財政史の研究』(塙書房、一九八一年)。
・高槻市教育委員会編『継体天皇と今城塚古墳』(吉川弘文館、一九九七年)。
・高槻市教育委員会編『邪馬台国と安満宮山古墳』(吉川弘文館、一九九九年)。
・高橋明裕「氏族伝承と古代王権」(『歴史評論』六一一、二〇〇一年)。
・武田祐吉『古事記研究　帝紀攷』(青磁社、一九四四年)。
・武田幸男「平西将軍倭隋の解釈」(『朝鮮学報』七七、一九七五年)。
・武田幸男「六世紀における朝鮮三国の国家体制」(『東アジア世界における日本古代史講座』4、学生社、一九八〇年)。
・武田幸男『高句麗史と東アジア』(岩波書店、一九八九年)。
・辰巳和弘『高殿の古代学』(白水社、一九九〇年)。

・辰巳和弘『埴輪と絵画の古代学』（白水社、一九九二年）。
・辰巳和弘『地域王権の古代学』（白水社、一九九四年）。
・辰巳和弘『古墳の思想』（白水社、二〇〇一年）。
・伊達宗泰『「おおやまと」の古墳集団』（学生社、一九九九年）。
・伊達宗泰編『古代「おおやまと」を探る』（学生社、二〇〇〇年）。
・田中卓『住吉大社神代記の研究・田中卓著作集7』（国書刊行会、一九八五年）。
・田中卓『日本国家の成立と諸氏族・田中卓著作集2』（国書刊行会、一九八六年）。
・田中俊明『大伽耶連盟の興亡と「任那」』（吉川弘文館、一九九二年）。
・田中良之『古墳時代親族構造の研究』（柏書房、一九九五年）。
・田中良之『骨が語る古代の家族』（吉川弘文館、二〇〇八年）。
・田辺昭三『増補謎の女王卑弥呼』（徳間書店、一九八二年）。
・田辺昭三『卑弥呼以後』（徳間書店、一九八二年）。
・塚口義信『神功皇后伝説の研究』（創元社、一九八〇年）。
・塚口義信「『釈日本紀』所載の「上宮記一云」について」（『堺女子短期大学紀要』一八、一九八二年）。
・塚口義信「葛城県と蘇我氏」（『続日本紀研究』二三一・二三二、一九八四年）。
・塚口義信「葛城の一言主大神と雄略天皇」（『堺女子短期大学紀要』二〇、一九八五年）。
・塚口義信『ヤマト王権の謎を解く』（学生社、一九九三年）。
・塚原鉄雄『新修竹取物語別記』（白楊社、一九五三年）。
・塚原鉄雄『王朝の文学と方法』（風間書房、一九七一年）。
・塚原鉄雄『新修竹取物語別記補訂』（新典社、二〇〇九年）。

・津田左右吉『津田左右吉全集』第一巻（岩波書店、一九六三年）。
・津田左右吉『津田左右吉全集』第二巻（岩波書店、一九六三年）。
・津田左右吉『津田左右吉全集』第三巻（岩波書店、一九六三年）。
・津田左右吉『津田左右吉全集』第十一巻（岩波書店、一九六四年）。
・津田左右吉『津田左右吉全集』第十二巻（岩波書店、一九六四年）。
・津田左右吉『津田左右吉全集』別巻第一（岩波書店、一九六六年）。
・津田左右吉『日本上代史の研究』（岩波書店、一九四七年）。
・津田左右吉『日本古典の研究』上（岩波書店、一九四八年）。
・津田左右吉『日本古典の研究』下（岩波書店、一九四九年）。
・都出比呂志『王陵の考古学』（岩波書店、二〇〇〇年）。
・寺沢薫『日本の歴史2・王権誕生』（講談社、二〇〇〇年）。
・寺沢薫『王権と都市の形成史論』（吉川弘文館、二〇一一年）。
・外池昇『天皇陵の近代史』（吉川弘文館、二〇〇〇年）。
・藤間生大『倭の五王』（岩波書店、一九六八年）。
・藤間生大『埋もれた金印』（岩波書店、一九七〇年）。
・藤間生大『邪馬台国の探求』（青木書店、一九七二年）。
・東京国立博物館編『江田船山古墳出土国宝銀象嵌銘大刀』（吉川弘文館、一九九三年）。
・東京国立博物館・九州国立博物館編『重要文化財東大寺山古墳出土金象嵌銘花形飾環頭大刀』（同成社、二〇〇八年）。
・東大寺山古墳研究会編『東大寺山古墳と謎の鉄刀』（雄山閣、二〇一〇年）。

・遠山美都男『卑弥呼の正体』（洋泉社、一九九九年）。
・遠山美都男『天皇誕生』（中央公論新社、二〇〇一年）。
・遠山美都男『日本書紀は何を隠してきたか』（洋泉社、二〇〇一年）。
・遠山美都男『卑弥呼誕生』（洋泉社、二〇〇一年）。
・遠山美都男『天皇と日本の起源』（講談社、二〇〇三年）。
・遠山美都男『古代日本の女帝とキサキ』（角川書店、二〇〇五年）。
・鳥越憲三郎『神々と天皇の間』（朝日新聞社、一九七〇年）。
・内藤虎次郎「卑弥呼考」（『内藤湖南全集』第七巻、筑摩書房、一九六九年）。
・直木孝次郎『日本古代国家の構造』（青木書店、一九五八年）。
・直木孝次郎『日本古代の氏族と天皇』（塙書房、一九六四年）。
・直木孝次郎『古代国家の成立・日本の歴史2』（中央公論社、一九六五年）。
・直木孝次郎『日本古代兵制史の研究』（吉川弘文館、一九六八年）。
・直木孝次郎『奈良』（岩波書店、一九七一年）。
・直木孝次郎『飛鳥奈良時代の研究』（塙書房、一九七五年）。
・直木孝次郎『日本古代国家の成立』（社会思想社、一九八七年）。
・直木孝次郎『難波宮と難波津の研究』（吉川弘文館、二〇〇四年）。
・直木孝次郎『日本古代の氏族と国家』（吉川弘文館、二〇〇五年）。
・直木孝次郎『古代河内政権の研究』（塙書房、二〇〇五年）。
・那珂通世「上古年代考」（『洋々社談』第三八号、一八七八年）。
・中田興吉『大王の誕生』（学生社、二〇〇八年）。

・長山泰孝『古代国家と王権』(吉川弘文館、一九九二年)。
・奈良県教育委員会『磐余・池ノ内古墳群(奈良県史跡名勝天然記念物調査報告第二十八冊)』(一九七三年)。
・奈良県立橿原考古学研究所編『斑鳩藤ノ木古墳概報』(吉川弘文館、一九八九年)。
・奈良県立橿原考古学研究所編『下池山古墳・中山大塚古墳調査概報』(学生社、一九九七年)。
・奈良県立橿原考古学研究所編『大和前方後円墳集成』(学生社、二〇〇一年)。
・奈良県立橿原考古学研究所編『ホケノ山古墳調査概報』(学生社、二〇〇一年)。
・奈良県立橿原考古学研究所『御所市秋津遺跡現地説明会資料』(二〇一〇年)。
・成清弘和「継体紀の『五世孫』について」(『日本書紀研究』第十三冊、塙書房、一九八五年)。
・新野直吉『国造と県主』(至文堂、一九八一年)。
・西嶋定生『中国古代国家と東アジア世界』(東京大学出版会、一九八三年)。
・西嶋定生『日本歴史の国際環境』(東京大学出版会、一九八五年)。
・西嶋定生『邪馬台国と倭国』(吉川弘文館、一九九四年)。
・西嶋定生『倭国の出現』(東京大学出版会、一九九九年)。
・西本泰『住吉大社』(学生社、一九七七年)。
・仁藤敦史『卑弥呼と台与』(山川出版社、二〇〇九年)。
・日本史研究会・京都民科歴史部会編『「陵墓」からみた日本史』(青木書店、一九九五年)。
・橋本進吉『国語音韻の研究』(岩波書店、一九五〇年)。
・橋本輝彦「纒向遺跡遺跡検出の建物群とその意義」(『明日香風』一一五、二〇一〇年)。
・浜田耕策「高句麗広開土王陵碑文の虚像と実像」(『日本歴史』三〇四、一九七三年)。
・浜田耕策「高句麗広開土王陵碑文の研究」(『朝鮮史研究会論文集』十一、一九七四年)。

・林屋辰三郎『日本の古代文化』（岩波書店、一九七一年）。
・原秀三郎「日本列島の未開と文明」（『講座日本歴史』1原始・古代Ⅰ、東京大学出版会、一九八四年）。
・原勝郎『日本中世史之研究』（東京同文館、一九二九年）。
・原島礼二『倭の五王とその前後』（塙書房、一九七〇年）。
・原島礼二『日本古代王権の形成』（校倉書房、一九七七年）。
・原島礼二編『論集日本歴史1大和王権』（有精堂、一九七三年）。
・原田大六『卑弥呼の墓』（六興出版、一九七七年）。
・東大阪市立郷土博物館『平成十六年度特別展示・生駒山西麓の王と水』二〇〇四年。
・樋口隆康『三角縁神獣鏡綜鑑』（新潮社、一九九二年）。
・肥後和男『崇神天皇』（秋田書店、一九七四年）。
・枚方市文化財研究調査会編『継体大王とその時代』（和泉書院、二〇〇〇年）。
・平野邦雄『大化前代社会組織の研究』（吉川弘文館、一九六九年）。
・平野邦雄『大化前代政治過程の研究』（吉川弘文館、一九八五年）。
・平野邦雄編『古代を考える・邪馬台国』（吉川弘文館、一九九八年）。
・平林章仁『蘇我氏の実像と葛城氏』（白水社、一九九五年）。
・平林章仁『三輪山の古代史』（白水社、二〇〇〇年）。
・広瀬和雄『前方後円墳国家』（角川書店、二〇〇三年）。
・広瀬和雄編『丹後の弥生王墓と巨大古墳』（雄山閣、二〇〇〇年）。
・福島幸宏・酒井健治「陵墓運動の転換―五社神古墳への立ち入り―」（『日本史研究』五五一、二〇〇八年）。
・福永伸哉『邪馬台国から大和政権へ』（大阪大学出版会、二〇〇一年）。

・福山敏男「江田発掘大刀及び隅田八幡神社鏡の製作年代について」(『考古学雑誌』二四―一、一九三四年)。
・福山敏男「金石文」(上田正昭編『日本古代文化の探求・文字』社会思想社、一九七五年)。
・福山敏男『奈良朝寺院の研究』(綜芸舎、一九七八年)。
・北郷泰道『熊襲・隼人の原像』(吉川弘文館、一九九四年)。
・北郷泰道「クマソ・ハヤトの墓制」(新川登亀男編『西海と南島の生活・文化』名著出版、一九九五年)。
・星野良作『広開土王碑研究の軌跡』(吉川弘文館、一九九一年)。
・堀田啓一『日本古代の陵墓』(吉川弘文館、二〇〇一年)。
・本位田菊士「応神天皇の誕生と神功皇后伝説の形成」(『ヒストリア』四八、一九六七年)。
・前田晴人『日本古代の道と衢』(吉川弘文館、一九九六年)。
・前田晴人『神功皇后伝説の誕生』(大和書房、一九九八年)。
・前田晴人『女王卑弥呼の国家と伝承』(清文堂出版、一九九九年)。
・前田晴人『古代王権と難波・河内の豪族』(清文堂出版、二〇〇〇年)。
・前田晴人『桃太郎と邪馬台国』(講談社、二〇〇四年)。
・前田晴人『飛鳥時代の政治と王権』(清文堂出版、二〇〇五年)。
・前田晴人『古代出雲』(吉川弘文館、二〇〇六年)。
・前田晴人『三輪山―日本国創成神の原像』(学生社、二〇〇六年)。
・前田晴人「女王制と三輪山祭祀」(『大美和』一一五、二〇〇八年)。
・前田晴人『古代女王制と天皇の起源』(清文堂出版、二〇〇八年)。
・前田晴人『倭の五王と二つの王家』(同成社、二〇〇九年)。
・前田晴人『継体天皇と王統譜』(同成社、二〇一〇年)。

・前田晴人『蘇我氏とは何か』（同成社、二〇一一年）。
・前田晴人『桃太郎と太閤さん』（新人物往来社、二〇一二年）。
・前之園亮一『古代王朝交替説批判』（吉川弘文館、一九八六年）。
・前之園亮一「允恭天皇の高句麗遠征計画と茅渟行幸伝承」（『東アジアの古代文化』八七、一九九六年）。
・松尾光『古代の神々と王権』（笠間書院、一九九四年）。
・松尾光『古代の王朝と人物』（笠間書院、一九九七年）。
・松尾光『古代史の異説と懐疑』（笠間書院、一九九九年）。
・松尾光『古代の豪族と社会』（笠間書院、二〇〇五年）。
・松木俊暁『言説空間としての大和政権』（山川出版社、二〇〇六年）。
・松前健『日本神話の形成』（塙書房、一九七〇年）。
・松前健『古代伝承と宮廷祭祀』（塙書房、一九七四年）。
・松前健『大和国家と神話伝承』（雄山閣、一九八六年）。
・黛弘道「記紀」（『古代の日本』9研究資料、角川書店、一九七一年）。
・黛弘道『律令国家成立史の研究』（吉川弘文館、一九八二年）。
・黛弘道『古代学入門』（筑摩書房、一九八三年）。
・黛弘道『物部・蘇我氏と古代王権』（吉川弘文館、一九九五年）。
・黛弘道「允恭天皇の盟神探湯」（『東アジアの古代文化』八八、一九九六年）。
・黛弘道「允恭朝に関する考察」（『学習院大学文学部研究年報』四十四輯、一九九七年）。
・真弓常忠『天香山と畝火山』（学生社、一九七一年）。
・真弓常忠『住吉信仰』（朱鷺書房、二〇〇三年）。

・三上次男『高句麗と渤海』（吉川弘文館、一九九〇年）。
・三木太郎『魏志倭人伝の世界』（吉川弘文館、一九七九年）。
・三品彰英編著『邪馬台国研究総覧』（創元社、一九七〇年）。
・三品彰英『日本神話論』（三品彰英論文集・第一巻、平凡社、一九七〇年）。
・三品彰英『増補日鮮神話伝説の研究』（三品彰英論文集・第四巻、平凡社、一九七二年）。
・三品彰英『古代祭政と穀霊信仰』（三品彰英論文集、第五巻、平凡社、一九七三年）。
・水谷千秋『継体天皇と古代の王権』（和泉書院、一九九九年）。
・水谷千秋『謎の大王継体天皇』（文芸春秋、二〇〇一年）。
・水野祐「隅田八幡神社所蔵鏡銘文の一解釈」（『古代』一三、一九五四年）。
・水野祐『古代社会と浦島伝説』上・下（雄山閣、一九七五年）。
・水野祐『日本古代の民族と国家』（大和書房、一九七五年）。
・水野祐『日本古代王朝史論序説〔新版〕』（早稲田大学出版部、一九九二年）。
・溝口睦子『日本古代氏族系譜の成立』（学習院、一九八二年）。
・溝口睦子『王権神話の二元構造』（吉川弘文館、二〇〇〇年）。
・宮崎市定『謎の七支刀』（中央公論社、一九八三年）。
・本居宣長『校訂古事記傳』一～六（吉川弘文館、一九〇二年）。
・本居宣長『馭戎概言』（本居宣長全集第十三冊、岩波書店、一九四四年）。
・森浩一『古墳の発掘』（中央公論社、一九六五年）。
・森浩一『巨大古墳の世紀』（岩波書店、一九八一年）。
・森浩一「古墳にみる女性の社会的地位」（『日本の古代⑫女性の力』中央公論社、一九八七年）。

・森浩一『天皇陵古墳』（大巧社、一九九六年）。
・森浩一編『日本の古代⑤前方後円墳の世紀』（中央公論社、一九八六年）。
・森浩一・門脇禎二編『継体王朝―日本古代史の謎に挑む』（大巧社、二〇〇〇年）。
・森岡秀人「墳丘観察調査が実現した神功皇后陵（五社神古墳）」（『古代文化』六〇―一、二〇〇八年）。
・森田悌『邪馬台国とヤマト政権』（東京堂出版、一九九八年）。
・『八尾の文化財「国指定史跡・心合寺山古墳」』（八尾市教育委員会、二〇〇五年）。
・山尾幸久『日本国家の形成』（岩波書店、一九七七年）。
・山尾幸久『日本古代王権形成史論』（岩波書店、一九八三年）。
・山尾幸久『新版・魏志倭人伝』（講談社、一九八六年）。
・山尾幸久『古代の日朝関係』（塙書房、一九八九年）。
・山尾幸久『カバネの成立と天皇』（吉川弘文館、一九九八年）。
・山尾幸久『古代王権の原像』（学生社、二〇〇三年）。
・山中一郎・狩野久編『新版〔古代の日本〕⑤近畿Ⅰ』（角川書店、一九九二年）。
・山中鹿次「継体＝応神五世孫に関する諸問題」（『日本書紀研究』第二十一冊、塙書房、一九九七年）。
・横田健一『日本古代神話と氏族伝承』（塙書房、一九八二年）。
・横田健一『日本書紀成立論序説』（塙書房、一九八四年）。
・吉井巌『天皇の系譜と神話』一（塙書房、一九六七年）。
・吉井巌『天皇の系譜と神話』二（塙書房、一九七六年）。
・義江明子『日本古代の氏の構造』（吉川弘文館、一九八六年）。
・義江明子『日本古代の祭祀と女性』（吉川弘文館、一九九六年）。

・義江明子『日本古代系譜様式論』（吉川弘文館、二〇〇〇年）。
・義江明子『古代女性史への招待』（吉川弘文館、二〇〇四年）。
・吉田晶『日本古代国家成立史論』（東京大学出版会、一九七三年）。
・吉田晶『古代の難波』（教育社、一九八二年）。
・吉田晶『吉備古代史の展開』（塙書房、一九九五年）。
・吉田晶『卑弥呼の時代』（新日本出版社、一九九五年）。
・吉田晶『倭王権の時代』（新日本出版社、一九九八年）。
・吉田晶『七支刀の謎を解く』（新日本出版社、二〇〇一年）。
・吉田晶『古代日本の国家形成』（新日本出版社、二〇〇五年）。
・吉田孝『日本の誕生』（岩波書店、一九九七年）。
・吉村武彦『日本古代の社会と国家』（岩波書店、一九九六年）。
・吉村武彦『古代天皇の誕生』（角川書店、一九九八年）。
・吉村武彦『ヤマト王権』（岩波新書、二〇一〇年）。
・李永植『伽耶諸国と任那日本府』（吉川弘文館、一九九三年）。
・李進熙『広開土王陵碑の研究』（吉川弘文館、一九七二年）。
・李成市『古代東アジアの民族と国家』（岩波書店、一九九八年）。
・和歌山県文化財センター編『謎の古代豪族紀氏』（清文堂出版、一九九九年）。
・脇田晴子他編『日本女性史』（吉川弘文館、一九八七年）。
・和田萃『大系日本の歴史2古墳の時代』（小学館、一九八八年）。
・和田萃『日本古代の儀礼と祭祀・信仰』上・中・下（塙書房、一九九五年）。

・和田萃編『大神と石上』（筑摩書房、一九八八年）。
・和田萃編『古代を考える　山辺の道』（吉川弘文館、一九九九年）。
・渡里恒信『日本古代の伝承と歴史』（思文閣出版、二〇〇八年）。

おわりに

『古事記』『日本書紀』に記述されている皇統譜の虚構性を明らかにするだけでは決して古代史を解明したことにはならない。史実としての王統譜を具体的に復原する作業を通じて、これから古代史を本格的に語るための大前提を初めて用意することが可能になるのである。しかしこれまで古代王権の歴史を語るために必須のこの課題がほとんどまともに討議されずにきたために、少なくとも二世紀から五世紀までの古代史像について漠然としたイメージしか持つことができなかった。戦前に記・紀批判という前人未到の重要な業績を残した津田左右吉の見解が、逆説的に戦後の古代史研究にきわめて有害な影響を及ぼしたためである。その言説は皇統譜の要の位置を占める応神天皇の実在性をくり返し肯定しており、神話世界の王者を歴史上の王者と誤解してしまう種が古代史の世界に植えつけられてしまったからである。

現代の文献史学の研究者の間には、五世紀以前の歴史は考古学に依存するしか究明できる方法がないというような諦観を表明する者がおり、最近ではこの時代を論じるのをあきらめて意図的に検討を回避しようとする傾向があるようである。下手な発言をすると学者としての命取りになりかねないというようなこざかしい考えから、発言を極力控えておこうとする日和見主義・敗北主義が蔓延している。

『古事記』『日本書紀』の記載全体を単純に信用することがはなはだ危険な行為であることは明治維新から敗戦までの歴史が証明済みであるが、さまざまな視点・発想に基づき両書の記述事項を精密に分析し批判することで、新たな史実を引き出す手がかりを得ることは可能であろう。なぜならば、両書は六世紀後半に作成された帝紀・旧辞という先行のテキストによって骨格が構成されており、さらに古い時期から伝えられていた口頭伝承や諸氏族の家記類・外国史料などさまざまな文献を引用して成り立っているから、記載事項の全体を単純に編者の机上の造作と割り切るわけにはいかないからである。

歴代天皇の系譜こそはそうした記載事項の中で基軸となる要素であり、記・紀編纂事業において後世に書き遺すことが最も重視された事柄であった。しかし、皇統譜はすべて事実を記載しているわけではなく、述作者にとって都合の悪い事項には省略や書き換えが施され、理想的な建国史を飾るための要素とされている。とりわけ継体天皇以前の皇統譜は信憑性に欠けるという共通した学界認識があり、筆者は古代王制の歴史的画期と変質に着目しながら本来の王統譜の復原作業を行ってきた。

本書において重視した古代王制の画期はふたつあり、最初のものは二世紀後半の「倭国乱」と邪馬台国の登場、もうひとつは四世紀後半の倭・百済軍事同盟の結成である。これらの事件に連動する形で前者では女王制が成立し、後者では世襲男王制（倭の五王）が形成されると考え、それぞれについて具体的にその実相を追究してみた。

記・紀の皇統譜にひそむ歴史的事実、とりわけ血統において天皇系譜の初代に当たる人物が誰であるのかを解明することを目指した筆者は、女王制から世襲男王制への転換点に位置すると考えられるふたりの伝承上の人物、すなわち垂仁天皇の皇子ホムツワケと神功皇后の太子ホムタワケに着目し、両者の誕生と成育にまつわる伝承にさまざまな共通項があることを発見した。おそらくいずれかが虚構の存在であり他方が実在した始祖帝王であると推察できた。

結論を下すための最終的な判断材料は、ホムツワケ王の生母サホヒメが「ヒコ・ヒメ」制のヒメの立場と皇后の立場との間で葛藤する物語を保持していること、一方、応神天皇の生母神功皇后が徹頭徹尾皇后として描かれていることとであった。神功像は「ヒコ・ヒメ」制を古代の貴族らがもはや忘失した時代の所産であって、記・紀が虚像の皇后とその御子を皇統譜に採択したのは、この御子以前に女王制の存在を認めるのか、その歴史を認めず皇統の系譜と歴史を恣意的に遡らせるかの一点にかかっており、後者の見解を是としたからであると思われる。しかるに、史実は本文で明らかにしたように皇統譜の基点・源拠はホムツワケ王であったと言うことになる。

万世一系の天皇系譜は歴史的事実とは明らかに相違するということ、天皇統治の歴史を三国時代の朝鮮よりも古く遡らせる目的のために造作された虚構であり、三世紀前半の邪馬台国時代の倭女王卑弥呼と皇統譜との間は血統において明確に断絶しており、四世紀後半に出現した始祖帝王は対外関係の劇的な展開という事態に対処する目的で計画的に創成された王者であって、日本の世襲王統は事実上ここから始まると考えなければならない。

しかし、この時に創成された王統は同族内で二系列に分化しており、王位継承上の確固とした原則や慣習がまだ形成されていなかったため、王族個人の実力によって王位を簒奪し合う動きが表面化し、五世紀後末期には王統そのものが断絶の危機に瀕する。六世紀初頭に現れた継体天皇は、その危機に直面した大和の首長層が地方に逼塞していたホムツワケ王の後裔王族を担ぎ出して即位させたものと推定され、継体は単なる地方豪族ではなく始祖帝王の血脈につらなる王族であったと考えられる。すでに六世紀前半期には王の系譜というものがきわめて重視される時代になっており、欽明天皇以後いわゆる大化のクーデターを機に血筋の純化による一系の天皇系譜が創出されることになる。

以上、本書の総括と言うにははなはだ粗漏の多い文章になってしまったが、筆者の構想と意図はこれでほぼご理解いただけたものと思う。古代史の研究を開始してからしばらくして神功皇后伝承という面白くもあり奇怪きわまりない説話の存在を知った。一方では女王卑弥呼をどのように解釈し規定すればよいのかという厄介な問題について自分なりに思索を深めてきた。両者を自己のヤマト王権成立史の構想の中にいかなる形で組み込むべきかを模索し続け、ようやくひとつの結論にたどりつけたと考えているが、今後もさらに頭脳の鍛練を重ね自説に磨きをかけなければならないと自覚している。参照すべき研究を見落として気ままな論議をしている可能性があり、まだ十分な自信をもって叙述できていない部分もあるので、なお精進を重ね未登の高嶺を志向する努力を惜しまないようにしたいと思う。

なお最後で恐縮しているが、本書の刊行は同成社にお願いして実現の運びとなった。すでに三冊にも及ぶ関連の書籍を刊行していただいており、まことにありがたく厚くお礼申し上げたい。また、編集部の三浦彩子さんにはこのたびもご迷惑をおかけしたことを明記し、感謝の気持ちを表しておきたい。

前田　晴人

二〇一二年五月一日

卑弥呼《ひみこ》と古代《こだい》の天皇《てんのう》

■著者略歴■
前田　晴人（まえだ　はると）
1949年　大阪市生まれ
1977年　神戸大学大学院文学研究科修士課程修了
現　在　大阪経済法科大学教養部特任教授
主要著書
『日本古代の道と衢』（吉川弘文館、1996）、『女王卑弥呼の国家と伝承』（清文堂出版、1999年）、『古代王権と難波・河内の豪族』（清文堂出版、2000年）、『飛鳥時代の政治と王権』（清文堂出版、2005年）、『古代出雲』（吉川弘文館、2006）、『古代女王制と天皇の起源』（清文堂出版、2008年）、『倭の五王と二つの王家』（同成社、2009年）、『継体天皇と王統譜』（同成社、2010年）、『蘇我氏とは何か』（同成社、2011年）

2012年6月30日発行

著　者　前　田　晴　人
発行者　山　脇　洋　亮
組　版　㈱富士デザイン
印　刷　モリモト印刷㈱
製　本　協　栄　製　本　㈱

発行所　東京都千代田区飯田橋4－4－8
（〒102-0072）東京中央ビル内　㈱同　成　社
TEL　03-3239-1467　振替00140-0-20618

ISBN978-4-88621-608-3 C3021

同成社の古代史関連書籍

倭の五王と二つの王家

前田晴人著

四六判・二七四頁・二六二五円

倭の五王は誰だったのか。緻密な検証をもとに二つの王家の系譜を解き明かし、虚構の人物とされていたホムツワケ王を初代天皇とする独自の論を展開。五世紀初頭までヤマト王権の権力構造を解析する。

【本書の主な目次】

継体天皇と王統譜

前田晴人著

四六判・二二六頁・二三一〇円

継体天皇は地方豪族だったのか、傍系の王族だったのか。古くより議論の絶えない継体天皇の出自について、その系譜・事績を総合的に捉え直し実証的な考察を施すことで、王族説の実体化を試み、真の王統譜と継体天皇の新しい人物像を提示する。

【本書の主な目次】

第一章　ヲホト大王の后妃（ヲホト大王の后妃たち／三尾君との婚姻関係／ほか）
第二章　ヲホト大王の祖先系譜（ヲホト大王即位の謎／ヲホト大王の祖先系譜／ほか）
第三章　眉輪王事件（ヲホト大王の祖父／眉輪王事件の顛末／ほか）
第四章　ヲホト大王の即位事情（倭の五王の系譜／実在の王統譜／ほか）
第五章　ヲホト大王と大和（ヲホト大王と大和との関係／息長氏と忍坂宮／ほか）
第六章　クメとオホトモ（大伴大連金村の伝承／王統譜の創始／大伴家持の歌／ほか）